CORSO COMUNICATIVO DI ITALIANO

Gruppo META

libro degli esercizi e sintesi di grammatica

CAMBRIDGE
UNIVERSITY PRESS

Published by the Press Syndicate of the University of Cambridge
The Pitt Building, Trumpington Street, Cambridge CB2 1RP
40 West 20th Street, New York, NY 10011–4211, USA
10 Stamford Road, Oakleigh, Melbourne 3166, Australia

Printed in Italy

ISBN 0 521 57808 6 paperback

Gruppo META: Lorenzo Blini, Francisco Matte Bon, Raffaella Nencini, Nicoletta Santoni.

Due è il frutto della stretta collaborazione tra i componenti del Gruppo META, i quali ne hanno elaborato insieme il sillabo e discusso ogni punto. In particolare, le Unità 4, 6, 10, 11, 21 sono state curate da L. Blini; le Unità 15, 16, 17, 18, 20 da F. Matte Bon; le Unità 3, 8, 12, 13, 19 da R. Nencini; le Unità 1, 2, 5, 7, 9, 14 da N. Santoni.

Illustrazioni: Theo Scherling
Collages: Gruppo META
Grafica: Antonella Laterza – Roma
Musica: Marco Faustini

Si ringraziano vivamente:
la Cooperativa Arcobalena, Stefano Carugno e Anna Pozzi (Radio Studio 93 – Aprilia), Mario Vedaldi;
per il testo della canzone "Vita spericolata" (V. Rossi, T. Ferro): STAR Edizioni musicali/Warner Chappell Music Italiana – Milano;
per gli effetti sonori: Errebiesse – Paderno D'Adda.

Legenda dei simboli

● ○
▲ △ Interlocutori nelle
■ □ trascrizioni orali

 Esempio

 Attività d'ascolto*

 Attività interattiva orale

 Attività di lettura

 Attività di scrittura

 Fonetica e intonazione

* Le trascrizioni delle registrazioni il cui testo non è presente all'interno delle unità si trovano a partire da p. 175

Titolo unità e contenuti generali	Contenuti nozionali e funzionali	Contenuti grammaticali	Aree lessicali	Contenuti culturali
UNITÀ 1 **Conosciamoci** Unità di introduzione al gruppo e ripresa dell'italiano. Valutazione del livello di ogni studente	- ripresa delle informazioni personali: conoscenza reciproca nel gruppo (provenienza, professione, famiglia, abitudini, gusti…) - opinioni puntuali (**sono d'accordo, secondo me non è vero,…**) - espressione di gusti e preferenze - ripresa dei racconti al passato	- attività di revisione e riutilizzo di quanto acquisito in precedenza	- animali: introduzione - lessico legato all'espressione dei gusti - lessico legato alle attività e ai racconti passati	- articolo: *Dylan Dog* - articolo: *Dialetti addio?*
UNITÀ 2 **Il mio corso ideale…** Introduzione al corso Approfondimento della conoscenza reciproca tra i componenti del gruppo e valutazione del percorso individuale di ciascun componente con l'italiano. Negoziazione sui contenuti del corso	- precedenti esperienze di studio dell'italiano: racconto - elementi per esprimere un parere (**credo che sia meglio/giusto/sbagliato** + *infinito*, **bisogna/bisognerebbe/è/sarebbe meglio** + *infinito*) - usi del *futuro* per annunciare (**in questo corso vedremo, faremo, diremo…**)	- coniugazione del *futuro*: verbi regolari e irregolari - *presente del congiuntivo*: introduzione - coniugazione del *presente del congiuntivo* di **essere**	- lessico legato alla scelta e alla descrizione di un corso di lingua	- pubblicità: 2000 giorni al 2000
UNITÀ 3 **In bocca al lupo!** Espressioni e reazioni codificate	- elementi per fare gli auguri, congratularsi, fare le condoglianze e complimentarsi (in forma orale e scritta) - elementi per rispondere nelle stesse situazioni - reazioni codificate: complimenti - lamento codificato	- **che** + *aggettivo e/o sostantivo*	- ricorrenze e situazioni particolari nella vita di una persona	- lettura: Goffredo Parise, *Grazia* - biglietto di auguri del WWF - lettura: Fabio Fazio, *Prontuario delle frasi fatte. Il neonato* - articolo: *Fiori, non opere di bene* - lettura: Michele Serra, *Regali che si possono fare*
UNITÀ 4 **Avete saputo di Paolo?** Le notizie: introdurle e raccontarle	- elementi per introdurre notizie - elementi per reagire alle notizie - elementi per organizzare un racconto - elementi per dimostrare interesse per un racconto	- contrasto *passato prossimo/imperfetto* - elementi connettori del discorso	- aggettivi e sostantivi usati per reagire a una notizia	- lettura: Andrea De Carlo, *Treno di panna* - lettura di giornali e riviste italiane
UNITÀ 5 **Più che prudente mi sembra saggio** Parlare degli altri e del nostro rapporto con gli altri	- elementi per riferirsi a situazioni che si ripetono ogni tanto - elementi per riferirsi a situazioni possibili - elementi per reagire a	- **se** + *presente, presente* - **quando** + *presente, presente* - **mi piace/non mi piace/…che** + *congiuntivo* - coniugazione del *presente*	- lessico delle emozioni e reazioni che ci provocano gli altri o i loro comportamenti - nomi di animali - aggettivi per parlare del carattere e dei comportamenti	- articolo: *Il rischio al naso*
UNITÀ 6 **Se fossi in te…** Situazioni problematiche: dare consigli, descrivere stati fisici ed emotivi	- elementi per dare consigli o istruzioni - elementi per descrivere stati di malessere fisico - elementi per parlare di sensazioni e stati d'animo	- il *condizionale*: morfologia dei verbi regolari e di alcuni irregolari frequenti - uso di **ci vuole/voglio no/vorrebbe/vorrebbero** - sostantivi (relativi al corpo umano) che cambiano genere dal singolare al plurale - l'*imperativo negativo*	- il corpo umano - aggettivi che esprimono una condizione fisica - lessico relativo a sensazioni e stati d'animo	- depliant WWF - lettura: *Educazione alpinistica* - personaggi di spicco italiani e stranieri
UNITÀ 7 **Come sarebbe il mondo se…** Sogni, desideri, ipotesi	- elementi per esprimere sogni e desideri - reagire davanti a un desiderio espresso da altri - esprimere condizioni irreali	- usi del *condizionale* nei periodi principali - coniugazione dell'*imperfetto dei congiuntivo* - usi dell'*imperfetto del congiuntivo*: introduzione - **se** + *imperfetto del congiuntivo* + *condizionale*	- ampliamento del lessico delle attività - lessico legato alle ipotesi	- lettura: *Io, Vasco Rossi* - Autobiografia di Vasco Rossi scritta e commentata da Ivano G. Casamonti

Titolo unità e contenuti generali	Contenuti nozionali e funzionali	Contenuti grammaticali	Aree lessicali	Contenuti culturali
UNITÀ 8 **E come vi siete conosciu-ti?** La narrazione: orale, scritta, letteraria	- elementi per parlare del rapporto con un'attività o una situazione - per chiedere la durata di una situazione o il periodo di tempo trascorso a partire da un avvenimento: **Da quanto tempo...? È da molto che...?** Elementi per rispondere a queste domande - differenze tra narrazioni orali e scritte (lettere) - uso del *passato remoto* nelle narrazioni di tipo letterario	- marcatori temporali - ordinali - il relativo **cui** - uso di **per la prima/secon-da/... volta, la prima/secon-da/... volta che...** - per esprimere la ripetizione: **di nuovo, nuovamente, an-cora, un'altra volta,** prefisso **ri-** - uso di **a causa di, prima di, dopo** + *infinito composto* - uso di **precedentemente, successivamente, in seguito** - il *passato remoto*: morfologia dei verbi regolari e di alcuni irregolari frequenti	- lessico legato alle tappe della vita di una persona	- articolo: *Moglie dimenticata all'autogrill* - articolo: *Come si vive nelle città italiane* - biografie di *Pier Paolo Pa-solini* e *Indro Montanelli* - citazioni da vari narratori italiani del '900 - lettura: Giuseppe Pontiggia, *Lettore di casa editrice*
UNITÀ 9 **Pensavo che fossi partito** Ipotesi e supposizioni	- elementi per esprimere ipo-tesi - quando siamo sicuri di qual-cosa - elementi per esprimere l'ac-cordo ed il disaccordo (I) -elementi per escludere un'ipotesi o una supposizio-ne - elementi per richiamare l'at-tenzione su un aspetto/detta-glio - elementi per presentare le informazioni come supposi-zioni o opinioni personali di chi parla; come qualcosa che chi parla considera possibile, probabile o sicuro - quando scopriamo qualco-sa che non sapevamo o su cui eravamo male informati - elementi per reagire davanti a un'informazione	- testo sugli usi del *congiunti-vo* - **credere/pensare... + di** + *infinito*; **credere/pensare... + che** + *indicativo/congiuntivo* - **credere, pensare, sembra-re,** ecc. + *congiuntivo* - usi del *futuro* per esprimere la probabilià - **probabilmente/forse** + *in-dicativo*	- ampliamento del lessico re-lativo alle attività svolte	
UNITÀ 10 **Probabilmente domani farò tardi** Parlare del futuro: progetti, ipotesi, desideri	- elementi per parlare di azio-ni e/o situazioni future decise e stabilite - elementi per parlare di azio-ni e/o situazioni future in cui è presente un elemento di dubbio - elementi per esprimere de-sideri - elementi per fare ipotesi nel futuro	- per parlare del futuro: usi del *presente indicativo*, **dove-re, pensare di** + *infinito* - usi del *futuro* per parlare del futuro: quando è presente un elemento di dubbio, annunci, predizioni, operatori che si riferiscono al grado di dubbio o incertez-za - usi di **vorrei/mi piacereb-be**: con *infinito* o con **che** + *congiuntivo imperfetto* - uso di **se** + *presente indica-tivo*, + *presente indicativo/fu-turo* - usi di **sperare**: con **di** + *infi-nito* o con **che** + *presente congiuntivo/futuro*	- lessico degli annunci immo-biliari - lessico legato alle supersti-zioni - lessico legato all'oroscopo	- articolo: *Un rifugio per i pic-coli maltrattati* - campagna WWF: lettera di Piero Angela - annuncio TeleThon
UNITÀ 11 **Per me è molto più conve-niente l'altra...** Gli acquisti: fare paragoni, le istruzioni	- elementi per fare paragoni basati su quantità - elementi per fare paragoni basati su altre caratteristiche - istruzioni scritte ed istruzio-ni orali	- usi di **di/che** + *secondo ter-mine di paragone* - le istruzioni scritte: usi dell'*infinito* e della *2ª persona plurale* dell'*imperativo*	- lessico legato alla descrizio-ne e/o all'acquisto di alcuni oggetti di uso comune: mac-chine fotografiche, elettrodo-mestici, automobili - lessico legato alle ricette di cucina	- istruzioni pentola Lagostina - ricetta: Torta del paradiso
UNITÀ 12 **La mia regione è molto ver-de** La descrizione geografica Il turismo	- elementi per ubicare geo-graficamente - elementi per parlare di re-gioni e città - scrivere una lettera per pre-notare un albergo	- revisione degli elementi le-gati alle aree lavorate	- lessico della descrizione geografica fisica - lessico legato alle città - lessico relativo ad alberghi e campeggi - lessico legato alle cartine stradali	- intervista: alcuni italiani par-lano delle loro regioni - lettura: il Lazio - lettura: Italo Calvino, *Le cit-tà invisibili* - schede informative di alcuni alberghi in varie località ita-liane

Titolo unità e contenuti generali	Contenuti nozionali e funzionali	Contenuti grammaticali	Aree lessicali	Contenuti culturali
UNITÀ 13 **Buon viaggio!** In viaggio: treno, macchina, aereo	- elementi per comunicare in situazioni di viaggio: alla stazione, in officina, alla stazione di servizio, all'aeroporto, in aereo	- revisione degli elementi legati alle aree lavorate	- lessico legato al trasporto ferroviario - lessico relativo alle situazioni della circolazione stradale e alle infrazioni - lessico legato al trasporto	- articolo: *Addio bagagli* - pubblicità Alitalia - segnali stradali
UNITÀ 14 **Io non sono d'accordo** Le opinioni	- elementi per esprimere l'accordo e il disaccordo (II) - elementi per presentare una nostra opinione personale - elementi per cercare di convincere qualcuno - elementi per aggiungere un argomento a un altro appena dato - elementi per sottolineare che stiamo tenendo conto di un argomento contrario al nostro - elementi per ordinare degli argomenti che contraddicono parzialmente o totalmente qualcuno - elementi per introdurre un argomento che ci sembra decisivo - elementi per interrompere qualcuno	- uso del pronome soggetto per sottolineare un contrasto - **credo che** + *congiuntivo* - **penso che** + *congiuntivo* - **mi sembra che** + *congiuntivo* - **ritengo che** + *congiuntivo* - **di** + *infinito*	- revisione e ampliamento del lessico legato agli argomenti sui quali si esprimono opinioni nelle attività	- articoli da riviste e giornali italiani
UNITÀ 15 **Secondo me la vita nelle grandi città è stressante** Parlare del modo di essere/vivere degli altri: unità di revisione e riutilizzo di quanto acquisito in precedenza	revisione di: - esprimere pareri - esprimere ipotesi - esprimere l'accordo e il disaccordo - descrizioni (carattere, abitudini, ecc.) - raccontare - paragonare	- revisione degli elementi legati alle aree nozional-funzionali lavorate	- revisione e ampliamento del lessico delle attività quotidiane, e del lessico delle descrizioni	- articolo: *Addio metropoli crudele* - lettura: *Città o campagna?*
UNITÀ 16 **Cercando lavoro** Percorso di attività di revisione e introduzione al mondo del lavoro	- elementi per scrivere lettere di lavoro: come concludere, come introdurre l'argomento, ecc. - revisione del linguaggio dei dibattiti: esprimere accordo e disaccordo, argomentare, convincere, ecc. - revisione degli elementi per fare progetti - revisione dei paragoni - interviste di lavoro	- revisione degli elementi legati alle aree lavorate	- annunci di offerta lavoro - lettere di lavoro	- lettura: Paolo Villaggio, *Fantozzi* - lettura: Lina Sotis, *Bon ton* - lettura: Donna Letizia, *Il saper vivere*
UNITÀ 17 **Voglio raccontarti una conversazione che ho sentito questa mattina** Il discorso riferito I	- interpretare le parole dette da altri - selezionare le parole che si vogliono riferire - integrare le parole sentite o dette in un nuovo discorso - introdurre il discorso riferito	- trasformazioni formali caratteristiche del passaggio del discorso diretto al discorso riferito: tempi verbali, pronomi, marcatori, temporali e spaziali, ecc. - verbi introduttori del discorso riferito - **domandare/chiedere** + **se** + *verbo coniugato* - **domandare/chiedere** + **se** + *congiuntivo/indicativo* - **domandare/chiedere** + *informazione* - **domandare/chiedere/ordinare/consigliare/proporre/** ecc. + **di** + *infinito*	- verbi che introducono il discorso riferito	- articoli e interviste da quotidiani e riviste italiane
UNITÀ 18 **Ha chiamato la dottoressa Rocchi. Ti richiama lei stasera** Il discorso riferito II	- interpretare e riassumere le parole dette da altri o in altre situazioni - riflessione sui diversi modi di formulare ciò che diciamo	- parole che non vengono ripetute nel passaggio del discorso diretto e discorso riferito e loro possibili interpretazioni: **sai**, **veramente, mah, il fatto è che, davvero?, senti scusa, mamma mia!, macché! dici?, certo, forza! dai!** ecc.	- verbi che servono a riassumere un breve scambio di battute; invitare, minacciare, insultare, ecc.	- lettura: Dino Buzzati, *Il credito*

Titolo unità e contenuti generali	Contenuti nozionali e funzionali	Contenuti grammaticali	Aree lessicali	Contenuti culturali
UNITÀ 19 **La notizia non è stata smentita** Il linguaggio dei media	- uso della forma passiva: differenze tra registri formali e informali, e tra lingua orale e scritta - elementi per presentare informazioni come non certe e/o per sottolineare che si riferiscono informazioni riportate da altri	- la forma passiva - per prendere le distanze dall'informazione che si dà: usi di *condizionale*, **sembra che** + *congiuntivo*, **secondo** + *fonte della notizia* + *indicativo/condizionale* - elementi connettori del discorso scritto	- verbi caratteristici del linguaggio giornalistico usati per introdurre discorsi riferiti	- articolo: *L'andata-ritorno scende dal treno* - articolo: *Riscatto. Il cane vale un milione* - articolo: *Nuovo centro stampa in Belgio* - scheda: *Bari* - lettura: *Gli italiani e i mass-media* - articolo: *Fidanzati grazie al giudice* - articolo: Francesco Alberoni, *I nostri politici? Non si pentono...*
UNITÀ 20 **Come sarebbe a dire?** Servizi pubblici (banca, ufficio postale, ecc.) - Protestare	Chiedere informazioni e servizi negli uffici pubblici - protestare	- revisione delle forme legate al protestare ed arrabbiarsi	- lessico della burocrazia - lessico delle banche - lessico degli uffici postali - documenti di identità - modalità di pagamento	- articolo: *La patente* - articolo: *Caro burocrate parla chiaro*
UNITÀ 21 **E per finire...** Letteratura e lingua scritta	- uso del *passato remoto* nella lingua orale - organizzazione di una lettera formale - elementi connettori del discorso scritto	- il *passato remoto*: classificazione delle irregolarità - prefissi negativi: **in-**, **s-**, **dis-** - i relativi **il/la quale**, **i/le quali**	- verbi che descrivono il modo o l'atteggiamento con cui si parla	- lettura: Primo Levi, *Cristo si è fermato a Eboli* - lettura: Elio Vittorini, *Conversazione in Sicilia* - lettura: Sto, *I cavoli a merenda* - lettura: Edoardo Albinati, *Il bambino scettico* - lettura: Stefano Benni, *La chitarra magica*

Conosciamoci

1

Unisci le battute della prima nuvola con quelle della seconda. Poi trascrivi i brevi dialoghi che avrai composto.

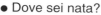

- Dove sei nata?
- Di dove sei?
- Ma allora non vivi qui?
- Lavori o studi?
- Hai figli?
- Abiti qui?
- Che lavoro fai?
- Come ti chiami?
- Di dove sono i tuoi genitori?
- Quando sei nato?
- Io sono Giovanni.
- Quanti siete in famiglia?
- Dove abiti?
- Sei sposata?
- Quanti anni hai?
- E dove lavori?
- Quanti figli hai?
- La tua famiglia vive a Roma?

- ○ Diciannove.
- ○ Ah, ciao, io sono Francesca.
- ○ Uno, e tu?
- ○ Nel 1962.
- ○ In un negozio di elettrodomestici.
- ○ È difficile spiegarlo, diciamo che mi occupo di pubblicità.
- ○ Sì, uno.
- ○ Ad Atene.
- ○ Di Pescara e tu?
- ○ Sì, proprio dietro l'angolo.
- ○ Cinque.
- ○ No, vivo a Budapest, in Ungheria.
- ○ No, a Milano.
- ○ Rosaria.
- ○ No, e tu?
- ○ A Monaco di Baviera ma abito a Parigi.
- ○ Studio e ogni tanto faccio qualche lavoretto.
- ○ Mia madre è svedese e mio padre è spagnolo.

2

Ricostruisci il dialogo, mettendo in ordine le battute.

- Io sono Daniel.
- ○ Sì, per il secondo livello.
- Grazie...
- ○ E sei inglese?
- Sono cilena, ma da tanti anni vivo in Spagna.
- ○ Anch'io. Allora stiamo insieme. Io mi chiamo Pilar...
- Ah, e studi italiano all'università?
- ○ No, i miei sono rimasti in Cile, io e il mio compagno invece ci siamo trasferiti a Barcellona perché lui lavora lì. E tu vivi in Polonia? O...
- No, sono polacco e tu di dove sei?
- ○ Che bel nome. Mi è sempre piaciuto...
- Scusa, anche tu sei qui per il corso di italiano?
- ○ Sì sì, a Otwock, vicino Varsavia. Tra un po' però mi laureo e penso di trasferirmi...
- Ti sei trasferita con la famiglia?
- ○ Sì, e tu?
- Lavoro in un'agenzia di viaggi, e siccome d'estate un sacco di italiani vengono in Spagna... eccomi qua! Certo che parli bene...
- Oh, beh... grazie.

3

a. Guarda l'albero genealogico dell'ambasciatore Traina e della sua numerosa famiglia, poi guarda l'esempio e scrivi il maggior numero di frasi che puoi.

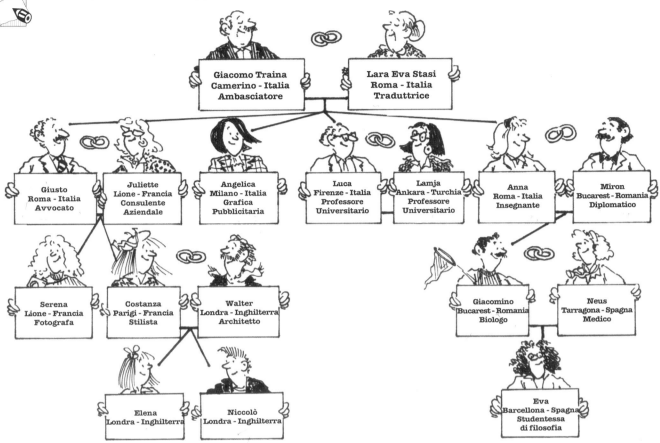

 Giacomo Traina è italiano, di Camerino. È ambasciatore.
È sposato con Lara Eva Stasi e ha quattro figli, tre nipoti e tre pronipoti.

b. Ora completa seguendo il modello.

Giacomino è il *cugino* di Serena e Costanza.
Il signor Giacomo Traina è il *bisnonno* di Eva.

nipote Niccolò è il _____ di Giusto.

genero Miron è il _____ dei signori Traina.   (*nuora e genero*)

cognata Lamja è la _____ di Anna.

nonna La signora Lara Eva Stasi è la _____ di Giacomino.

zia Angelica è la _____ di Giacomino.

figlio Giusto è il _____ dei signori Traina.

figlia Elena è la _____ di Costanza e Walter.

madre Neus è la _____ di Eva.

suocero Miron è il _____ di Neus.

figli Giusto, Serena, Angelica, Luca e Anna sono i _____*figli*_____ dei signori Traina.

cognata Juliette è la _____ di Angelica.

padre Giusto è il _____ di Serena e Costanza.

zio Miron è lo _____ di Serena e Costanza.

cognato Luca è il _____ di Miron.

moglie La signora Lara Eva Stasi è la _____ del signor Giacomo Traina.

Lamja è la _____ della signora Traina Stasi.

Juliette è la _____ di Walter.

Costanza è la _____ di Anna.

Neus è la _____ di Anna.

Niccolò è il _____ del signor Giacomo Traina.

Miron è il _____ di Eva.

Costanza è la _____ di Giacomino.

Luca è lo _____ Costanza.

Miron è il _____ di Anna.

4 Che lavoro fanno queste persone? Scrivilo sotto a questi disegni che hai già incontrato in *Uno*.

Contabile

segretaria
impiegata

avvocato, impiegato
rappresentante

cameriere
barista

cantante

dottore
medico

madre, mamma
casalinga

giornalista
intervistatore

farmacista

infermiera

poliziotto;
carabiniere

studente

mecanico

agente inmobilare
architetto

insegnante
professore
(studentessa)

contadino
lavoratore
idraulici

5 Completa il testo con il *presente indicativo* dei verbi tra parentesi.

Salve, noi non (**conoscersi**) _____ perciò vi (**scrivere**) _____ per presentarmi.
Cominciamo dall'aspetto fisico: la gente che mi (**circondare**) _____ (**dire**) _____ che
per la mia età (**essere**) _____ piuttosto alta, ma questo davvero io non lo (**potere**)
_____ dire. I miei capelli (**essere**) _____ castani e leggermente mossi, gli occhi
invece (**essere**) _____ neri. Sì, davvero, neri neri come il carbone. (**dovere**) _____
confessare che non (**essere**) _____ magrissima, anzi, in verità, (**essere**) _____ un
po', ma solo un po', cicciottella, ma alla mia età del resto (**essere**) _____ normale. In fin dei
conti (**avere**) _____ bisogno di molte calorie per crescere bene.
Ma ora passiamo ai miei passatempi preferiti: oltre a mangiare e bere (**adorare**) _____ dormire
e fare il bagno, ma solo se (**potere**) _____ portare con me le mie paperelle, altrimenti
(**annoiarsi**) _____. Non (**avere**) _____ ancora una vita sociale molto intensa, ma
(**avere**) _____ un fratello a cui (**volere**) _____ un mucchio di bene e insieme ci (**fare**)
_____ un sacco di risate.
Cos'altro (**potere**) _____ aggiungere? Come mi (**piacere**) _____ vestirmi? In genere
(**indossare**) _____ quello che la mia mamma (**decidere**) _____ di mettermi:
pantaloncini, magliette, a volte dei vestitini e... già, che sbadata! In genere (**portare**) _____ un
bel pannolino impermeabile.
Quanti anni (**avere**) _____? Di solito non si (**chiedere**) _____ l'età a una signora, ma
per questa volta (**potere**) _____ fare un'eccezione: (**avere**) _____ ben quattordici
mesi e (**chiamarsi**) _____ Gloria. Glorietta per gli amici. Ragazzi, che fatica crescere!

6 Completa i dialoghi con il *passato prossimo* dei verbi tra parentesi.

1. ● Dove (**nascere**) _____ ?

2. ● Scusa ma non trovo il sale, dove lo (**mettere**) _____?

3. ● L'altro ieri (**andare**) _____ al cinema.
   ○ Ah, e cosa (**vedere**) _____?

4. ● Mi porti un fazzolettino, per favore?
   ○ Ma (**raffreddarsi**) _____?

5. ● Cosa vi (**succedere**) _____? Avete una faccia...
   ○ (**Prendere**) _____ uno spavento! Un pazzo ci (**attraversare**) _____ la strada
   all'improvviso mentre arrivavamo in macchina.

6. ● (**Chiamare**) _____ Luisa?
   ○ Perché, la dovevo chiamare io?

7. ● Nome e cognome, per favore.
   ○ Gianna Tirelli.
   ● Dove (**nascere**) _____?

8. ● Mi scusi (**vedere**) _____ per caso una signora anziana, con un pacchetto in mano?
   ○ Sì, (**passare**) _____ di qui un momento fa.

9. ● I bambini (**tirare**) _____ la coda al gatto.

10. ● Maria (**incontrare**) _____ tuo padre al supermercato.
    ○ Ah sì? Infatti mio padre ci (**andare**) _____ proprio ieri.

7 Completa il testo con *l'imperfetto* dei verbi tra parentesi.

Il bambino **(sembrare)** _____ molto più piccolo della sua età. Quando lo raccolsero **(dovere)** _____ avere pochi mesi, ma nessuno ha mai potuto dire esattamente quanti. Lo **(avere)** _____ lasciato davanti alla chiesa delle Suore dell'Immacolata Concezione, quelle del monastero che all'epoca **(trovarsi)** _____ proprio lassù in cima alla collina, dove poi nemmeno le erbacce sono più cresciute.
Prima della disgrazia che dopo pochi anni **(dovere)** _____ colpire il paese, il bambino **(essere)** _____ amato da tutti: tutti lo **(conoscere)** _____ e tutti lo **(cercare)** _____. A volte gli **(regalare)** _____ qualcosa, altre volte invece gli **(donare)** _____ solamente una carezza. Le madri più anziane lo **(baciare)** _____ anche, mentre quelle più giovani **(sembrare)** _____ troppo prese dai loro piccoli figlioli. Tutti, comunque, gli **(volere)** _____ un gran bene e anche noi, noi non dimenticheremo mai quegli occhi tristi e profondi che **(generare)** _____ dolcezza al primo sguardo. A volte lo **(invitare)** _____ a restare con noi per la notte ma lui, anche quando **(fare)** _____ molto freddo, **(preferire)** _____ sempre tornare nel suo gelido giaciglio dietro il monastero. Nessuno **(avere)** _____ motivo di prevedere quello che sarebbe accaduto. Nessuno **(potere)** _____ immaginare.

8 Completa con il tempo adeguato di uno dei verbi della lista. Attenzione: alcuni verbi si ripetono all'interno del testo!

abbandonare
affezionarsi
andare
andarsene
arrivare
asciugare
avere
chiamarsi
coltivare
compiere
comprare
conoscere
continuare
dire
diventare

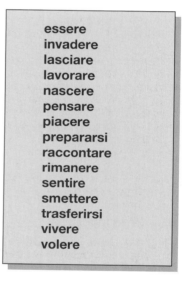

essere
invadere
lasciare
lavorare
nascere
pensare
piacere
prepararsi
raccontare
rimanere
sentire
smettere
trasferirsi
vivere
volere

Mi _____ Maria, Maria Broccato. _____ sessantadue anni e _____ pensionata. _____ italiana, di Aquilonia, un paese della provincia di Avellino, vicino Napoli, ma da più di trent'anni _____ in un fresco paese del Piemonte. Tutta la mia famiglia di origine _____ in quel piccolo centro: mia madre, mio padre, i miei fratelli e mia sorella, ma nessuno di loro _____ a vivere lì. Io _____ a studiare a Roma, dove già _____ la mia sorella maggiore, all'età di sedici anni e a Roma _____ i miei studi. _____ una ragazza allegra e spensierata. Mi _____ molto uscire, viaggiare e andare a ballare. Ma la mia vera passione _____ passeggiare per il centro storico e _____ gente nuova. La mia migliore amica romana _____ sempre che forse io non _____ accettare di _____ in una grande città e _____ a credere di non _____ mai _____ il mio piccolo paese di origine. E sicuramente _____ ragione, perché anche ora, dopo tanti anni, le sensazioni legate alla mia terra non mi _____, e quando _____ l'estate e ci _____ per le vacanze la nostalgia dei profumi del mio paese _____ completamente il mio cuore: allora, come quando ero bambina, _____ il profumo dei pomodori e delle melanzane messi ad _____ al sole, l'odore penetrante di lavanda e quello leggero ma inconfondibile del grano dopo la mietitura. Ora _____ una donna diversa. A Roma, in una delle mie caratteristiche passeggiate _____ quello che poi _____ mio marito, e insieme _____ qui. Qui _____ e _____ i nostri tre figli. _____ a ballare e a uscire spesso, ma col passare degli anni _____ di viaggiare. _____ alla nostra casa e qualche tempo fa _____ un terreno in cui io _____ fiori e ortaggi. Ora _____ di scrivere un libro per _____ la storia di una ragazza allegra e spensierata che _____ per le vie del centro di Roma a _____ gente.

9 Leggi questa lettera.

Caro Ludovico,
ti scrivo dopo tanto tempo ma ho pensato molto a te nelle ultime settimane perché ho avuto un'avventura insolita che mi ha fatto molto riflettere e mi ha lasciato con un senso di paura che per ora non riesco a superare.
Circa un mese fa sono andata a fare delle commissioni e come sempre ho portato con me Riccardo, il mio bambino più piccolo. Dopo aver fatto delle spese mi sono accorta di essere rimasta senza molti soldi e siccome era venerdì ho deciso di andare in banca, cosa che faccio raramente quando ho con me i figli perché se poi c'è la fila si innervosiscono. Quel giorno però non avevo scelta e quindi ho comprato un gelato a Riccardo e sono entrata. È quella piccola banca in cui avevo il conto quando eravamo ragazzi, ricordi? Non l'ho mai cambiato perché mi sono sempre trovata bene e poi ci lavora Stella, quella mia ex-compagna di liceo che ti ho presentato l'ultima volta che sei venuto. Comunque, appena entrati ho notato qualcosa di insolito: c'erano molte persone, ma la cosa più strana, che lì per lì non ho notato ma che mi è venuta in mente in un secondo momento, era che tra tutta quella gente non c'erano quasi donne. Credo che oltre me ci fosse solamente una signora anziana e basta. Io ho pensato "che sfortuna, proprio oggi tutta questa gente", poi ho sistemato Riccardino su una poltroncina, ho preso un assegno e ho cominciato a riempirlo. All'improvviso ho sentito qualcuno passarmi vicino e ho avuto la sensazione che fosse Stella, che in genere lavora dietro, negli uffici. Ho alzato gli occhi e l'ho vista vicino a me, al braccio di un uomo di una quarantina di anni, pallida, con lo sguardo fisso, la bocca storta come in una smorfia di dolore e un'espressione che veramente non le conoscevo. Riccardino si è tirato su e ha fatto per chiamarla, ma il mio istinto mi ha suggerito di bloccarlo e di abbracciarlo stretto e infatti proprio in quel momento una sirena assordante si è messa a suonare: era impressionante, non avevo mai sentito un suono così sgradevole e spaventoso. Nel giro di pochi secondi sono arrivate non so quante volanti della polizia, io non ho capito più nulla, mi sono soltanto sentita spingere contro un angolo con il bambino tra le braccia, sapevo di aver perso la borsa nella confusione e intanto cercavo disperatamente Stella con lo sguardo. Solo ora mi rendo conto di aver capito che si trattava di una rapina ma di averlo negato fino all'evidenza. I rapinatori, perché nella banca oltre a quello che aveva trascinato via la mia amica ce ne erano almeno altri quattro, sono stati arrestati in pochi minuti, ma come si siano svolti i fatti io ancora non sono sicura di averlo capito. Stella è stata ricoverata all'ospedale in stato di shock, ma per fortuna non ha avuto danni fisici, anche se è ancora terrorizzata all'idea di riprendere il lavoro. Io da allora ogni volta che vado in banca pago una baby-sitter per Riccardino mentre lui passa quasi tutta la giornata a giocare a guardie e ladri con suo fratello e a rapinare la cioccolata che tengo nascosta in cucina...
A parte questo qui tutto bene. E a te, come va la vita?
Scrivimi presto.
Un bacio.

                                                                    Giulietta

a. Per ogni frase segna la risposta esatta.

	vero	falso	non si sa
Ludovico è un vecchio amico di Stella.	☐	☐	☐
Giulietta va sempre in banca con i figli.	☐	☐	☐
Giulietta ha lavorato in banca.	☐	☐	☐
La polizia è arrivata in elicottero.	☐	☐	☐
La polizia è arrivata in macchina.	☐	☐	☐
La baby-sitter è molto cara.	☐	☐	☐
Per pagare la baby-sitter Giulietta deve andare ogni volta in banca.	☐	☐	☐
Giulietta ha almeno due figli.	☐	☐	☐
Giulietta ha solo un figlio.	☐	☐	☐
Stella è stata rapita.	☐	☐	☐
Solo quando Giulietta va in banca Riccardino gioca a guardie e ladri e ruba la cioccolata.	☐	☐	☐
Giulietta è andata in banca perché aveva speso tutti i soldi per comprare un gelato a Riccardino.	☐	☐	☐

b. Ora rispondi alle domande.

Cosa sappiamo del rapporto tra Giulietta e Ludovico?
E del rapporto tra Giulietta e Stella?
Chi è Riccardo?
Cos'è successo in banca?
Come ha reagito Giulietta? E Riccardino?
Perché Giulietta ha abbracciato Riccardino?
Fai un elenco cronologico degli avvenimenti descritti nel testo.

c. Ora leggi queste frasi e scrivi sotto a ognuna l'espressione equivalente ma leggermente diversa che compare nella lettera.

Mi ha fatto molto pensare.
Mi ha fatto molto riflettere

Quando eravamo giovani.
_____

Mi è successa una cosa strana.
accaduta   *rara*
_____

Una sirena assordante ha iniziato a suonare.
una sirena ha cominciato a squillato
rumoroosa

Dato che era venerdì ho deciso di andare in banca.
Siccome   pensato
Essendo   so

Più o meno un mese fa.
Circa un mese fa
Quasi

Ho notato qualcosa di strano.
Ho

Fortunatamente non ha avuto danni fisici.
Per fortuna   non si è fatto male
Grazie a Dio   è sano e salvo

Improvvisamente ho sentito qualcuno passare vicino a me.
_____

Ho portato con me Riccardo, il mio bambino minore.
Mi ha Accompagnato   il mio figlio
più piccolo

Un uomo che avrà avuto più o meno quarant'anni.
_____

Soltanto adesso mi rendo conto di aver capito.
Finalmente ha senso per me

Sono andata a fare alcune cose.
_____

In un attimo sono arrivate non so quante macchine della polizia.
In un momento   Subitamente   tantissime   troppe
Di colpo

d. Ora ascolta la lettera di Giulietta e controlla le tue risposte.

e. Hai notato che il testo ha molte espressioni che servono per situare i fatti nel tempo e per ordinarli cronologicamente? Leggilo di nuovo e trascrivi tutte queste espressioni.

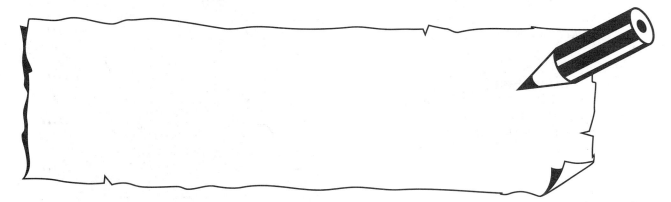

f. In questo testo, come di frequente accade nei racconti, ci sono spesso dei brevi incisi, frasi che sono una parentesi nel racconto dei fatti e che servono a introdurre spiegazioni o dettagli che il lettore o l'interlocutore potrebbe non conoscere. Leggi ancora una volta il testo e notali.

10 Ora scrivi tu una lettera come quella del punto precedente in cui racconti qualcosa che è successo a te.

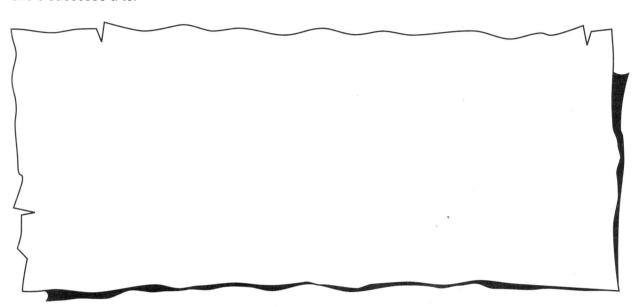

11   Unisci un elemento della prima colonna con uno della seconda. Poi forma delle frasi seguendo il modello.

●***Non mi piace andare al mare, però adoro la campagna.***
●***Detesto la pioggia.***

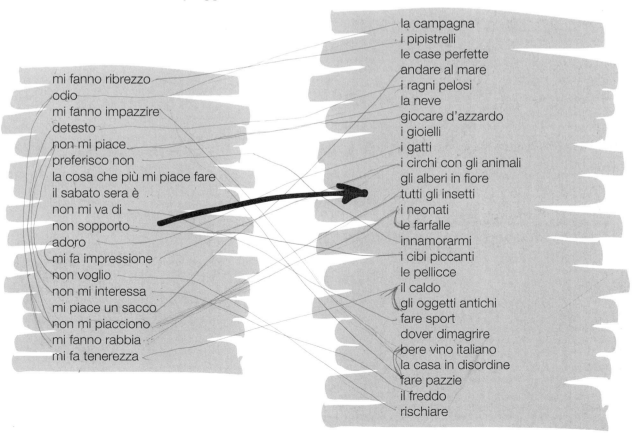

mi fanno ribrezzo
odio
mi fanno impazzire
detesto
non mi piace
preferisco non
la cosa che più mi piace fare
il sabato sera è
non mi va di
non sopporto
adoro
mi fa impressione
non voglio
non mi interessa
mi piace un sacco
non mi piacciono
mi fanno rabbia
mi fa tenerezza

la campagna
i pipistrelli
le case perfette
andare al mare
i ragni pelosi
la neve
giocare d'azzardo
i gioielli
i gatti
i circhi con gli animali
gli alberi in fiore
tutti gli insetti
i neonati
le farfalle
innamorarmi
i cibi piccanti
le pellicce
il caldo
gli oggetti antichi
fare sport
dover dimagrire
bere vino italiano
la casa in disordine
fare pazzie
il freddo
rischiare

12   Ricordi il racconto "La Goccia"? Leggilo di nuovo.

a. Scrivi un breve riassunto.

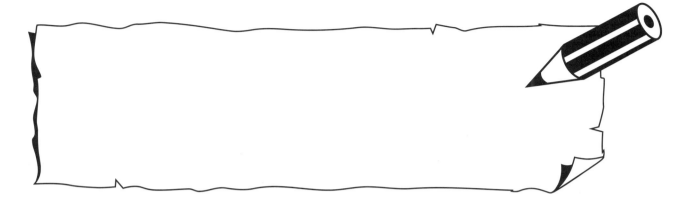

b. Ora segna le risposte esatte.

	vero	falso	non si sa
Normalmente le gocce cadono in giù.	☐	☐	☐
La goccia di questo racconto sale le scale.	☐	☐	☐
Il racconto si svolge in un appartamento.	☐	☐	☐
Il racconto si svolge in un grande palazzo.	☐	☐	☐
Il racconto si svolge in una piccola palazzina.	☐	☐	☐
Ogni notte la goccia riprende la sua salita dal punto che aveva raggiunto la sera prima.	☐	☐	☐
La goccia si sente tutte le notti.	☐	☐	☐
Al mattino le scale sono bagnate.	☐	☐	☐
La gente vorrebbe reclamare, arrabbiarsi con qualcuno, ma non sa con chi.	☐	☐	☐
Chi dorme in camere lontane dalle scale è tranquillo e non si preoccupa.	☐	☐	☐

c. Rispondi alle domande.

Chi è stata la prima persona che ha sentito il rumore della goccia?
Cosa ha fatto quando l'ha sentito?
Come ha reagito la signora? Cosa ha fatto poi?
Come passano le serate e le nottate gli abitanti del palazzo?
E al mattino, cosa fanno?
Come si sentono di notte? E di giorno? Perché secondo te?
Come reagiscono le persone che abitano in altre case quando gli parlano della goccia?
Come sono le cose che fanno paura?
E quelle che danno una sensazione di sicurezza?
Fanno molte cose le persone?
E la goccia?

d. Cerca nel testo tutte le parole che si riferiscono a:

le persone
la goccia
le altre gocce
cose che fa la goccia
cose che fanno le persone

certezza, ipotesi e incertezza
come si sentono le persone
paura
senso di sicurezza/tranquillità
percezione (sentire, vedere, ecc.)

e. Cerca nel testo una parola/espressione che significa:

andare a letto
molto sorpresa
ben conosciuto (in tutto il mondo)
lentamente, un po' alla volta
è tanto tempo che...
senza volere
(le lampadine) appese
significa che (sta salendo)
convincere
(le terre) sognate/immaginate

 f. Leggi queste quattro opinioni sul racconto "La Goccia". Cosa ne pensi? Con quali sei d'accordo e con quali no? Pensaci e poi parlane con i tuoi compagni e con il tuo insegnante.

"La Goccia" è un racconto inquietante che parla del destino, dell'ignoto, delle cose che non conosciamo: infatti, come la goccia del racconto, non si sa mai se si avvicinino o no, se stiano arrivando o no. Perciò tutti hanno paura e si domandano quale sia il significato reale della goccia e del racconto.

"La Goccia" è un racconto che parla degli esseri umani, delle loro paure, delle difficoltà che hanno a vedere le cose semplici in modo semplice, e a sopportare ciò che non gli sembra normale e tutto ciò che non si aspettano o non era previsto. Infatti la loro reazione davanti alla goccia che sale i gradini è di paura. Vorrebbero classificarla, spiegarla, dire che è un'allegoria o che rappresenta qualcos'altro. Solo così gli esseri umani riescono a sopportare ciò che non riescono a controllare: lo classificano, gli mettono un'etichetta, gli cambiano il nome, lo trasformano in un'altra cosa per poi continuare a sentirsi forti e fare finta che il problema non esiste.

Nel racconto *"La Goccia"* non succede nulla. Una goccia sale le scale di un grande palazzo di notte e tutti hanno paura. Un modo un po' noioso di parlare del destino e dell'incertezza che esso rappresenta per gli esseri umani. Il racconto è noioso perché si ripete sempre la stessa cosa. Lo stesso racconto potrebbe durare due frasi, tre righe, senza nemmeno perdere un dettaglio.

In apparenza nel racconto *"La Goccia"* non succede niente. Una goccia sale i gradini delle scale di notte e tutti hanno paura. Eppure tutto è detto in modo tale, con una tale abilità che il lettore attento non solo non si annoia. Si accorge, anzi, che succedono molte, moltissime cose. Non si capisce facilmente, perché tutto avviene nel cuore della gente o di notte, e non si tratta di cose che siamo abituati a osservare, né tantomeno ad esprimere.

13 Leggi questo testo su Dylan Dog.

MODA, NOVEMBRE '93

Trent' anni, ex poliziotto, un coraggio che rasenta l'incoscienza e un'avventura bollente in ogni album. Ecco chi è il mitico Dylan, terrore del terrore

Chi è Dylan Dog lo sanno tutti, ma quando si tratta di un mito (perché tale è ormai il fumetto della Sergio Bonelli Editore), la reiterazione è quasi obbligatoria. Che l'abbia inventato Tiziano Sclavi nel 1986 è ininfluente, Dylan Dog vive ormai di vita propria: ha una trentina d'anni, abita a Londra in Craven Road numero 7. La sua macchina è una Volkswagen maggiolino targata DYD 666 (numero, come tutti sanno, diabolico). Ha un assistente-amico-tormentatore di nome Groucho, coltiva una profonda amicizia per il suo ex-capo di Scotland Yard, l'ispettore Bloch, ha un nemico giurato, l'ignobile Xabaras, che ogni tanto ricompare. Sul campanello di casa una targa precisa che lì abita Dylan Dog, indagatore dell'incubo, e nel mitico album numero 1, *L'alba dei morti viventi,* da cui è tratta questa vignetta, Dylan Dog si presenta come "l'unico investigatore al mondo che si interessi a fenomeni come fantasmi, licantropi o vampiri. Il fatto che io creda o meno all'autenticità di tali fenomeni è del tutto irrilevante. Ciò che conta è che non rifiuto a priori di cre-

derci come fa la maggior parte della "gente seria". È una dichiarazione di intenti ma anche della sua poetica: stabilisce la possibile esistenza dei "mostri", la sua totale disponibilità ad accettare l'assurdo e l'improbabile, distingue, virgolettando, fra se stesso e la "gente seria". Dylan "serio" non è: si lascia tentare, coinvolgere, intenerire. E si fidanza, praticamente ogni album, con una innamorata diversa. Il maligno Claudio Dell'Orso ha scritto che le sue clienti "sborsano solerti le cinquanta sterline giornaliere per poter usufruire dei suoi ambiti servigi. Diurni e notturni". Pura invidia. Con un bel viso che ricorda Rupert Everett, le sue idiosincrasie (non beve, non fuma, non va in aereo, in nave vomita), la sua ironia e la sua gentilezza d'animo (diciamolo senza pudori), Dylan Dog è terribilmente umano e irresistibile. Chi opina che solo di un fumetto si tratta non ha mai letto Dylan Dog. Allora che cominci da questa storia speciale per MODA... diventerà uno dei nostri.

Giovanna Calvenzi

Ora descrivi tu uno dei seguenti personaggi.

Aladino	Bambi	Charlie Brown	Braccio di Ferro
Il genio della lampada	Snoopy	Topolino	Superman
Paperon de' Paperoni	Bristow	Paperino	Paperina
Minnie	Linus		
Pippo			
E.T.			

14

Ricordi il testo del punto 11 del *Libro dello studente*? Leggilo di nuovo.
Poi leggi questo articolo tratto dal quotidiano *La Repubblica* e rispondi alle domande.

di MARIA NOVELLA DE LUCA

La Doxa: li usano 22 persone su cento
Dialetti addio? L'italiano vince ma resistono le lingue antiche

LA REPUBBLICA, 4/7/92

ROMA - Da una parte c'è Monsieur Goldoni, con il suo dialetto [...] e i suoi innamorati. Dall'altra, c'è Acitrezza, i pescatori, Giovanni Verga e i Malavoglia. In mezzo c'è un'Italia che scopre di parlare una sola lingua con mille inflessioni e mille cadenze, ma che non si allontana troppo da quel "lessico sciolto" che Manzoni auspicava nei *Promessi Sposi*. Lo afferma la DOXA: gli italiani non parlano più il dialetto. Per sentirne ancora cadenze e stranezze bisogna andare a Venezia, dove la lingua della laguna sopravvive assediata dagli idiomi dei turisti di tutto il mondo, o spingersi in angoli meno battuti della Sicilia e della Calabria, dove con lo stesso orgoglio vengono difesi i suoni del parlare antico. E i linguisti concordano. I dialetti stanno scomparendo, lasciando il posto a un italiano "transregionale", non puro ma nemmeno sporco, uguale nelle strutture di fondo, accomunato dalla televisione e dai libri di testo, *condito* però da accenti, gerghi e modi di dire che invece sottolineano sempre e con forza le regioni di provenienza. La DOXA, a 18 anni di distanza dall'ultimo sondaggio, è tornata a chiedere a duemila italiani come parlano dentro e fuori casa, con gli amici e con i figli piccoli, con i coetanei e con gli anziani, sul lavoro o per la strada. Il primo dato che emerge e sorprende è che gli ultimi difensori del dialetto, quelli che lo usano con frequenza sia in famiglia sia

fuori casa, sono i veneti, mentre nel resto della penisola le lingue locali vengono lentamente abbandonate all'oblio. "Per quel che riguarda l'uso del dialetto in casa - si legge nel dossier - coloro che lo parlano *con tutti i famigliari* nel 1974 erano il 51,3 per cento e sono oggi scesi al 35,9 per cento. La percentuale di chi lo parla *almeno con un famigliare* è passata dal 75 al 66 per cento". Nel 1974 almeno 42 italiani su cento parlavano "sempre o spesso in dialetto con amici o compagni di lavoro", mentre oggi lo fanno solo 22 su cento. Ma in virtù di cosa, di quale nuovo idioma, vengono abbandonate le lingue dei padri? Secondo Francesco Sabatini, docente di Storia della Lingua Italiana all'università "La Sapienza" di Roma, "al posto dei dialetti si parla ormai un italiano *medio*, che accomuna l'avvocato di Cagliari al commerciante di Roma, il professionista di Torino, all'impiegato di Napoli". "Si tratta di una lingua - spiega Sabatini - che su una base letteraria fiorentina ha inserito elementi di una sintassi parlata,

a cui si aggiungono coloriture regionali". Nessun imbastardimento quindi. Anzi, per Sabatini, la lingua che viene utilizzata comunemente "non è poi così lontana da quella che ritroviamo nelle lettere di Machiavelli, in Dante o Boccaccio: Rappresenta anzi quel *parlare sciolto*, semplificato, tanto cercato dal Manzoni". Esistono però secondo la DOXA "sacche di resistenza". L'uso del dialetto è più diffuso tra gli uomini che tra le donne, più tra gli anziani che tra i giovani e, quanto ad aree geografiche, più nel nord-est e nel meridione che nel nord-ovest e nel centro del paese. Le regioni in cui l'uso della lingua locale regge all'assalto dell'italiano sono Veneto, Friuli e Trentino, dove almeno 63 persone su cento parlano in casa, sempre e con tutti, il dialetto, e fuori casa lo usano "spesso" almeno 48 persone su cento. A questi si deve aggiungere la fascia di irriducibili (o cultori della lingua), 28 su cento, che la lingua nazionale non la usa proprio mai. Luciano Satta però, grande esperto della lingua italiana, invita a fare uso di scetticismo e pruden-

za. "Ma noi come facciamo veramente a sapere se nella famiglia abruzzese che sostiene di non parlare il dialetto, poi realmente si utilizza l'italiano? Ho il dubbio che in alcune regioni, dove la lingua antica non è stata nobilitata, come in veneto ad esempio, ci sia ancora qualche verecondia a confessare che si usa una parlata locale. [...] Quello che però mi preme dire - continua Satta - è che questo italiano sovra-dialettale che ha unito le regioni con un unico idioma, è sempre una lingua nobile, ancora vicina alle sue origini [...]. Se quindi adesso i molisani parlano come i lombardi (con i differenti accenti) questo non significa che c'è una perdita di identità culturale". Per Alberto Mario Cirese, docente di Antropologia all'università "La Sapienza" di Roma, invece questo pericolo c'è. "Certo, rischiamo di passare da un *vivace parlante* a un *piatto parlante*, ed esiste il problema di conservare le località della lingua, che avevano una grande forza di rappresentazione, e che invece potrebbero essere sconfitte da un italiano burocratico. In realtà non credo che ci troviamo di fronte ad una scomparsa dei dialetti, ma piuttosto ad un ammorbidimento di questi verso un italiano regionale. Ricordando sempre che dialetto non significa *degradazione* bensì *esito differente* che una lingua assume nelle varie zone geografiche dove viene utilizzata. È naturale che si vada verso un'unificazione del linguaggio, ma è giusto preservarne le radici". [...]

1. Cosa è cambiato negli ultimi anni nell'uso dei dialetti?
2. Quali sono le regioni dove il dialetto è ancora molto usato?
3. L'italiano che con il tempo ha sostituito i dialetti è uguale in tutta la penisola?
4. Per un italiano è facile riconoscere la provenienza del suo interlocutore? Perché?
5. In cosa consiste l'italiano medio di cui parla Francesco Sabatini?
6. Sai spiegare cosa si intende per "sacca di resistenza"?
7. Chi usa di più il dialetto? Gli uomini o le donne? Gli anziani o i giovani?
8. Quali sono le regioni in cui persiste l'uso del dialetto?
9. Perché Luciano Satta è scettico sui risultati del sondaggio?
10. Quale preoccupazione esprime Alberto Mario Cirese?
11. Dialetto coincide con *degradazione*?

Il mio corso ideale...

1 Leggi questa lettera.

Caro Andrea,
come stai? Io sto bene.
Tutto va come sempre. Adesso mi sono abbastanza abituato alla mia nuova vita da sposato, alla nuova casa, alla vita in questa città... Anzi, ti devo confessare che quasi quasi mi comincia a piacere...
C'è un'altra novità. Ti domanderai come faccio a scriverti in italiano, io che non capivo niente... Ho cominciato a studiare l'italiano già da un anno. In fondo, vengo così spesso in Italia, e ho così tanti amici italiani, che era un po' assurdo continuare a parlare e scrivere in inglese, avendo un'ottima opportunità per fare pratica...
Così, mi sono iscritto ad un corso in una piccola scuola di lingue, insieme a mia moglie. Abbiamo conosciuto un sacco di gente nuova. Almeno ci facciamo un po' di amicizie in questa città che conosciamo così poco. Dopo pochi giorni si sono iscritti anche due miei colleghi dell'ufficio perché anche loro vengono spesso in Italia, come tutti, del resto, in questo mio nuovo lavoro.
Al corso, il gruppo è composto da gente giovane. Sono tutti molto simpatici. Ora siamo in dodici. L'anno scorso eravamo in dieci. Quest'anno ci hanno cambiato l'insegnante. Quello dell'anno scorso era molto simpatico. Adesso abbiamo una nuova insegnante appena arrivata dall'Italia. È una ragazza molto carina, timidissima, ma molto brava anche lei.
Le lezioni sono la sera, dopo le otto. Così almeno anche quando finisco tardi di lavorare, come mi capita spesso, riesco ad andare a lezione. Tra l'altro quest'orario faceva comodo anche a Denise, che spesso deve rimanere in piscina fino alle sette e mezzo per sostituire qualche collega malato.
Sin dall'inizio abbiamo cominciato ad usare l'italiano parlando tra di noi, leggendo testi e ascoltando delle cassette che i primi tempi ci sembravano difficilissime. Poi però ci siamo abituati anche a quelle, e ora ci accorgiamo che parliamo e capiamo molto più di due signore che si sono iscritte quest'anno, e che l'anno scorso studiavano in una scuola dove facevano solo grammatica e ascoltavano cassette molto facili. Erano così scontente che hanno deciso di cambiare scuola. All'inizio, anche nella nostra si lamentavano molto. Dicevano che non facevamo grammatica, e che era tutto troppo difficile. L'insegnante con pazienza le tranquillizzava e gli spiegava che anche qui si faceva grammatica, ma quando e quanto basta, perché non si può dedicare tutto il tempo solo a quello. Sennò tutto il resto, come le abitudini della gente, il lessico, la pronuncia, ecc. quando si studia? E quando si fa pratica se si passa il tempo a fare esercizi di grammatica? Come si fa ad imparare a parlare? Lo so che per il lavoro che fai la grammatica a te piace molto e mi dirai che così non si può imparare una lingua. Ma tu sai bene come la pensavo io l'anno scorso su questo argomento. No, non sono impazzito, ho solo vissuto un'esperienza che mi ha portato a cambiare radicalmente opinione. E spero che il mio livello d'italiano servirà a convincere anche te. Ti assicuro che di grammatica ne facciamo anche tanta, ma non facciamo solo quella. Un giorno vorrei proprio riuscire a convincere te e tutta quella gente che lavora con te. Se cambiaste un po' il vostro modo di fare lezione i vostri studenti imparerebbero di più. Anche se l'inglese e l'italiano sono lingue diverse, ci sono delle cose che funzionano in qualsiasi lezione di lingua. Ma ne riparleremo la prossima volta che verrò a Venezia. Ti assicuro che l'importante è che l'insegnante abbia un'idea chiara di dove vuole andare e perché fa quello che fa. Serve molto di più che riempire il tempo con esercizi che non si sa bene a cosa servano.
Una cosa che mi colpiva, all'inizio, era che ci facevano parlare tra di noi, tutti insieme. Io avevo paura di fare errori senza che nessuno me li correggesse. Poi mi sono accorto, però, che di solito le cose che dovevamo dire le avevamo già viste e le sapevamo dire. E il nostro insegnante ci spiegava che in quel momento ci dovevamo concentrare su quelle cose. Poi, più avanti avremmo affrontato altre cose. E credo che avesse ragione. E poi, in fondo, anche gli sbagli servono. Se uno si sforza di parlare, impara. Se non parla per paura di sbagliare, impara solo a fare gli esercizi.
Bene, ora ti devo lasciare. Sono le otto meno un quarto e sono ancora in ufficio. Devo passare a casa a prendere la borsa e andare a prendere Denise in piscina per andare a lezione di italiano. Ti riscriverò presto per raccontarti altre cose.
Un abbraccio.

Paul

Ora rispondi alle domande.

Cosa sappiamo di Paul? Scrivi tutto quello che riesci a dedurre dalla lettera: stato civile, dove abita, dove lavora, che lavoro fa, lingue che parla, persone che conosce, come si sente nella città in cui abita, ecc.
Cosa sappiamo della moglie di Paul?
Cosa sappiamo di Andrea?
Cosa sappiamo della scuola di lingue frequentata da Paul e sua moglie?
Qual è, secondo Paul, l'opinione di Andrea su quello che lui gli racconta? Perché?
Cosa pensava Paul dei corsi di lingua prima di cominciare a studiare l'italiano? E ora qual è la sua opinione?
Spiega, in particolare, com'è cambiata la sua opinione sulla grammatica, sugli errori, sulle cassette che ascoltano in classe.

2 Sei d'accordo con gli argomenti di Paul? Perché? Immagina di aver trovato la sua lettera per caso. Eri così curioso/a che non sei riuscito/a a trattenerti e l'hai letta. Ora gli scrivi per chiedergli scusa e ne approfitti per rispondergli, raccontandogli la tua esperienza personale con i corsi di lingua.

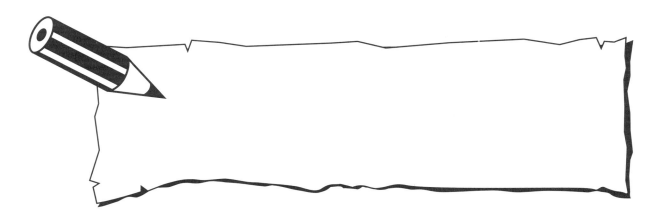

3 Scrivi 15 consigli per vivere bene senza avere problemi con gli altri.
Usa **bisogna/non bisogna**.

Bisogna salutare quando si incontra qualcuno.
Non bisogna offendere gli altri.

4 Cosa bisogna fare prima di partire per un viaggio di tre mesi? Scrivi 10 frasi.

Bisogna controllare il passaporto. Non dev'essere scaduto.
Bisogna andare a prenotare il viaggio in un'agenzia di viaggi.

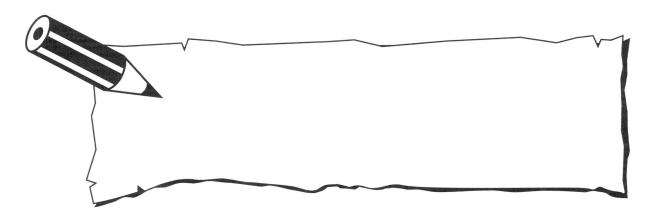

UNITÀ 2

5

Come si può migliorare il mondo in cui viviamo? Scrivi 10 cose che bisognerebbe fare.

> **Bisognerebbe vietare l'uso delle macchine. Inquinano troppo.**
> **Bisognerebbe abolire le frontiere.**

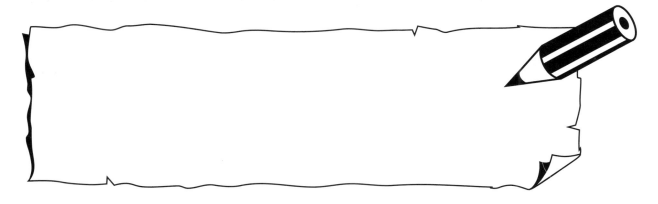

6

Reagisci usando **sarebbe meglio** + *infinito*.

1. ● Io leggo molto, soprattutto romanzi gialli.
   ○ _____ Sarebbe meglio comprare uno scaffale _____

2. ● Ogni giorno, a pranzo e a cena bevo un litro di vino.
   ○ _____ Sarebbe meglio non bere tanto vino _____

3. ● Il caffè lo prendo sempre con molta panna e quattro cucchiaini di zucchero.
   ○ _____ Sarebbe meglio usare meno panna e zucchero _____

4. ● La sera vado sempre a dormire senza cenare.
   ○ _____ Sarebbe meglio mangiare almeno un merendino. _____

5. ● La mattina faccio la doccia e esco di corsa per non fare tardi, quasi sempre con i capelli bagnati.
   ○ _____ Sarebbe meglio alzarti più presto nella mattina _____

6. ● Arrivo sempre tardi in ufficio perché non trovo parcheggio.
   ○ _____ Sarebbe meglio andare in bici o in treno all'ufficio. _____

7

Come si fa ad avere tanti amici? Scrivi 5 cose che ti sembrano essenziali, 5 che ti sembrano importanti, e 5 che non bisogna fare.

> **È fondamentale avere molti soldi.**
> **È molto importante avere tempo libero da dedicare agli amici.**
> **Non bisogna assillare le persone.**

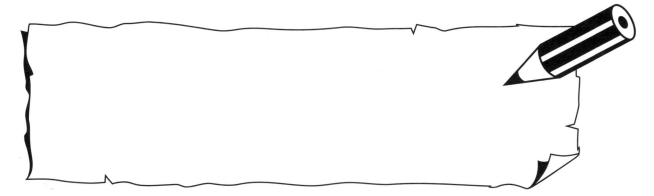

8

Come si impara, secondo te, una lingua? Scrivi 10 frasi usando **credo che sia utile** e **credo che sia sbagliato**.

 Credo che sia utile leggere molto.
*Credo che sia sbagliato imparare il dizionario a memoria. **Non serve a niente.***

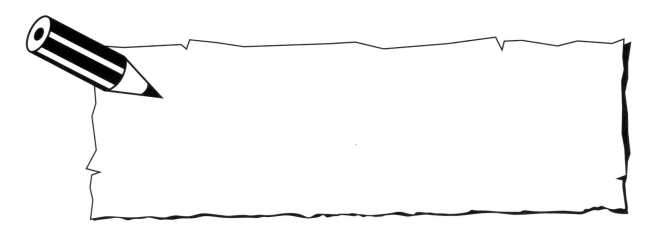

9

Ricordi il testo del punto 7 del *Libro dello studente*? Leggilo di nuovo attentamente e per ogni frase segna la risposta esatta.

	vero	falso	non si sa
In *Due* le cose cambieranno un po' rispetto ad *Uno*.	☐	☐	☐
In *Due* le cose saranno come in *Uno*.	☐	☐	☐
In *Due* le cose saranno drasticamente diverse da *Uno*.	☐	☐	☐
Ti presenteremo nuove regole grammaticali.	☐	☐	☐
Ti presenteremo solamente delle nuove regole grammaticali.	☐	☐	☐
Cercheremo di insegnarti ad agire in italiano.	☐	☐	☐
Ti presenteremo una lingua spontanea.	☐	☐	☐
Ti presenteremo una lingua allegra e divertente.	☐	☐	☐
Ti presenteremo una lingua naturale.	☐	☐	☐
Cercheremo di insegnarti ad arrabbiarti.	☐	☐	☐
Cercheremo di insegnarti a interpretare gli altri.	☐	☐	☐
Per una buona comunicazione è importante rispondere subito.	☐	☐	☐
Per una buona comunicazione è importante rispondere bene.	☐	☐	☐
Due sarà strutturato come *Uno* con delle differenze.	☐	☐	☐
Due sarà strutturato come *Uno*.	☐	☐	☐
Due sarà strutturato diversamente da *Uno*.	☐	☐	☐
Sbagliare non è consentito.	☐	☐	☐
Sbagliare è impossibile.	☐	☐	☐
Sbagliando si impara.	☐	☐	☐
Sbagliando si impara di più.	☐	☐	☐
Durante il corso ti faremo dire cose che non sai dire.	☐	☐	☐
Durante il corso dovrai dire solo ciò che sai già dire.	☐	☐	☐
Ciò che già sai non servirà a nulla.	☐	☐	☐
In un corso di lingua bisogna sempre essere soddisfatti altrimenti non funziona.	☐	☐	☐
In un corso di lingua l'insegnante può non essere soddisfatto.	☐	☐	☐
In un corso di lingua lo studente può non essere soddisfatto.	☐	☐	☐
L'insegnante non sbaglia mai.	☐	☐	☐
L'insegnante non deve mai sbagliare.	☐	☐	☐
Il cattivo insegnante esita.	☐	☐	☐
Un buon insegnante può anche sbagliare.	☐	☐	☐
Un buon insegnante deve sbagliare.	☐	☐	☐
Se ci scriverete alla fine del corso noi butteremo le vostre lettere.	☐	☐	☐

UNITÀ 2

10 Leggi ancora il testo del punto 7 del *Libro dello studente*, sottolinea tutti i verbi al futuro e trascrivili nella prima colonna all'infinito. Poi completa il quadro con il futuro.

essere	io **sarò**	lui **sarà**	noi **saremo**
	tu	noi	loro
	loro	lei	io
	lei	io	voi
	io	noi	loro
	noi	loro	tu
	voi	noi	tu
	lui	loro	io
	voi	tu	lei
	lei	io	noi
	loro	io	lui
	noi	lei	voi
	tu	loro	io
	io	noi	voi
	voi	io	tu
	noi	lui	io
	lei	noi	voi
	loro	voi	tu
	io	tu	loro
	tu	noi	lui
	lui	loro	tu
	io	voi	loro
	noi	lei	tu
	voi	lui	tu

11 Scrivi delle frasi seguendo il modello, usando il *futuro* per annunciare.

  Dottoressa Buccino/tenere una conferenza/giovedì 24 aprile.
La dottoressa Buccino terrà una conferenza giovedì 24 aprile.

1. Problema dell'ossigeno/essere ancora più grave/2000.

2. Aereo/atterrare/ore 21.00.

3. Eruzione vulcano/avvenire/1998.

4. Oggi/studiare/futuro grammaticale.

5. Nina e Paolo/uscire da scuola/ore 12.30.

6. Bomba/esplodere/ore 13.50.

7. Gelato/sciogliersi/un istante.

8. Problemi più grandi/essere/la disoccupazione e il deficit pubblico/prossimo anno.

9. Vernice/sporcare tutto.

10. Scoperta del vaccino/segnare un passo importantissimo.

11. Condizioni metereologiche/peggiorare/domani.

_____

12. Troppe caramelle/farti male.

_____

12 Completa con il _futuro_ dei verbi tra parentesi.

- È tutto pronto?
○ Sì, capo. Tutto OK.
- Non **(andare)** _____andrà_____ tutto a monte come l'altra volta?
○ No, capo. Stai tranquillo.
- Il Guercio è già arrivato?
○ No, ma **(essere)** _____sarà_____ qui tra poco.
- Solo?
○ No, certo. **(portare)** _____porterà_____ pure quel suo amico, il Rospo. Mi ha assicurato che **(fare/loro)** _____faranno_____ un lavoretto coi fiocchi.
- OK. Ricapitoliamo il piano. Prendi la piantina della Banca, dai.
○ Eccola. Oh... Quando ci penso... **(essere)** _____sarà_____ un trionfo. Stavolta non **(fallire/noi)** _____falleremo_____.
- Ci spero. Branco di idioti. Spero che stavolta **(fare/voi)** _____farete_____ un po' d'attenzione. Non vi **(saltare)** _____salterete_____ mica in mente di rapire un'impiegata, vero?
○ No, certo... Stai tranquillo, capo. Stavolta **(stare)** _____staremo_____ attenti.
- E vi **(convenire)** _____converrete_____, altrimenti... bang! Ora ripassiamo il piano. Svelto!
○ Allora... Questa è l'entrata della Banca di via degli Onesti e questa invece è la porta che dà su piazza dei Buoni Affari. Alle undici in punto tu, capo, **(entrare)** _____entrarai_____ e **(chiedere)** _____chiederai_____ del direttore. Gli **(dire)** _____dirai_____ che vuoi investire una grossa cifra. Lui sicuramente ti **(fare)** _____farà_____ accomodare nel suo ufficio. A quell'ora la segretaria, una certa Stella Andreoli, **(essere)** _____sarà_____ al bar a fare colazione, come tutti i giorni perciò tu **(potere)** _____potrai_____ distrarre il direttore tranquillamente. Alle undici e dieci il Guercio **(entrare)** _____entrarà_____ e **(dirigersi)** _____si dirigerà_____ alla cassa, mentre io **(bloccare)** _____bloccarò_____ il poliziotto vicino all'entrata, così né lui né il direttore, che non **(accorgersi)** _____si accorgerà_____ di niente, **(potere)** _____potrà_____ azionare l'allarme. Il Rospo **(aspettare)** _____aspetterà_____ fuori col motore acceso e non appena il Guercio **(uscire)** _____uscirà_____ col malloppo anche tu **(salutare)** _____saluterai_____ il direttore e gli **(dire)** _____dirai_____ che vuoi riflettere sulle sue proposte, poi mi **(raggiungere)** _____raggiungerò_____ all'uscita...
- OK. OK. Ora lasciami in pace che voglio dormire un po'. Svegliami quando arrivano gli altri.

13 Guarda questa pubblicità e sottolinea tutti i verbi al futuro.

PERCHÉ QUESTA RIVISTA

▼

Il 10 luglio 1994 mancheranno 2000 giorni al 2000.

In questi 2000 giorni molti di noi affronteranno scelte professionali e, tutti insieme, dovremo risolvere i grandi problemi dell'ambiente, dell'energia, dello sviluppo.

"2000 giorni al 2000" ci presenterà i più recenti sviluppi delle scienze e della tecnologia e ci farà meglio capire quali opportunità e quali rischi può riservarci il futuro.

"2000 giorni al 2000", facendoci da guida attraverso le nuove frontiere della cultura scientifica e tecnologica, ci renderà consapevoli della complessa organizzazione che è necessaria per far convivere sviluppo sociale, economico, industriale ed ambientale.

"2000 giorni al 2000" è un progetto del Gruppo Fiat realizzato in collaborazione con il Gruppo Editoriale Fabbri.

È una pubblicazione in 14 fascicoli monografici di 24 pagine ciascuno che uscirà mensilmente a partire da Febbraio 1994.

Avrà grande formato, sarà illustrata a colori, con interviste, rubriche e molte informazioni.

▼ COME FARE PER AVERLA

▼

"2000 giorni al 2000" non si potrà acquistare in edicola perché vi verrà inviato gratuitamente a casa.

I 14 fascicoli di "2000 giorni al 2000" vi costeranno solo il francobollo per la cartolina.

Compilate e spedite la vostra richiesta di abbonamento a: "2000 giorni al 2000" RCS Rizzoli Periodici Ufficio Abbonamenti Via Angelo Rizzoli, 2 20132 MILANO

Per ogni altra informazione, contattate la segreteria di redazione: tel. 011/6663557 fax 011/6663454

I.P.

2000 giorni al 2000

RICHIESTA DI ABBONAMENTO GRATUITO

Voglio conoscere meglio quello che mi aspetta nei prossimi 2000 giorni. Vi prego perciò di inviarmi gratuitamente i 14 numeri di "2000 giorni al 2000".

Il mio indirizzo è:

Cognome ....

Via ....

CAP .... Nome ....

Tel. .... Città ....

Anno di nascita ....

Se studente indicare il tipo di scuola o facoltà .... Fax .... Prov. ....

.... Professione ....

Ho trovato questa cartolina nella rivista: ....

14

a. Rileggi la poesia di Pavese "Ancora cadrà la pioggia" e rispondi alle domande.

A cosa ti fa pensare questa poesia?
A cosa si riferisce secondo te la parola "ancora"? "Ancora" quando? Rispetto a quale altro momento?
A cosa si riferiscono le parole "altri/altre" ("altri giorni, altre voci e risvegli")?
Cosa vuol dire, secondo te, "Farai gesti anche tu"? Perché questo "anche"? Cosa possono essere questi gesti?
Il "tu" al quale si rivolge il poeta è un uomo o una donna? Come lo sappiamo?
Cerca tutte le parole associate al "tu". Cosa evocano?
Hai notato che la pioggia e l'alba in questa poesia rappresentano ed evocano cose diverse per il "tu" e per altri? Dove si vede questo? Cosa rappresentano per il "tu"? E per altri?
E il poeta, dov'è? C'è qualche traccia della sua presenza? Se sì, a cosa è associata?
A cosa si riferisce la frase "I gatti lo sapranno"? Cosa rappresentano questi gatti? Hai idea di cosa sapranno?
Quanti sensi e quante sensazioni diverse vengono evocate o chiamate in causa in questa poesia? Quali sono? Come sono, che caratteristiche hanno? Quali sono più presenti? Quali meno? Puoi trarre qualche conclusione?
Hai notato che in questa poesia vi è una forte opposizione tra cose che evocano freschezza e leggerezza e cose che evocano stanchezza e pesantezza? Cerca le parole associate a ognuno di questi due poli.

b. Parla in classe con i tuoi compagni e con il tuo insegnante delle vostre risposte.

c. Questa poesia è una delle ultime scritte da Pavese poco prima di suicidarsi. È stata pubblicata, postuma, in una raccolta dal titolo *Verrà la morte e avrà i tuoi occhi*. Questo dato cambia la tua interpretazione della poesia o ti apre altre strade di lettura? In che senso?
Parlane in classe con il tuo insegnante e con i tuoi compagni.

d. Ora ascolta la poesia.

15 Ora leggi questa lettera dell'UNICEF.

FINCHÉ CI SARANNO BAMBINI CHE CONOSCONO SOLO LA GUERRA, NON AVREMO PACE.

La guerra sta insegnando ai bambini che la vita è solo orrore. Aiutateci a difenderli.

unicef COMITATO ITALIANO

VIA I. NIEVO, 61 - 00153 ROMA. C/C - POSTALE N. 745000

Gentile Signora, Egregio Signore,

noi tutti sappiamo che decine di Paesi nel mondo sono attualmente coinvolti in conflitti armati. Ma non tutti sanno che **le principali vittime di guerra non sono soldati ma bambini.**

Quando c'è guerra non ci sono ospedali, medicinali, scuole; non c'è tempo per i giochi, non c'è da mangiare e da scaldarsi. Quando c'è guerra c'è solo violenza. Contro tutti, ma purtroppo principalmente contro donne e bambini. Ai bambini non resta che tentare di sopravvivere, insieme alle loro mamme, ai loro cari.

Dalla ex-Jugoslavia alla Somalia, dalla Cambogia all'Afghanistan, **l'UNICEF ogni giorno si impegna per rendere meno drammatica possibile l'esperienza della guerra ai bambini e alle donne in molti paesi del mondo.**

Nella ex-Jugoslavia, l'UNICEF durante l'inverno del 92-93 ha raggiunto 500.000 bambini con medicinali, cibo, coperte, e tutto quanto era necessario perché potessero affrontare quel freddissimo inverno di guerra.

Tutto questo è stato reso possibile grazie alle donazioni dei nostri sostenitori. Oggi abbiamo bisogno ancora del Suo aiuto per continuare a stare dalla parte di tutti i bambini perché la violenza delle guerre è aumentata.

RingraziandoLa fin d'ora per quello che potrà fare, Le invio i nostri più sinceri saluti.

Arnoldo Farina
Presidente

In bocca al lupo!

1 Leggi l'inizio di un racconto tratto da *Sillabario n.2*, di Goffredo Parise.

GRAZIA

Un giorno un uomo aveva un appuntamento con una donna al caffè Florian, a Venezia, alle sette e mezzo di sera. Era l'inizio dell'estate, entrambi avevano un'età particolare, lui quaranta, lei trentacinque, in cui possono succedere molte cose nell'animo umano ma è meglio non succedano perché è tardi ed è inutile illudersi di tornare ragazzi. Tuttavia i due, forse senza saperlo, avevano molta voglia di tornare ragazzi e accettarono quel loro piccolo *flirt* appena incominciato come un gioco ma, sotto sotto, con una certa speranza.

L'uomo veniva da Milano e arrivò dietro la piazza con un po' di ritardo, non entrò subito nella piazza ma girò dalla parte del Bacino Orseolo e spuntò sotto i portici in vista del caffè Florian, per non farsi vedere e per accertarsi se lei era là ad aspettarlo. Il sole era sceso e i tavoli del Florian erano in ombra, deserti, nonostante l'orchestrina. Stando nascosto sotto i portici l'uomo la vide seduta a un tavolo, sola cliente: era piccola, bionda e "ben pettinata", vestita di una camicetta di raso nero abbottonata alla russa, con dei pantaloni neri. Fumava, con un bicchiere sul tavolo e l'uomo vide anche da lontano gli occhi gialli e grandi, un po' a globo, con le lunghe ciglia nere, guardare in giro veloci se lui arrivava: all'ombra sembrava abbronzata. L'uomo restò dietro la colonna a guardarla poi andò al ristorante Quadri e chiese del *maître*. Mario lo salutò con un gran sorriso e allargando le braccia: «Quanto tempo...» cominciò a dire ma si interruppe subito come per cancellare tutti quegli anni passati e disse: «C'è l'astice...»

«Che bravo Mario, si ricorda ancora», disse l'uomo «vengo tra mezz'ora, anche prima. Di sopra, per favore. Addio Mario» e si avviò attraverso la piazza.

Lei non lo vide subito perché guardava sempre in giro, cercando con gli occhi che erano molto lucenti, lo vide solo quando era a un passo e arrossì. Gli porse la mano ma, nel farlo, stava quasi per alzarsi dal tavolo. L'uomo sedette accanto a lei e disse: «Come sei elegante».

La donna sorrise, con un piccolo strido ridente come di rondine e sentì il dovere di rispondere «grazie», in modo molto bene educato. In realtà la donna, vestita tutta di nero, un po' abbronzata, con l'ombretta verde alle palpebre e due brillanti alle orecchie era elegante ma di una eleganza molto particolare in quanto portava quegli abiti costosi di donna come una signorina non ricca per una visita "importante". Anche lo sguardo era ingenuo ed eccitato come quello di una signorina e questo commosse un po' l'uomo. Ora, vedendola così vestita e con quell'atteggiamento (si erano incontrati, in tutto, tre volte) capì che era proprio vero quanto lei aveva detto quel giorno: «Non ho mai cenato al Quadri, è sempre stato un bel sogno» e lui aveva promesso che l'avrebbe condotta a cena al Quadri.

Arrivò il cameriere ma l'uomo non aveva nessuna voglia di bere, però osservò che la donna aveva ordinato addirittura un Negroni, che aveva già finito. Ne ordinò un altro, guardando l'uomo con un piccolo strido.

L'uomo vide sul tavolo la borsetta di velluto nero e, vicino alla borsetta, un minuscolo pacchetto di carta bianca. La donna lo prese e disse: «Da parecchio tempo volevo farti un regalo, ma non era facile sceglierlo. Spero ti piaccia» e glielo porse. L'uomo disse «grazie mille» in modo un po' affettato perché non sapeva cosa dire. Svolse il pacchetto e venne fuori una minuscola saliera d'argento in forma di pesce. «In ogni modo ha il suo significato» disse la donna. L'uomo non capì assolutamente il significato di quel regalo, disse ancora «Grazie mille, è molto grazioso» ma non seppe andare avanti e non ebbe il coraggio di chiedere il significato. Lo rigirò tra le dita, vide che dietro era stampigliato il nome di un gioielliere importante e anche questo lo commosse perché era stato lui a dire che quel gioielliere era importante, ma lo stesso era imbarazzato perché forse avrebbe dovuto capire il senso della saliera: niente, non ricordava nulla tra loro due che avesse in qualche modo a che fare con il sale, la saliera e il pesce. Finì per metterlo in tasca, forse troppo in fretta, gli parve.

a. Per ogni frase segna la risposta esatta.

	vero	falso	non si sa
L'uomo e la donna hanno una relazione	☐	☐	☐
L'uomo è milanese	☐	☐	☐
L'uomo è un vecchio cliente del Florian	☐	☐	☐
Il maître del Quadri è un amico dell'uomo	☐	☐	☐
La donna è vestita con gusto	☐	☐	☐
L'uomo vuole portare la donna al Quadri per farle una sorpresa	☐	☐	☐
L'uomo è in difficoltà per il comportamento della donna	☐	☐	☐
L'uomo desiderava un regalo di quella gioielleria	☐	☐	☐
L'uomo prova tenerezza quando riceve il regalo	☐	☐	☐
L'uomo avrebbe dovuto capire il significato del regalo	☐	☐	☐

b. Ti hanno interessato i due personaggi del racconto? Vuoi provare ad osservarli meglio?
Trascrivi in due gruppi tutto quello che si riferisce all'uomo e alla donna. Se vuoi, puoi utilizzare dei sottogruppi ed elencare separatamente le parole e le espressioni che rispondono a domande tipo "Che aspetto ha?" "Cosa fa?" "Cosa pensa?" "Cosa prova?" ecc. Qual è il risultato di questa analisi? Che cosa pensi dei due personaggi? Parlane in classe con i tuoi compagni e il tuo insegnante.

2 Collega le frasi di sinistra con le reazioni adeguate.
Ma attenzione: è possibile che una reazione venga utilizzata in più di un caso, oppure mai.

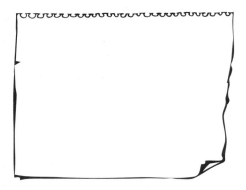

- Lo sai che ho vinto il concorso?
- Oggi è san Nicola, offro io.
- Allora è deciso, ci sposiamo a giugno.
- Sai che domani comincio a lavorare in agenzia?
- Sabato festeggiamo le nozze d'argento.
- Oggi operano Michele.
- Indovina la novità? Anna aspetta!
- Sa che da ieri sono nonna?
- Ho fatto tredici!!!
- La settima scorsa si è laureata mia figlia.
- Oggi pomeriggio ho un esame.

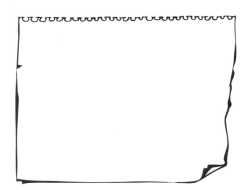

- ○ Tanti auguri!
- ○ Congratulazioni!
- ○ Condoglianze.
- ○ In bocca al lupo!
- ○ Bravissimo!
- ○ Complimenti!
- ○ Buon onomastico!
- ○ Bravo!
- ○ Buona fortuna!
- ○ Buon anniversario!
- ○ Buon compleanno!

3 Scegli due situazioni da questa lista, diverse da quelle che hai già scelto in classe, e scrivi un biglietto e un telegramma.

compleanno	anniversario di matrimonio	nascita
onomastico	malattia	laurea
matrimonio	morte	

4 Completa i dialoghi scegliendo la reazione adeguata.

1. ● E così da domani siamo nella nuova casa.
   ○ Beh, _____!

   a. Auguri
   b. Bravissimi
   c. In bocca al lupo

2. ● Sai, da stamattina sono zia. Mia cognata ha avuto due gemelli.
   ○ _____.

   a. Complimenti
   b. Buona fortuna
   c. Tanti auguri

3. ● Appena esco dall'esame ti chiamo.
   ○ OK. Allora _____.

   a. Buona fortuna
   b. In bocca al lupo
   c. Congratulazioni

4. ● Finalmente domani discuto la tesi.
   ○ _____.

   a. Brava
   b. Congratulazioni
   c. Auguri

5. ● Evviva! Mi hanno assunto!
   ○ _____.

   a. In bocca al lupo
   b. Tanti auguri
   c. Complimenti

5 Completa i dialoghi.

1. ● Sai che l'editore ha accettato di pubblicare il libro?
   ○ Ma va! Sono proprio contenta, _____.

2. ● Domenica prossima si sposa mia sorella.
   ○ Non lo sapevo,_____.

3. ● Oddio, domani faccio trent'anni!
   ○ _____, ma non te la prendere così!

4. ● Guarda i risultati delle analisi! Sono incinta!
   ○ _____.

5. ○ Domani i miei festeggiano cinquant'anni di matrimonio.
   ● _____.

6. ● Ce l'ho fatta! Sono stata promossa!
   ○ _____.

7. ● Sono arrivato primo nello slalom gigante!
   ○ Come Tomba?!
   _____.

6 Scrivi un breve dialogo per ognuna di queste situazioni.

7 Ti ricordi il testo a pagina 23 del *Libro dello studente*? Prova a rispondere senza rileggerlo.

	vero	falso	non si sa
Non bisogna scartare subito i regali.	☐	☐	☐
Di solito si minimizzano i complimenti ricevuti.	☐	☐	☐
I complimenti devono essere sempre sinceri.	☐	☐	☐
Quando mostriamo qualcosa di nuovo, ci aspettiamo un apprezzamento positivo.	☐	☐	☐
È sempre meglio fare un complimento in più, che uno in meno.	☐	☐	☐
Se non diciamo niente di un piatto particolare che ci viene offerto, vuol dire che non ci piace.	☐	☐	☐
Tra donne è usuale mostrare di accorgersi delle novità legate all'abbigliamento di amiche o conoscenti.	☐	☐	☐

8 Ti ricordi il dialogo del punto 8 del *Libro dello studente*? Prova a completarlo. Se non ricordi le parole esatte, usa quello che diresti tu.

● Oh, ciao!
○ Ciao!
■ Ciao, _____?
● Avanti, avanti...
○ Finalmente vediamo la famosa casetta... beh, _____!
■ È veramente bella, _____!
● Grazie, ma _____, stiamo ancora un po' accampati...
■ _____ camino! Hai visto, Ettore?
● Ah, ecco Giulio...
□ Ciao, come va?
○ Ciao...
■ Ciao, bene, e tu?
□ E Agata?
● Si è addormentata dopo la poppata, per fortuna.
○ Ah, Flavia, _____ Agata...
● Dai, non dovevate... Vediamo un po'... _____!
○ _____, giusto un pensierino... se già ce l'ha si può cambiare...
● No no, anzi, pensavo di prenderglielo uno di questi giorni...

○ _____, sai?
● Davvero? La sera sono sempre così stanca...
○ Questo taglio di capelli _____.
● Grazie... ma _____, appena tagliati stavano meglio. Vieni che ti faccio vedere Agata.
○ Facciamo piano piano... _____!

■ Giulio, _____, questo tiramisù è eccezionale!
● Ti piace? _____, è facilissimo.

È TUTTO LA ZIA PINA!

PRONTUARIO DELLE FRASI FATTE
raccolte da Fabio Fazio

IL NEONATO

È tutto suo padre.

È identico a sua madre.

Ha le orecchie della zia.

Tutti gli occhi del nonno.

Guarda, ha le mani della nonna.

Il mento è quello di suo fratello.

Il naso? Tutto sua sorella.

Non saprei dire a chi somiglia.

Basta che sia sano.

CUORE, 24/8/92

UNITÀ 3

9 Scegli quattro di queste situazioni, diverse da quelle che hai già usato in classe, e scrivi dei brevi dialoghi.

Un'amica ti fa vedere il suo motorino nuovo.
Tuo fratello ti fa vedere una foto della sua nuova ragazza.
Tua suocera ti offre un piatto cucinato da lei.
Entri per la prima volta nella casa di montagna di due tuoi amici.
Sul portone incontri la tua vicina di casa con il suo bambino appena nato.
In camera di un tuo amico vedi un nuovo impianto stereo.
Per il tuo compleanno ti regalano un soprammobile orribile.
Un amico ti fa fare un giro sulla sua macchina nuova.

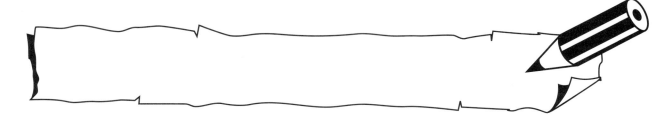

10 Guarda questo collage, e per ogni immagine inventa un dialogo in cui si risponde usando **che** + *aggettivo*.

- ● *Guarda, mi hanno regalato questo gattino.*
- ○ *Che carino!*

- ● *E questa è la foto di mio cugino Stefano.*
- ○ *Che simpatico!*

11

Ascolta l'intervista e completa il quadro.

	Cosa gli piace regalare?	In che occasione?	Cosa gli piace ricevere?
MARIA GRAZIA			
MARCO			
BRUNA			
MARIUCCIA			
LUCIA			

12

Ora leggi un articolo tratto dalla rivista "Sale & Pepe".

SALE & PEPE, MARZO 1988

FIORI, NON OPERE DI BENE.

Arrivare a mani vuote non è educato, si dice. Però non è neanche giusto trasformarsi in re magi, Babbo Natale o dama di San Vincenzo, e presentarsi con pacchi e pacchettini. Se l'invito è importante, è corretto farsi precedere o seguire da fiori; se è informale ma non si conosce bene l'ospite, è meglio evitare di portare oggetti: dal libro, al posacenere, al disco, tutto è questione di gusto personale. Soprattutto, però, sono da evitare riciclaggi. Non regalate insomma quello che vi hanno portato in omaggio la settimana prima, sicuri di farla franca: il riciclaggio è come un boomerang, che prima o poi vi colpisce. Con piante o fiori, viceversa, non si corrono assolutamente rischi.

Nel caso di una festa con moltissima gente, ma informale, il regalo non verrà subito aperto: lasciatelo all'entrata impacchettato e con un bigliettino, per evitare giorni d'angoscia nel dubbio "Avrà capito che ero io?". Purtroppo non tutti pensano a ringraziare.

Quanto ai regali gastronomici, champagne e cioccolatini sono universali, a meno che l'invito provenga da persona disperatamente provata da una costosissima cura nelle cliniche del dimagrimento. Sulle torte è forse meglio informarsi prima: sgradevole trovarsi in dieci con dieci torte. E la povera padrona di casa, non solo non potrà servire il suo dessert che era costato ore di lavoro e costituiva il pezzo forte della cena, ma sarà obbligata per educazione a fare assaggiare i dolci di tutti, con gravi conseguenze per il fegato degli ospiti e della famiglia (che poi li dovrà finire). Non parliamo dei gelati: non tutti possiedono un freezer di dimensioni bar e le colate di vaniglia, cioccolato e fragola non giovano alla moquette.

Luisa Espanet

UNITÀ 3

13 E nel tuo paese, ci si comporta nello stesso modo? Scrivi un breve testo di commento al brano letto.

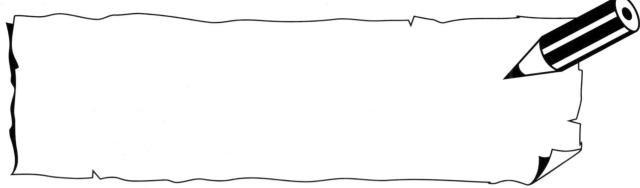

14 **a.** Riprendi il brano di Moravia a pagina 25 del *Libro dello studente* e rispondi.

	vero	falso	non si sa
La madre è gelosa di Carla.	☐	☐	☐
Una ragazza senza dote si sposa difficilmente.	☐	☐	☐
Carla compie 24 anni.	☐	☐	☐
Leo è il padre di Carla.	☐	☐	☐
La madre è una bella donna.	☐	☐	☐
Leo è il secondo marito della madre.	☐	☐	☐
Carla sta per sposarsi.	☐	☐	☐
La madre non è ricca.	☐	☐	☐
Leo ha una relazione con Carla.	☐	☐	☐
La madre farà molti regali a Carla.	☐	☐	☐

b. Ecco una serie di parole ed espressioni. Cercane un equivalente nel testo e trascrivilo accanto a ciascuna.

davanti allo specchio

più tranquilla

in modo ridicolo

non aveva smesso

avrebbe dato

molto tardi

avrebbe trovato

i soldi

strappò la busta

le ricordarono

ragazze sposate

rimise il biglietto

si era alzata

15 Leggi questa poesia di Michele Serra.
Perché non provi a scriverne
una simile?

REGALI
CHE SI POSSONO
FARE

Una biglia di vetro
un libro di benni
una ghianda, un metro
un sasso, un penny
una telefonata
un'idea risparmiata
una passeggiata
un disco francese
un mese
un'oretta
una bicicletta
un miliardo
un cardo
una conversazione
una distrazione
cento fagioli neri
quattro pensieri
due baci
due caci
due ceci
un viaggio a casa propria
un'arma impropria
una pizza
una lieve ebbrezza
un romanzo russo
e infine il lusso
della gentilezza.

(da Poetastro*)*

Avete saputo di Paolo?

1 Fai le domande utilizzando gli elementi forniti.

> **tu/sapere/la moglie del direttore**
> ● *Hai saputo della moglie del direttore?*
>
> **voi/sentire/martedì/sciopero degli autobus**
> ● *Avete sentito che martedì c'è sciopero degli autobus?*
>
> **lei/sapere/succedere/Laura**
> ● *Ha saputo cos'è successo a Laura?*

1. lei/sapere/la signora Irene
2. tu/sentire/Marco/vincere la borsa di studio
3. voi/sapere/succedere/assemblea
4. lei/sentire/aumentare il prezzo del pane
5. tu/sapere/Stefania/andare a vivere in Spagna

6. lei/sentire/venerdì/riunione di condominio
7. voi/sentire/spostare la partita
8. tu/sapere/Elena/mettersi con Giulio
9. voi/sapere/l'inquilino del piano terra
10. tu/sentire/fare/ieri/Matteo e Giulia

2 Scrivi diverse reazioni possibili a queste notizie, immaginando le varie aspettative che potresti avere nel riceverle (notizie attese o inattese, che sembrano brutte o belle, possibili, ecc.).

Il vostro insegnante di italiano è a letto con l'influenza.

● *Con l'influenza? Veramente? Mi dispiace, poverino.*
○ *Me l'immaginavo, ieri era così raffreddato...*
■ *Che fortuna, così domani non facciamo lezione!*
□ *No! Proprio oggi che doveva spiegarci l'uso del congiuntivo...*

1. Nella vostra città è stato vietato l'uso delle macchine.
2. Da oggi, per poter fare qualsiasi lavoro, si dovranno conoscere bene tre lingue straniere.
3. Un medium vi assicura che in un'altra vita eravate un dittatore.
4. Il vostro miglior amico ha deciso di diventare sacerdote.

5. L'uso quotidiano del computer danneggia il cervello.
6. Siete stati scelti per rappresentare il vostro paese in un importante organismo internazionale.
7. Un vostro parente stretto è stato eletto sindaco della vostra città.
8. Il vostro insegnante di italiano è vostro cugino (e non lo sapevate!)

3 Scegli tre di queste notizie e inventa dei dialoghi in cui vengono riportate.

QUEL PIANISTA È PROPRIO UN CANE

Luly, un pastore tedesco di proprietà di una coppia milanese, ha entusiasmato il pubblico e i critici intervenuti al suo primo concerto pianistico pubblico. L'animale ha eseguito con grande sensibilità pezzi di Chopin e Debussy, concedendo al termine del concerto alcuni bis.

MANGIA CHE TI PASSA

Cioccolato e patatine fritte non sono più il sogno proibito di chi ha problemi legati all'alimentazione. Un gruppo di ricercatori svedesi ha infatti stabilito in modo definitivo che la loro assunzione quotidiana è in grado di assicurare all'organismo sostanze indispensabili per il suo perfetto funzionamento, e che, al contrario, la loro carenza è causa di numerosi disturbi.

MI HAI LETTO NEL PENSIERO

È poco più grande di un pacchetto di sigarette, e costa meno di un videoregistratore: è Telepatik, il primo lettore automatico di pensiero. Indirizzato verso la persona di cui si vuole conoscere il pensiero, ne registra in tempo reale idee, preoccupazioni, ricordi ecc. Sebbene, per il momento, Telepatik sia disponibile soltanto in centri specializzati, a partire dal prossimo anno sarà in vendita nei negozi di elettrodomestici e hi-fi.

GUERRA AI CONCERTI PER TOSSE E ORCHESTRA

La casa farmaceutica Semprimpiè ha partecipato all'inaugurazione del nuovo auditorium del Teatro Civico con un'iniziativa che farà parlare. Nella hall, infatti, il pubblico ha trovato alcune hostess che distribuivano gratuitamente caramelle balsamiche contro tosse e mal di gola, e, per i più esigenti, bottigliette-omaggio di sciroppo antitosse. L'iniziativa è stata accolta con particolare favore dagli spettatori che spesso, specie durante la stagione fredda, sono costretti ad ascoltare i loro pezzi preferiti accompagnati da un poco armonico coro di colpi di tosse.

MAGO RISCHIA DI ANNEGARE DURANTE UNA TRASMISSIONE TELEVISIVA

Il mago Arturo, al secolo Ascanio Foschini, è stato protagonista ieri, nel corso della trasmissione televisiva "Domenica out", di un'avventura che poteva avere conseguenze drammatiche. Dopo essere stato immerso completamente legato in una vasca piena d'acqua gelata, il mago ha cominciato a sciogliere lentamente i nodi delle corde che gli impedivano i movimenti. Giunto quasi alla fine dell'esperimento, tuttavia, il mago è svenuto ed è scivolato sul fondo della vasca. Solo la pronta reazione del presentatore Giuseppe Catinelli ha evitato che una dimostrazione delle capacità paranormali del mago si trasformasse in una tragedia in diretta.

BABBO NATALE ESISTE

Chi ha detto che Babbo Natale non esiste? A Roma anche i più cinici hanno cominciato a ricredersi. In occasione delle festività natalizie, infatti, un misterioso signore con tanto di vestito rosso e barba finta ha fatto la sua comparsa davanti a grandi magazzini e negozi del centro. Il solito trucco commerciale per attirare bambini creduloni? Assolutamente no, giacché il buon vecchio parcheggia la sua Vespa, si avvicina ai passanti e distribuisce generosamente banconote da centomila lire. Nessuno, finora, ha potuto - o voluto - dare un'identità al bizzarro benefattore: forse per paura che il bel gioco possa finire?

UNITÀ 4

a. Riprendi il brano di Sciascia a pagina 29 del *Libro dello studente* e segna con una X le risposte esatte.

	vero	falso	non si sa
La posta viene distribuita due volte al giorno.	☐	☐	☐
L'indirizzo della lettera è scritto a macchina.	☐	☐	☐
L'indirizzo della lettera non è scritto sulla busta.	☐	☐	☐
Le lettere anonime sono molto frequenti.	☐	☐	☐
Il postino spesso legge le lettere prima di consegnarle.	☐	☐	☐
Il farmacista è una persona onesta e rispettabile.	☐	☐	☐
La moglie del farmacista è una bella donna.	☐	☐	☐
La moglie del farmacista viene da una famiglia ricca.	☐	☐	☐
Il postino e il farmacista pensano che si tratti di uno scherzo.	☐	☐	☐

b. Descrivi brevemente i vari atteggiamenti del farmacista e del postino rispetto alla lettera anonima.

5

Completa le narrazioni con gli elementi organizzatori della lista (puoi anche usare più di una volta lo stesso elemento).

visto che insomma	dato che all'improvviso	siccome a un certo punto	e invece intanto	allora mentre	e quindi

1.

● Hai saputo di Simonetta?

○ No, cosa?

● Si è rotta una gamba.

○ Ma va! Come ha fatto?

● Eh, poteva andarle peggio. Ieri pomeriggio _____ scendeva dall'autobus si è accorta che un tizio le aveva infilato la mano in borsa.

○ No!

● Sì, _____ si è girata di scatto, e ha gridato, quello ha lasciato la borsa ed è scappato, ma lei _____ aveva perso l'equilibrio e si è ritrovata per terra, con la gamba rotta.

2.

● Sai cosa è successo oggi a Bolognesi?

○ No, non ne so niente...

● È rimasto chiuso un'ora nell'ascensore, su al quinto piano.

○ Bolognesi ha preso l'ascensore? Ma se gli fa una paura da morire!

● Sì, ma il direttore l'aveva mandato su in amministrazione, e _____ gli faceva male la schiena...

○ Ah, dicevo... E come è successo?

● Mah, dice che _____ si è spenta la luce e l'ascensore si è bloccato. Lui preso dal panico ha suonato l'allarme, ma nessuno sentiva, forse anche perché erano le sei e gli uffici erano già quasi tutti chiusi, _____ ha cominciato a battere disperatamente sulla porta, finché qualcuno dal pianerottolo gli ha detto di stare tranquillo, e gli hanno aperto...

3.

● Sai che oggi finalmente prendo i soldi della liquidazione?

○ Oggi? Perché così tardi?

● Mah, sai, io aspettavo che mi chiamassero loro, ma poi, _____ non si facevano vivi, a settembre li ho chiamati io. Passano altri due mesi, e loro ancora niente... _____, per farla breve mi sono scocciato e mi sono rivolto al sindacato. Devi vedere come si sono sbrigati...

4.

● Ha sentito di Giovanna?

○ No...

● Parte, va sei mesi in America.

○ Non mi dica! A fare cosa?

● Una ricerca per l'università.

○ Ma non doveva andare in Inghilterra l'anno prossimo?

● Sì, effettivamente, ma le è capitata un'occasione... Durante un seminario ha conosciuto un professore che si occupa del suo stesso argomento. Così, _____ aveva delle osservazioni da fare, dopo un po' di tempo gli ha scritto.

○ E allora?

● Lei credeva che la cosa finisse lì, _____ lui le ha risposto, poi gli ha riscritto lei, _____ hanno cominciato a lavorare insieme, e _____ _____ lui le ha offerto questo lavoro in America.

a. I dialoghi del punto precedente iniziano tutti con l'introduzione di una notizia, seguita dalla richiesta di ulteriori informazioni. Individua nel testo queste due fasi della comunicazione.

b. A queste due fasi segue la narrazione dell'accaduto. Riempi lo schema dell'organizzazione dei racconti contenuti nei quattro dialoghi, indicando la posizione di *marcatore temporale*, *situazione* e *avvenimento*.

1 [_____] → [_____] → [_____]

2 [_____] → [_____] → [_____]

3 [_____] → [_____] → [_____]

4 [_____] → [_____] → [_____] →

[_____] → [_____] → [_____]

7 Nella sintesi di grammatica di *Uno* abbiamo visto una serie di verbi che formano il *participio passato* in modo irregolare. Te li ricordi? In realtà, molte di queste irregolarità sono in qualche modo "regolari", si possono cioè ricondurre a gruppi di verbi che si comportano allo stesso modo. Ora prova a formare il *participio passato* dei verbi nel riquadro, e riportali nel gruppo corrispondente.

decidere	fare	correre	nascere	leggere	uccidere
mettere	scrivere	perdere	chiedere	cuocere	piangere
spegnere	dire	vedere	promettere	prendere	costringere
rompere	muovere	friggere	chiudere	accendere	spingere
offrire	morire	succedere	scegliere	coprire	offendere
spendere	scendere	togliere	vincere	rispondere	commuovere
aprire	ridere	soffrire	rimanere	stringere	eleggere

offrire ➡ offerto

mettere ➡ messo

spegnere ➡ spento

rompere ➡ rotto

decidere ➡ deciso

Ti vengono in mente altri verbi che potresti aggiungere ai gruppi?

8 Completa i dialoghi con i verbi tra parentesi, coniugandoli all'*imperfetto* o al *passato prossimo*.

1.
● Allora, **(decidere/tu)** _____ cosa fai stasera?
○ Mah, **(pensarci)** _____, sai, non credo che verrò.
● Ma come? Ieri quando Luca **(dirlo/a noi)** _____ sembravi così contenta...
○ Sì, ma stamattina **(sapere)** _____ delle cose che non **(fare/a me)**
_____ molto piacere.
● E cioè?
○ Beh, praticamente Rosaria **(dire/a me)** _____ che Luca non **(volere)**
_____ invitarmi, e che **(farlo)** _____ solo perché
Gianni **(chiederlo/a lui)** _____ e **(insistere)** _____
un sacco.

2.
● Hai centomila da prestarmi? **(rimanere/io)** _____ senza soldi.
○ Sì, certo...
● È che ieri **(andare)** _____ a fare spese con mia sorella e **(finire/a me)**
_____ il libretto degli assegni.
○ Cosa **(comprare/voi)** _____?
● Mah, un sacco di roba. **(dovere/io)** _____ fare dei regali, e poi **(servire/a me)**
_____ delle cose per la casa.

3.
● Cosa **(fare/voi)** _____ questo fine settimana?
○ Non **(dirlo/a te)** _____ Mario?
● No...
○ Beh, io non **(muoversi)** _____ da casa, **(dovere)**
_____ scrivere un articolo e **(uscire)** _____ solo per
far correre un po' il cane.
● Mhmh?
○ Lui invece sabato **(partire)** _____ con la bambina, **(andare)**
_____ a trovare sua sorella a Firenze.
● Chissà che pioggia avrà trovato per strada!
○ No, **(dire)** _____ che piovere non **(piovere)** _____,
ma **(esserci)** _____ parecchia nebbia.
● E **(rimanere/loro)** _____ tutti e due i giorni?
○ Sì, **(tornare)** _____ ieri sera.
● Ma **(nascere)** _____ il bambino di tua cognata?
○ No, deve nascere alla fine del mese.

4.
● **(vedere/tu)** _____ Federico?
○ Sì, **(essere)** _____ qui un momento fa.
● Non **(raccontare/a te)** _____ cosa **(succedere/a lui)**
_____ stamattina?
○ No, cosa?
● **(stare/lui)** _____ uscendo quando sulla porta **(vedere)**
_____ un tipo strano che **(cercare)** _____ di entrare.
○ Ahah?
● **(chiedere/a lui)** _____ cosa **(volere)** _____ e quello
lo **(spingere)** _____ contro il muro e **(togliersi)**
_____ di tasca un coltello.
○ Ma non mi dire! E Federico non **(gridare)** _____, non **(chiamare)**
_____ qualcuno?
● Sì, ma il rumore delle macchine **(coprire)** _____ tutto. Non **(potere/loro)**
_____ sentirlo.
○ E poi?
● Niente, questo all'improvviso **(mettersi)** _____ a piangere. **(piangere)**

_____ come un bambino, e **(stringere)** _____ il coltello.

○ Sai che paura!

● Sì, finché quando **(sentire)** _____ che cominciava ad arrivare gente, **(correre)** _____ via.

○ Un pazzo!

● Beh, proprio normale non doveva essere...

Ora rileggi i dialoghi e sottolinea tutti gli elementi organizzatori del testo.

Leggi questo brano tratto da *Treno di panna*, di Andrea De Carlo, e completalo coniugando i verbi tra parentesi all'*imperfetto* o al *passato prossimo*.

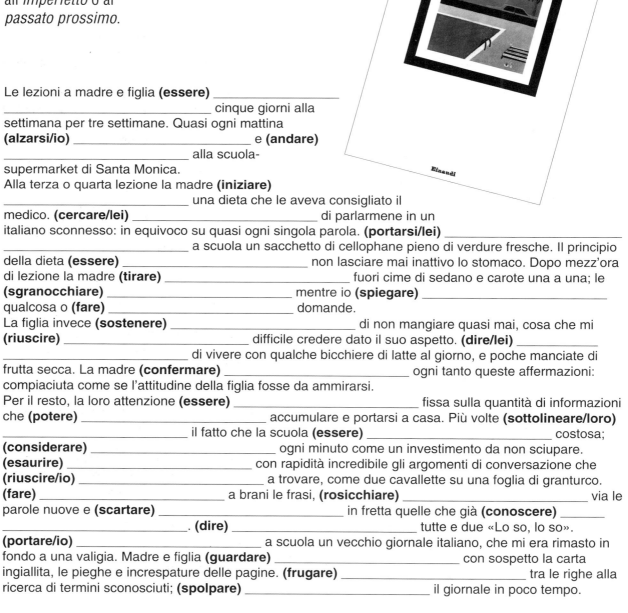

Andrea De Carlo
Treno di panna

Einaudi

Le lezioni a madre e figlia **(essere)** _____ _____ cinque giorni alla settimana per tre settimane. Quasi ogni mattina **(alzarsi/io)** _____ e **(andare)** _____ alla scuola-supermarket di Santa Monica.

Alla terza o quarta lezione la madre **(iniziare)** _____ una dieta che le aveva consigliato il medico. **(cercare/lei)** _____ di parlarmene in un italiano sconnesso: in equivoco su quasi ogni singola parola. **(portarsi/lei)** _____ _____ a scuola un sacchetto di cellophane pieno di verdure fresche. Il principio della dieta **(essere)** _____ non lasciare mai inattivo lo stomaco. Dopo mezz'ora di lezione la madre **(tirare)** _____ fuori cime di sedano e carote una a una; le **(sgranocchiare)** _____ mentre io **(spiegare)** _____ qualcosa o **(fare)** _____ domande.

La figlia invece **(sostenere)** _____ di non mangiare quasi mai, cosa che mi **(riuscire)** _____ difficile credere dato il suo aspetto. **(dire/lei)** _____ _____ di vivere con qualche bicchiere di latte al giorno, e poche manciate di frutta secca. La madre **(confermare)** _____ ogni tanto queste affermazioni: compiaciuta come se l'attitudine della figlia fosse da ammirarsi.

Per il resto, la loro attenzione **(essere)** _____ fissa sulla quantità di informazioni che **(potere)** _____ accumulare e portarsi a casa. Più volte **(sottolineare/loro)** _____ il fatto che la scuola **(essere)** _____ costosa; **(considerare)** _____ ogni minuto come un investimento da non sciupare. **(esaurire)** _____ con rapidità incredibile gli argomenti di conversazione che **(riuscire/io)** _____ a trovare, come due cavallette su una foglia di granturco. **(fare)** _____ a brani le frasi, **(rosicchiare)** _____ via le parole nuove e **(scartare)** _____ in fretta quelle che già **(conoscere)** _____ _____. **(dire)** _____ tutte e due «Lo so, lo so». **(portare/io)** _____ a scuola un vecchio giornale italiano, che mi era rimasto in fondo a una valigia. Madre e figlia **(guardare)** _____ con sospetto la carta ingiallita, le pieghe e increspature delle pagine. **(frugare)** _____ tra le righe alla ricerca di termini sconosciuti; **(spolpare)** _____ il giornale in poco tempo.

(andare/io) _____ a parlare delle due allieve alla signora Schleiber; le
(chiedere) _____ se non (esserci) _____ per caso un
metodo da seguire. Lei mi (dire) _____ «Lasciamo fare a lei». (aggiungere/lei)
_____ che madre e figlia (essere) _____ le peggiori
clienti della scuola. (dire) _____ di aver quasi litigato con la madre a proposito
del costo delle lezioni.
(trovare/io) _____ un manuale di italiano nella biblioteca minuscola della
scuola, tra libretti della Bank of America e vecchie copie del *National Geographic*. (essere) _____
_____ una compilazione di frasi per turisti divise a capitoli in situazioni-tipo,
come "Al ristorante", o "Sul treno". Le frasi (svilupparsi) _____ in ramificazioni
di possibilità secondarie, del genere «Vorrei una stanza a un letto, due letti, tre letti; al primo, secondo,
terzo piano; con bagno, senza bagno; sulla strada, sull'interno».

Che cosa pensi delle due allieve? E dell'insegnante? E della scuola? Parlane in classe la prossima
volta con i tuoi compagni.

10 Ti ricordi i dialoghi dei punti 2, 5 e 7 del *Libro dello studente?* Prova a completarli. Se non ricordi
le parole esatte, usa quelle che diresti tu.

A

• _____ la novità?
  Nicola non insegna più in quella scuola.
○ _____?
• Eh, è stato assunto alla Mondadori.
○ _____!
  _____!
  _____?
• L'altro giorno, ero a casa sua quando l'hanno
  chiamato. Oramai non se lo aspettava più, gli
  avevano detto che non avevano bisogno di
  redattori. _____ si è
  liberato un posto, così si sono ricordati di lui.

B

• _____ Marisa?
○ _____?
• Si è sentita male, ha avuto una specie di
  collasso.
○ _____,
  _____, poverina. Ma
  _____?
• Eh, un paio di giorni fa.
  _____ era in ascensore,
  tac, all'improvviso è svenuta. E fortuna che non
  era sola...
○ _____? Poverina,
  _____?
• Meglio, l'hanno già dimessa...

C

• E Anna, l'hai sentita ultimamente?
○ Come no, _____, te lo
  volevo dire, _____. Non
  sta più con Amedeo.
• _____!

○ Sì, ma aspetta. Si sposa il mese prossimo!
• _____?
  _____?
○ Con un ragazzo che ha conosciuto quest'estate
  in Grecia.
• Ma non era andata con Amedeo?
○ Sì, infatti, ma lo sai che tra loro le cose da tempo
  non andavano, _____ una
  sera lui le ha fatto una scenata delle sue in un
  ristorante, _____ lei l'ha
  mollato lì e se ne è andata...
• _____?
  _____?
○ In spiaggia, a dormire. Mica potevano tornare in
  albergo... E in spiaggia ha conosciuto Marcello, il
  ragazzo con cui si sposa...

D

• Sai che devo ricomprarmi la macchina?
○ _____? Non te l'eri
  comprata nuova l'anno scorso?
• Sì, ma ho avuto un incidente ed è
  completamente distrutta.
○ _____!
  _____?
• Figurati, l'avevo parcheggiata in via Monteverde
  e stavo facendo la spesa.
  _____ ho sentito una
  frenata fortissima e un rumore di vetri rotti, mi
  sono affacciato e ho visto la mia macchina
  distrutta contro un albero!
○ _____!
• Gli è andato addosso un pullman!
○ _____! Beh,
  _____ ci penserà
  l'assicurazione, spero...

E

● Eeh, _____ Alcide ha cominciato a lavorare nello stesso ufficio in cui stavi tu l'anno scorso?

○ _____!

_____. E chi è che è andato via?

● Eh, Michetti. Ha vinto un concorso alle Poste.

○ _____?

● Eh sì. Già il mese scorso si erano licenziati la Borri e Mario Castagna, _____ la direzione ha deciso di assumere anche gente senza esperienza...

F

● _____ Michele è stato bocciato all'esame?

○ _____, così non parte più!

● Ma no, dai, non lo dire, l'ha presa malissimo!

○ _____?

● Quando l'ha saputo si è infuriato, _____ ha fatto una piazzata alla commissione, _____ ha preso ed è andato dritto da un avvocato. Era veramente fuori di sé.

---

11 Ascolta di nuovo il dialogo del punto 9 del _Libro dello studente_, e segna con una X le informazioni esatte.

☐ Il concerto si teneva il venerdì pomeriggio.
☐ La signora ha preso la macchina perché le serviva dopo il concerto.
☐ Il Teatro dell'Opera si trova in centro.
☐ La macchina era parcheggiata in viale Torino.
☐ La macchina era parcheggiata vicino all'Opera.
☐ Il concerto era di flauto.
☐ La signora non sa se sono stati eseguiti pezzi di Mozart.
☐ Il concerto non l'ha soddisfatta completamente.
☐ Il barista dice di aver visto portar via una dozzina di macchine.
☐ La signora disperata decide di telefonare ai carabinieri.

12 Ascolta di nuovo il dialogo del punto precedente e prova a trascrivere tutti gli elementi organizzatori del testo che vengono usati.

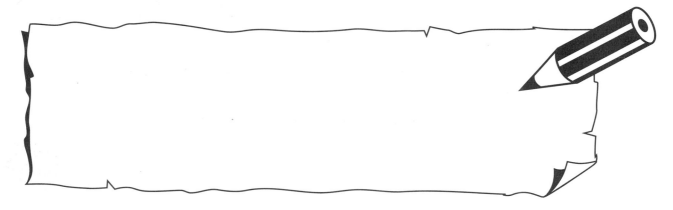

13 Leggi un giornale o una rivista (se possibile italiani) e scegli una notizia che ti interessa o ti colpisce particolarmente. Poi, nella prossima lezione, la riferirai ai tuoi compagni e al tuo insegnante.

Più che prudente mi sembra saggio

1 Cosa fai in queste situazioni? Scrivi delle frasi.

1. quando hai sonno
2. quando hai sete
3. quando hai fame
4. quando fa molto freddo
5. quando fa molto caldo
6. quando di notte non riesci a dormire
7. quando hai 38.5°C di febbre

8. quando ti fanno un regalo
9. quando una persona si offende per una cosa che hai appena detto
10. quando in un esercizio incontri una parola che non capisci
11. quando vedi un bambino piangere
12. quando ti senti solo

Quando fa molto caldo mi metto vestito dentro la vasca piena d'acqua fredda. Così almeno mi rinfresco un po'.

2 E in queste eventualità come reagisci? Scrivi delle frasi.

1. se il tuo vicino comincia a fare rumore a mezzanotte
2. se tua madre si dimentica di farti gli auguri per il tuo compleanno
3. se il tuo migliore amico ti fa un regalo che non ti piace
4. se qualcuno a cui vuoi molto bene ti chiede di fare una cosa che sai fare benissimo ma che non sopporti
5. se ti accorgi che un tuo collega di lavoro ruba in ufficio
6. se per la strada vedi qualcuno che prende a calci un cane

7. se prima di un viaggio chiedi a qualcuno di annaffiarti le piante e quando torni le trovi tutte secche
8. se scopri che il tuo ragazzo/la tua ragazza ti tradisce
9. se il tuo medico ti dice di mangiare solo frutta
10. se ti si brucia la cena con gli invitati già seduti a tavola
11. se tuo figlio rompe il vaso cinese a casa della zia
12. se il tuo ospite di riguardo inciampa e cade sul cactus alto un metro, rimane pieno di spine e rompe il cactus al quale tenevi tanto

Se il mio miglior amico mi fa un regalo che non mi piace non glielo dico, faccio finta di niente per non farlo rimanere male.

3 Scrivi le frasi seguendo il modello.

dormire fino a tardi la domenica
Mi piace dormire fino a tardi la domenica.

1. mangiare bene
2. leggere molto
3. bere molta acqua
4. fare lunghe passeggiate nel parco
5. scrivere lunghe lettere

4 Scrivi le frasi seguendo il modello.

ascoltare la musicá
Mi piace molto ascoltare la musica.

1. visitare musei
2. giocare a tennis
3. nuotare
4. chiacchierare del più e del meno
5. andare al cinema

5 Scrivi le frasi seguendo il modello.

farmi regali
Mi piace che mi facciano regali.

1. dirmi sempre la verità
2. regalarmi dei fiori
3. darmi del tu
4. chiedermi favori
5. aiutarmi nel mio lavoro

6 Scrivi le frasi seguendo il modello.

i miei amici/vestirsi bene
Mi piace che i miei amici si vestano bene.

1. i miei figli/essere sempre educati
2. gli altri/parlare la mia lingua
3. i miei ospiti/mangiare le cose che preparo
4. mio figlio/comportarsi sempre bene
5. mia sorella/uscire con i suoi amici
6. mio marito/prepararmi delle belle cenette
7. voi/venire spesso a trovarci
8. voi/essere sempre così spontanei

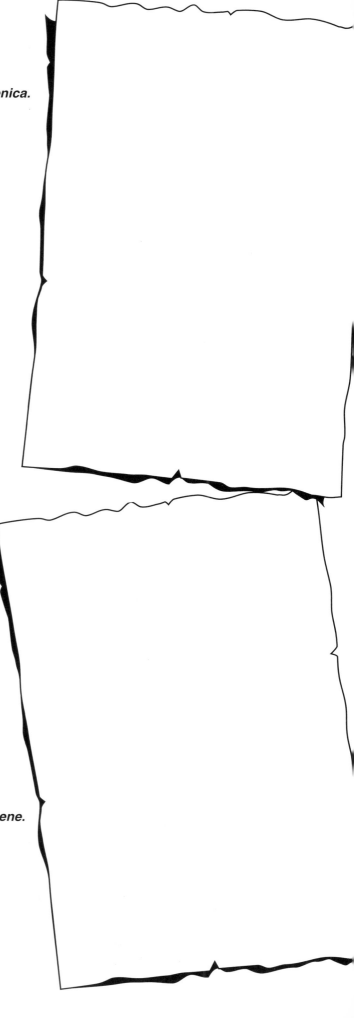

7 Scrivi le frasi seguendo il modello.

☞ **dormire il pomeriggio**
Non mi piace dormire il pomeriggio.

1. arrivare tardi
2. svegliarmi tardi la mattina
3. andare a letto dopo la mezzanotte
4. ricevere regali
5. essere trattato male

8 Scrivi le frasi seguendo il modello.

☞ **rispondere male**
Non mi piace che mi rispondano male.

1. chiedere favori
2. telefonarmi la sera
3. abbracciare
4. raccontare cose personali
5. dire bugie

9 Scrivi le frasi seguendo il modello.

☞ **gli altri/litigare davanti a me**
Non mi piace che gli altri litighino davanti a me.

1. mia sorella/uscire con quella gente
2. i miei figli/fare giochi pericolosi
3. mia figlia/mangiare caramelle
4. voi/essere sempre così scontenti
5. loro/avere sempre quell'atteggiamento così presuntuoso

10 Scrivi le frasi seguendo il modello.

☞ **i miei genitori/dormire fino a tardi la domenica**
Ai miei genitori piace dormire fino a tardi la domenica.

1. mia moglie/mangiare bene
2. i miei studenti/leggere molto
3. mio padre/bere molta acqua
4. mio fratello/fare lunghe passeggiate nel parco
5. Fulvio/scrivere lunghe lettere

11 Scrivi le frasi seguendo il modello.

 i miei bambini/ascoltare la musica
Ai miei bambini piace molto ascoltare la musica.

1. mia madre/visitare musei
2. i miei cugini/giocare a tennis
3. mio zio/nuotare
4. noi/chiacchierare del più e del meno
5. Walter/andare al cinema

12 Scrivi le frasi seguendo il modello.

 fare regali/a Gianni
A Gianni piace che gli facciano regali.

1. dire sempre la verità/a mio marito
2. regalare dei fiori/a mia moglie
3. dare del tu/al direttore
4. leggere favole/a mio figlio
5. fare il solletico /a mia figlia

13 Scrivi le frasi seguendo il modello.

 Costanza/essere sempre così nervosa/a Walter
A Walter non piace che Costanza sia sempre così nervosa.

1. sua sorella/uscire con quella gente/a Andrea
2. i suoi figli/fare giochi pericolosi/a mia sorella
3. sua figlia/mangiare caramelle/a mio cognato
4. voi/essere sempre così scontenti/a vostra madre
5. loro/avere sempre quell'atteggiamento così presuntuoso/a vostro padre

14 Scrivi le frasi seguendo il modello.

 svegliare con un cappuccino caldo la mattina/a me
Mi piace essere svegliato con un cappuccino caldo la mattina.

1. invitare a cena fuori/a Maria
2. portare a spasso/ai miei bambini
3. sgridare/a nessuno
4. trattare bene/a tutti
5. sorprendere con le mani nel sacco/a nessuno

15 **a.** Leggi questo testo.

Vediamo... Vediamo cosa rivelano le linee della tua mano... Ah, vedo molte cose... Tu sei un ragazzo onesto, sì, molto onesto. Però... È possibile che... Che tu a volte sia anche un po' permaloso. Ti mette a disagio che la gente ti critichi. L'unica da cui accetti dei consigli è la tua fidanzata. Per lei faresti qualunque cosa... E fai bene, perché lei detesta essere trattata male e non sopporta che tu a volte le dica di no... Devi stare attento ai suoi capricci, sia che abbia torto sia che abbia ragione, ma... Cos'altro vedo? Perché non accetti che delle persone della tua famiglia vogliano aiutarti? In questo momento che ne hai bisogno c'è ancora qualcuno disposto a farlo, ma non è detto che ti aspetti per sempre... Ascolta il mio consiglio: accetta ciò che ti viene offerto.

Ora leggi ancora il testo, sottolinea tutti i verbi al *congiuntivo* e trascrivili nella prima colonna all'*infinito*, poi completa il quadro con le corrispondenti forme verbali del *congiuntivo presente*.

vedere	io **veda**	noi **vediamo**	lei **veda**	loro **vedano**
	lui	tu	voi	loro
	voi	io	tu	noi
	io	lui	voi	tu
	tu	lei	noi	loro
	io	voi	noi	loro

 b. Ascolta la cartomante e controlla le tue risposte.

16 Riscrivi le frasi seguendo il modello.

 La bella fanciulla si innamorò dello splendido principe.

La brutta fanciulla si innamorò dell'orrendo principe.

1. E vissero felici e contenti.
2. Il bambino era vivace e anche un po' maleducato.
3. Ho conosciuto un ragazzo stupendo ma incredibilmente antipatico.
4. A volte mi sento triste e depresso.
5. Mi piacciono gli animali tranquilli e mansueti.

6. Tuo fratello è un fanatico tremendo.
7. Non sopporto le persone troppo paurose.
8. Ho una figlia molto affettuosa, mio figlio invece è un po' aggressivo.
9. Tuo marito è una persona molto placida, vero?
10. Tutta la torta! Ma sei un'ingorda!

UNITÀ 5

17 Scrivi tutte le parole che ti vengono in mente e che servono per descrivere fisicamente o moralmente le persone. Se vuoi puoi classificarle in grandi gruppi: cose positive, cose negative, ecc.

18 Scrivi le frasi seguendo il modello.

pauroso/timoroso
È più pauroso che timoroso.
Più che pauroso è timoroso.

1. generoso/sprecone
2. coraggioso/incosciente
3. maliziose/furbe
4. bello/affascinante

5. goloso/ingordo
6. amichevole/ipocrita
7. educati/fanatici
8. furbe/infide

9. imprevedibile/pazza
10. strani/inaffidabili
11. riservato/timido
12. sincera/spietata

19 Ricordi il nome di questi animali?

Ora scegline tre e descrivili.

20 Scrivi una lettera in cui racconti a qualcuno di aver conosciuto una persona insopportabile. Descrivila sia fisicamente sia dal punto di vista del carattere.

21 Ricordi il testo di Natalia Ginzburg a pagina 42 del *Libro dello studente*? Leggilo di nuovo.

a. Descrivi i due personaggi.

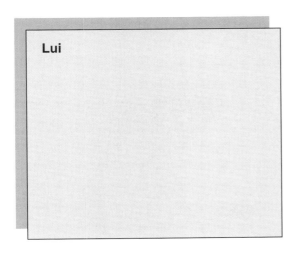

Lui

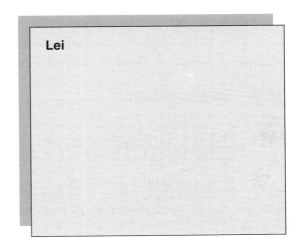

Lei

b. Ora completa.

Lui ha sempre caldo; io sempre _____. _____, quando è veramente caldo, non fa che lamentarsi del gran _____ che ha. Si sdegna se vede che m'infilo, la sera, un _____ _____.

Lui _____ parlare bene alcune lingue; io non _____ parlo bene nessuna. Lui riesce a _____, in qualche suo modo, anche _____ che non sa.

_____ ha un grande senso dell'orientamento; io nessuno. Nelle città straniere, _____ un giorno, lui si muove _____ come una farfalla. Io mi _____ nella mia propria città; devo _____ indicazioni per _____ alla mia propria casa. Lui _____ chiedere indicazioni; quando _____ per città sconosciute, in automobile, non vuole che chiediamo _____ e mi ordina di guardare la pianta topografica. Io non so _____ le piante topografiche, m'imbroglio su quei cerchiolini rossi, e si arrabbia.

Lui _____ il teatro, la pittura e la musica: _____ la musica. _____ non capisco niente di musica, m'importa poco della pittura e m'annoio a teatro. Amo e capisco una sola cosa al mondo, ed è la poesia.

Lui ama i musei, e io ci _____ con sforzo, con uno _____ senso di dovere e fatica. Lui ama le biblioteche, e io le _____.

Lui ama i viaggi, le _____ straniere sconosciute, i ristoranti. Io resterei sempre a _____, non mi muoverei mai.

Lo _____, tuttavia, in molti viaggi. Lo seguo nei musei, nelle chiese, all'opera. Lo seguo _____ ai concerti, e mi addormento. [...]

Tutt'e due _____ il cinematografo, e siamo disposti a vedere, in _____ momento della giornata, qualsiasi specie di film. Ma lui _____ la storia del cinematografo in ogni minimo particolare; _____ registi e attori, anche i _____ antichi, da gran tempo dimenticati e scomparsi; ed è pronto a _____ chilometri per andare a cercare, nelle più _____ periferie, vecchissimi _____ dei tempi del muto, dove comparirà magari per pochi secondi un attore caro alle sue più remote memorie di infanzia.

Natalia Ginzburg
Le piccole virtù

22 Leggi di nuovo i testi del punto 14 del *Libro dello studente*. Poi indica con +, - o = l'andamento delle seguenti cose.

+ aumento	- diminuzione	= non ci sono variazioni

☐ Spese delle famiglie italiane.

☐ Spese per l'alimentazione in genere.

☐ Spese per carne e pesce.

☐ Spese per cultura, trasporti, divertimenti e sanità.

☐ Risparmio.

☐ Percentuale di famiglie povere;

☐ Media dei bambini nati ogni anno.

☐ Differenza tra i guadagni della gente al Nord e al Sud.

23 Leggi questo testo.

Il rischio al naso

Si presenterà al momento giusto, lo so, lo schifoso. Lo sentirò qui sotto le dita, in questo punto preciso. Non c'è ancora perché siamo solo a mercoledì e la festa è sabato. Non sgarra mai. Capirò dal leggero indolenzimento. Poi apparirà il gonfiore. Starà là sotto aspettando il balzare fuori come un lupo mannaro, grasso, bollente, porco, incarnazione del peccato, del cioccolato, dell'insonnia, gelatinosa rappresentazione del vizio, giallo miserabile monumento all'incontinenza cioccolatica. Verrà per distruggermi la grazia, impedirmi gli amori, far crollare le mie sicurezze. Mi guarderanno la bocca e penserò che fissano lui, il mostruoso, l'onnipresente. Ne sentirò la presenza nei momenti più delicati. Vedere. No. Non c'è davvero. Guardami com'ero bella senza. E pensare che domani... No, Non si può esistere con questa spada di Damocle sul mento! Esci piuttosto allo scoperto, fellone! Che io sappia subito ora! Che io possa difendermi da te, maligno, da te, repellente entità, ributtante escrescenza, o Brufolo.

Moda/novembre '93

a. Leggilo di nuovo e poi fai una lista di tutti gli aggettivi che servono a descrivere. Se non ti è chiaro il significato cercali sul dizionario.

b. Ora scrivi una frase o dei brevi dialoghi per ognuno degli aggettivi.

Se fossi in te...

1 Completa i dialoghi con i verbi al *condizionale*.

1.

● E tu che cosa **(fare)**_____ al mio posto?

○ Io **(lasciare)** _____ perdere, non **(prendersela)** _____ più di tanto. **(passarci)** _____ sopra, senza fare tante polemiche.

2.

● Vi **(andare)** _____ di aiutarmi un momento?

○ Certo, cosa dobbiamo fare?

● **(dovere)** _____ controllare questa lista.

3.

● Senti, io esco un attimo. **(dovere)** _____ _____ telefonare a Luigi...

○ Cosa gli dico?

4.

● Come faccio ad andare al concerto con il bambino?

○ **(potere)** _____ chiedere a tua madre se te lo tiene per una sera.

● Ma mi secca, me l'ha già tenuto sabato scorso.

○ Io **(provarci)** _____ lo stesso, al massimo ti dice che non può.

5.

● Come progetto è interessante, ma ci vogliono un sacco di soldi per realizzarlo.

○ Non credere, secondo me si **(potere)** _____ _____ fare senza spendere per forza un capitale. **(potere/noi)** _____ _____ cominciare a cercare degli sponsor, per esempio.

□ Io credo che per prima cosa **(dovere/voi)** _____ _____ consultare un esperto.

2 Abbina le frasi della colonna di sinistra con i consigli corrispondenti. Poi dai tu dei suggerimenti, usando ogni volta l'*imperativo*, **potere/dovere** + *infinito* e il *condizionale*.

1. ● Sono ingrassato cinque chili.
2. ● Mi piacerebbe imparare a suonare la batteria.
3. ● La sera sono sempre molto stanco.
4. ● Fumo due pacchetti di sigarette al giorno.
5. ● Ieri alla festa ho conosciuto una ragazza molto interessante.

dormire un po' il pomeriggio
fare una dieta
prendere delle lezioni
telefonarle
cercare di fumare meno

 1. ○ *Fai una dieta.*   ○ *Potresti fare una dieta.*   ○ *Io farei una dieta.*

3 Ecco alcuni consigli del WWF per le feste di Natale e fine anno.

Regaliamoci un futuro migliore.

Alcune idee per gustare le feste, evitare lo stress e fare qualcosa di diverso

Hai appena fatto una coda di un'ora per raggiungere il centro? Sei stanco di pensare ai regali che vorresti fare? Bene! Unisciti a noi: il WWF Italia ti invita a un diverso modo di far festa insieme agli amici in armonia con la natura

Non è tutto oro quello che luccica

Evitiamo imballaggi, ricchi, lussuosi e inutili. È uno spreco che inconsapevolmente facciamo quando prepariamo o facciamo preparare un pacchetto regalo con carta e plastica, la cui sola funzione è quella di far colpo sugli amici; se evitiamo tutto questo, spiegando il perché, il nostro regalo varrà di più e avremo evitato che un pezzo di natura sia andato ad aggiungersi alla montagna di rifiuti.

Giocare può essere una cosa seria

Se dobbiamo regalare a un bambino un giocattolo, pensiamo alle insidie che nasconde per la salute del Pianeta e indirettamente per noi stessi. Non compriamo giocattoli alimentati da batterie normali o a bottone che contengono mercurio. Una volta in discarica possono inquinare in maniera irreversibile l'acqua che berremo. Privilegiamo inoltre giocattoli robusti e... intelligenti: ricordiamoci inoltre che il giocattolo più bello senza la compagnia di qualcuno non vale nulla.

Se lo faccio a fine anno poi lo faccio tutto l'anno

Accade che in una notte, sulle tavole del nostro paese bruciamo una quantità di risorse che in altri paesi usano per una vita. Proviamo ad alleggerire i menu delle feste e magari a rinnovarli con qualche ricetta suggerita dai vegetariani. Il nostro stomaco e le foreste tropicali ci ringrazieranno: sapete che 20.000 kmq di foreste tropicali vengono distrutte ogni anno per far posto agli allevamenti di bestiame?

Abbandoniamo l'usa e getta per imbandire le tavole d'Italia! Piatti, posate, bicchieri e tovaglioli di carta o di plastica non sono né potabili, né commestibili e sono l'abitudine più dannosa che abbiamo: vivono come le falene l'arco di un giorno.

Utile o inutile: questo è il dilemma

Scegliamo regali che siano utili e duraturi: è più bello donare qualcosa che resta, magari fatto con le nostre mani e il nostro tempo, piuttosto che scegliere oggetti che servono solo a vivere il momento in cui vengono scartati.

Se pensiamo che tutto questo ci possa far passare per "tirchi" camuffati da ambientalisti niente paura! I soldi risparmiati possono essere regalati a gruppi o associazioni che si occupano di ambiente e del sociale.

Buone feste!

WWF
Per ulteriori informazioni rivolgiti a: WWF Italia, Via Salaria, 290 00198 Roma
stampato su carta riciclata

Come puoi notare, in questo opuscolo per dare consigli si usa la *1ª persona plurale* del *congiuntivo presente*: una strategia che permette di attenuare la differenza di ruolo tra chi dà e chi riceve un suggerimento. Rileggi il testo e individua tutti i casi in cui si danno consigli in questo modo.

4 Sai comportarti correttamente in situazioni di emergenza? Immagina che qualcuno che conosci abbia bisogno di consigli a proposito di questi incidenti. Inventa dei dialoghi, scegliendo tra i trattamenti riportati quelli che ti sembrano più adatti al caso. Attenzione! Alcune delle possibilità suggerite sono del tutto sbagliate: rifletti bene prima di dare consigli che potrebbero rivelarsi addirittura pericolosi.

Distorsione di una caviglia

Trattamenti
- Avvolgere la caviglia in una coperta e tenerla al caldo.
- Immobilizzarla con una bendaggio leggero.
- Tenerla a riposo e, se possibile, sollevata.
- Applicare una pomata specifica, con un massaggio leggero.
- Al momento della fasciatura, tenere il piede in estensione.
- Applicare una borsa del ghiaccio.

- *Rita! Ma che hai, zoppichi?*
- *Eh, sì. Sono appena scivolata per le scale...*
- *Ti sei fatta male?*
- *Non lo so... Ho paura di essermi storta una caviglia...*
- *...*

Ustione lieve e non estesa causata da un liquido bollente

Trattamenti
- Immergere immediatamente la parte in acqua fredda fino alla scomparsa del dolore.
- Applicare olio o farina.
- Applicare garze grasse imbevute di prodotti specifici.
- Prendere una compressa di aspirina contro il dolore.
- Pungere le bolle che si formano per farne fuoriuscire il liquido.

- *Pronto?*
- *Livia, ciao, sono Jacopo.*
- *Oh, ciao. Come va?*
- *Bene. Cioè, mica tanto... mi sono appena scottato con l'acqua bollente...*
- *...*

Morso di vipera

Trattamenti
- Disinfettare la ferita.
- Muovere il meno possibile l'infortunato.
- Succhiare la ferita.
- Fasciare la parte morsicata come nel caso di distorsione.
- Somministrare una bevanda alcoolica.
- Somministrare siero antivipera iniettandone metà dose a monte della ferita e metà sui glutei.
- Trasportare il più rapidamente possibile l'infortunato in ospedale.

- *Senti, ma quando ti morde una vipera, cosa devi fare?*
- *...*

UNITÀ 6

5 Immagina che le persone raffigurate in questi disegni telefonino a qualcuno per chiedere consigli o istruzioni. Cosa direbbero? Che risposte potrebbero ricevere? Inventa dei dialoghi. Per renderli più verosimili, puoi utilizzare gli elementi del tuo mondo: la tua città, la tua casa, le persone che conosci, ecc.

- ● *Pronto?*
- ○ *Paolo?*
- ● *Sì?*
- ○ *Sono Andrea.*
- ● *Ciao, come va?*
- ○ *Eh, insomma, mi si è fermata la macchina in mezzo alla strada...*
- ● *Ma va? E dove sei?*
- ○ *In via Fonteiana.*
- ● *Ma allora sei qui vicino!*
- ○ *Sì, infatti ti volevo chiedere se conosci un meccanico da queste parti. Sai, io non sono pratico...*
- ● *Mh... Guarda, potresti provare da quello che sta a piazza Ottavilla... Senti, facciamo una cosa, aspettami lì cinque minuti che ti raggiungo, così vediamo insieme...*

6 Abbina gli elementi dei due gruppi. Poi scrivi dei dialoghi di due battute in cui si dà un consiglio, usando ogni volta l'*imperativo* (*affermativo* o *negativo*), **cerca di/prova a** + *infinito*, **se fossi in te/io al posto tuo** + *condizionale*.

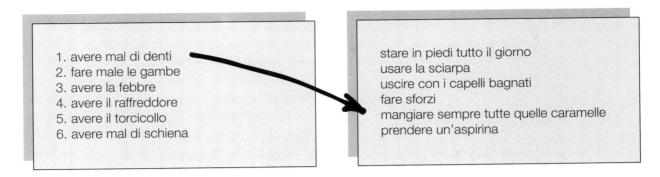

1. avere mal di denti
2. fare male le gambe
3. avere la febbre
4. avere il raffreddore
5. avere il torcicollo
6. avere mal di schiena

stare in piedi tutto il giorno
usare la sciarpa
uscire con i capelli bagnati
fare sforzi
mangiare sempre tutte quelle caramelle
prendere un'aspirina

1. ● *Oggi ho un mal di denti che mi fa impazzire...*
   ○ *Eh! Non mangiare sempre tutte quelle caramelle!*
   ○ *Beh, cerca di non mangiare sempre tutte quelle caramelle.*
   ○ *Guarda, se fossi in te non mangerei sempre tutte quelle caramelle.*

Ora riscrivi i dialoghi usando il **lei**.

7 Ascolta i dialoghi e segna con una X le affermazioni vere.

A ☐ Il giorno prima delle analisi bisogna mangiare poco
    ☐ La debolezza è una conseguenza delle analisi
B ☐ La ragazza pensa che Gianluca la tratti male
    ☐ L'amica le consiglia di lasciarlo
C ☐ Il signore accetta subito l'invito a bere qualcosa
D ☐ Il ragazzo è sempre stato un bravo disegnatore
E ☐ I due ragazzi devono fare un lavoro pesante
    ☐ Il fratello non può aiutarli
F ☐ Per il mal di schiena bisogna dormire sul duro
    ☐ La signora non porta mai scarpe comode

8 Ascolta di nuovo i dialoghi del punto precedente e trascrivi le forme dell'*imperativo negativo*. Quali sono quelle usate per proibire qualcosa? E le altre forme che usi hanno? Pensaci, e poi parlane in classe con i tuoi compagni e il tuo insegnante.

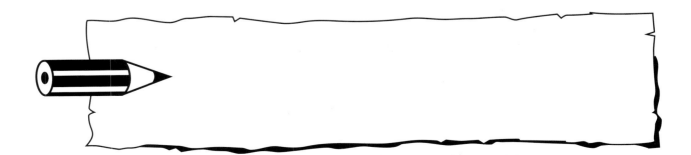

9 Leggi questo testo tratto dal libro *Scialpinismo*, a cura del Club Alpino Italiano.

EDUCAZIONE ALPINISTICA

Durante le gite scialpinistiche si interagisce con l'ambiente e con altre persone. Per la conservazione della montagna, campo d'azione di questa attività, e il reciproco rispetto fra alpinisti e abitanti delle valli, conviene seguire un certo numero di regole.

L'esigenza del rispetto della natura è implicita nell'attrazione per l'attività scialpinistica. Praticando questo sport non bisogna lasciare altre tracce del proprio passaggio che quelle degli sci sulla neve; sono infatti le uniche che non danno fastidio e non recano danno. Non si gettano rifiuti di nessun genere né sulle cime, né lungo il percorso, né nei corsi d'acqua; e neppure si nascondono sotto un masso o sotto la neve. Questo vale anche per i rifiuti biodegradabili che, pur distruggendosi col tempo, costituiscono a lungo una bruttura. L'immondizia, tutta dunque, si riporta a valle nel sacco.

Piante e animali fanno parte dell'equilibrio naturale e sono importanti per chi in montagna vive. Dunque, non si danneggiano, non si uccidono, non si disturbano. Si tenga presente che anche d'inverno sussiste il pericolo di incendio e che ogni precauzione deve essere presa per evitare questo tipo di distruzione. Malghe, alpeggi, baite, che d'inverno sono disabitate, costituiscono d'estate la base di pastori e montanari. È ovvio quindi il rispetto che si deve portare a queste costruzioni. Spesso sono chiuse: forzare le serrature (se non in caso di emergenza) è una grave forma di vandalismo. A volte i piccoli paesini di montagna alla partenza delle gite sono ancora abitati. Chi si appresta alla gita si ricordi che è un ospite, non ingombri con la macchina la strada, saluti e sia cordiale.

Gran parte del fascino della montagna sta nella possibilità di frequentarla nel modo che è più congeniale. Ciascuno può scegliere come e quando andare in montagna. Perché questa libertà possa continuare, è necessario rispettare quella altrui. Il silenzio e la quiete sono un bene di tutti; la propria presenza non deve danneggiare né disturbare quella degli altri. In montagna vige un impegno di mutuo soccorso. In qualsiasi circostanza non si esita a prestare aiuto nei limiti delle proprie possibilità e della propria sicurezza ad altri alpinisti in difficoltà o in pericolo. Recentemente è diventato di gran moda farsi portare sulle vette in elicottero o aereo per compiere solo la discesa di classiche gite scialpinistiche. È inutile dilungarsi sul fastidio che fatti di questo genere provocano a chi sulla stessa montagna è salito con le pelli di foca. Altrettanto importante è invece sottolineare che questa pratica, oltre che per la mancanza di rispetto per gli altri, è negativa anche per altri fattori (inquinamento, disturbo della fauna, scarsa sicurezza dei praticanti, sfruttamento della montagna che ne scavalca spesso gli abitanti, ecc.); ogni sciatore alpinista dovrebbe dunque compiere opera di sensibilizzazione contro la sua diffusione indiscriminata.

Avrai notato che nel testo si danno numerosi suggerimenti, usando diverse strategie. Sottolinea e riformula questi suggerimenti, utilizzando la *2ª persona singolare* dell'*imperativo*.

Non gettare o nascondere rifiuti di alcun genere.
Riporta tutta l'immondizia a valle nel sacco.

10 Immagina di trovarti in queste situazioni. Scrivi dei brevi dialoghi in cui si chiedono e danno consigli, usando i dati della tua esperienza.

1. Un tuo amico vuole comprarsi un impianto hi-fi, ma non sa dove andare.
2. Tua sorella vuole visitare l'Italia, ma ha a disposizione solo una settimana e non sa a cosa dare la precedenza.
3. Un tuo collega vuole imparare un po' di italiano, ma non ha tempo di seguire un corso.

4. Una tua amica è insoddisfatta del suo lavoro, ma ha paura che se si licenzia poi resta disoccupata.
5. Un tuo amico straniero ha l'opportunità di trasferirsi nella tua città, ma non sa come si troverà.
6. Una tua amica è indecisa tra una vacanza lunga e tranquilla ed una breve e avventurosa.

1. ● *Senti, finalmente ho deciso di farmi uno stereo nuovo. Tu dove mi consigli di andare?*
   ○ *Mah, io proverei a chiedere informazioni in quel negozio che sta dietro la Standa...*
   ● *A corso Francia?*
   ○ *Sì. Facci un salto. Hanno dei buoni prezzi.*

11 Riprendi il brano di Giorgio Bassani a pagina 53 del *Libro dello studente*, e rispondi.

	vero	falso	non si sa
Il figlio è stato lasciato dalla ragazza.	☐	☐	☐
Il figlio assomiglia alla nonna.	☐	☐	☐
I Finzi-Contini sono una famiglia ricca.	☐	☐	☐
Micòl è straniera.	☐	☐	☐
Il padre in fondo è contento di quello che è successo.	☐	☐	☐
Il padre aveva bisogno di dire quello che pensava.	☐	☐	☐
Il figlio andava spesso dai Finzi-Contini.	☐	☐	☐
Il figlio aveva smesso di studiare.	☐	☐	☐

UNITÀ 6

12 Ti ricordi i dialoghi del punto 13 del *Libro dello studente*? Prova a completarli. Se non ricordi le parole esatte, usa quelle che diresti tu.

A

● Ma _____, sei ancora _____ per stamattina?

○ Certo, vorrei vedere, ma _____ di cosa mi ha fatto _____?

● Se fossi in te _____, fa sempre così, e poi a quest'ora si sarà già dimenticato tutto...

○ Eh già, lui, ma io no!

B

● _____ Gianni. Ha detto che telefonava appena arrivato, e ancora non si è sentito.

○ Ma dai, avrà trovato traffico... Però _____ telefonare tu, magari è arrivato e si è dimenticato di chiamarti, Gianni _____.

C

● Che hai, mi sembri _____.

○ Sì, _____. È una settimana che non vado mai a casa prima di mezzanotte... È pesante.

● Io _____... Guarda Merli, qualcuno gli chiede mai di restare? Anche tu _____ meno disponibile.

D

● Se sapessi, da quando Mauro è partito _____... Credimi, non l'avrei mai immaginato.

○ Ti manca molto, eh?

● Eh sì, ti dico, _____.

○ Ti capisco, però _____ reagire, chiama qualcuno, fatti sentire... Non so, io _____ vedere gente...

E

● Guarda, non dirmi niente, _____!

○ Sì sì, ho sentito mentre parlavi con Salvi... Secondo me hai ragione tu, però scusa, qui _____ una bella vertenza sindacale, io mi meraviglio che tu non ci abbia ancora pensato!

13 Scrivi una frase per ogni espressione della lista, parlando di te, delle tue reazioni, dei tuoi gusti...

preoccupare	mandare in bestia	divertire	tranquillizzare
deprimere	fare arrabbiare	innervosire	avere paura
piacere	fare paura	amareggiare	fare piacere
angosciare	dare fastidio	spaventare	terrorizzare

 Ho molta paura del dolore fisico.

14 Ora ripeti l'esercizio parlando di qualcuno che conosci bene.

  Le persone maleducate lo mandano in bestia.

15 Ripeti ancora una volta l'esercizio parlando di una delle comunità a cui appartieni. Può essere la tua città o il tuo paese, ma anche un gruppo di amici, un'associazione, la tua famiglia... Usa la *1ª persona plurale*.

☞ ***Ci piace che le cose funzionino bene.***

16 Pensa a questi personaggi, e per quelli che conosci scegli tre aggettivi che definiscano il loro stato d'animo abituale. Cerca di usare quelli che hai visto nel *Libro dello studente* e con il tuo insegnante, ma se te ne servono altri puoi consultare il dizionario.

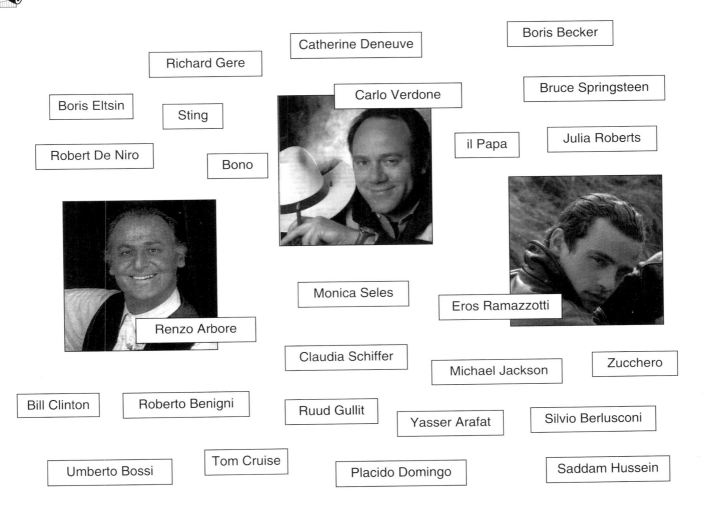

Boris Becker

Catherine Deneuve

Richard Gere

Carlo Verdone

Bruce Springsteen

Boris Eltsin   Sting

Robert De Niro   Bono   il Papa   Julia Roberts

Renzo Arbore

Monica Seles   Eros Ramazzotti

Claudia Schiffer   Michael Jackson   Zucchero

Bill Clinton   Roberto Benigni   Ruud Gullit   Yasser Arafat   Silvio Berlusconi

Umberto Bossi   Tom Cruise   Placido Domingo   Saddam Hussein

17 Immagina di avere uno dei problemi di questa lista. Scrivi una lettera a uno/una dei tuoi compagni, spiegando la tua situazione e descrivendo il tuo stato d'animo. Poi consegnagliela in classe. Lui/lei ti risponderà dandoti i suoi consigli. (Se la lista non ti soddisfa, puoi scegliere tu un'altra situazione.)

- non ti piace il tuo lavoro
- hai un problema con genitori/figli/moglie/marito/fidanzato/...
- sei innamorato di una persona, ma non hai il coraggio di dirglielo
- non trovi lavoro
- hai problemi economici
- non sai cosa fare dopo la scuola o l'università
- ti riesce difficile migliorare il tuo italiano

Come sarebbe il mondo se...

1 Scrivi 12 cose che vorresti fare questa settimana usando **vorrei**/**mi piacerebbe**.

  Vorrei finire questo romanzo.
Mi piacerebbe andare al mare.

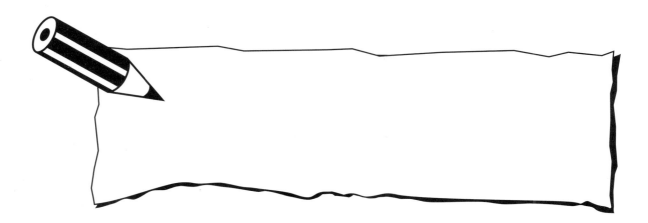

2 Riscrivi le frasi dell'attività precedente usando il *condizionale* come nel modello.

  Vorrei finire questo romanzo.
Finirei volentieri questo romanzo.

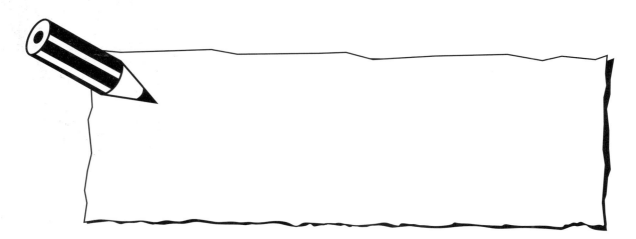

3 Scrivi le frasi seguendo il modello.

 Marcello/fare un viaggio
Marcello farebbe volentieri un viaggio.

Noi/andare a cena al ristorante cinese
Andremmo volentieri a cena al ristorante cinese.

1. Nico e Gloria/mangiare chili di dolci
2. Noi/tenere un cagnolino
3. Giuliano e Mirko/bere una birra
4. Io/parlare con te
5. Tu/dare ragione a tua madre
6. Mia moglie ed io/partire per i Mari del Sud

7. Paco/andare al cinema
8. Voi/fare a meno di venire
9. Io/decidere da sola
10. Gabriella/fumare una sigaretta
11. Noi/uscire prima dall'ufficio
12. Emma e Fulvio/schiacciare un pisolino

4

Leggi ancora il testo della canzone di Vasco Rossi *Vita spericolata*
a pagina 59 del *Libro dello studente*.

a. Rispondi alle domande.

Pensi davvero che l'autore voglia una vita "piena di guai" e di rischi? Cosa vuol dire secondo te con questa metafora?

A cosa si riferisce secondo te l'espressione "vita esagerata"?

E "vita maleducata"? Vuole davvero vivere da maleducato?

Puoi cercare nel testo stesso della canzone qualche manifestazione linguistica di questa "maleducazione" e di questo "menefreghismo" di cui parla?

Qual è l'immagine della vita delle "star" e dei film che emerge da questa canzone?

Come sono i rapporti tra le persone secondo questa canzone? Si incontrano davvero o si sfiorano e si passano accanto? Dove viene detto? Cerca nel testo le parole esatte.

Pensi che l'autore sia un qualunquista, cioè qualcuno a cui non importa niente di niente né di nessuno, oppure semplicemente una persona che lotta contro la solitudine e vuole vivere la vita nel modo più intenso possibile? Perché?

Cosa pensa l'autore della vita "spericolata", "piena di guai", "esagerata", "maleducata", ecc. che cerca? Crede davvero che sia la soluzione ai suoi problemi?

Perché, secondo te dice che "forse non ci incontreremo mai"?

Alcuni pensano che questa canzone sia estremamente pessimista, un grido disperato, perché incita a cercare nell'azione e nell'alcool la fuga dalla solitudine umana e dai problemi della vita. Sei d'accordo? Perché? In che senso?

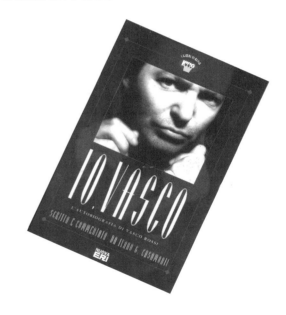

Nel suo libro *Io, Vasco Rossi - Autobiografia di Vasco Rossi scritta e commentata da Ivano G. Casamonti*, Ivano Gladimiro Casamonti dice: "*Vita spericolata* significa, in effetti, vita vissuta intensamente. Nel bene e nel male. Una vita che abbia senso e sensi per percepirla. Penso che questo sia il desiderio che quella canzone espresse a nome di enormi masse di giovani troppo intelligenti per farsi fregare dalle tendenze idiote degli anni '80: carriera, soldi, eleganza e noia mortale."
Cosa ne pensi? Ti sembra una buona interpretazione di questa canzone?

b. Ora leggi ancora il testo due o tre volte e poi completa con una parola in ogni spazio senza guardare il *Libro dello studente*.

Voglio una vita _____
di quelle vite fatte fatte così
Voglio una vita che ____ ____ _____
che ____ ____ _____ di tutto sì
Voglio una vita che non è mai tardi
di quelle che non _____ ____
Voglio una vita
di quelle che non ____ ____ ____
E poi ci _____ come le star
a _____ del whisky al Roxy bar
E _____ ____ ____ ____ ____
Ognuno a _____ i suoi _____

Ognuno col suo viaggio
ognuno _____
ognuno ____ _____ perso dentro i _____ suoi
Voglio una vita _____
Voglio una vita come quelle ____ _____
Voglio una vita _____
Voglio una vita come Steve Mc Queen
Voglio una vita che non è mai tardi
di quelle che ____ _____ ____
Voglio una vita
la voglio piena di _____
...

5 Completa le frasi aggiungendo una condizione.

I cani direbbero cose divertenti *se potessero parlare*.

1. In città si respirerebbe di più _____
2. Saremmo tutti più gentili _____
3. La televisione non sarebbe così nociva per i bambini _____
4. Ci sarebbe meno traffico _____
5. Non ti farebbe male la schiena _se ti avessi fossi stirato prima degli esercizi_
6. Nostra madre ci lascerebbe in pace _se le chiamassemo più spesso_
7. Gli invalidi uscirebbero di più _se fosse la trasportazione fosse facilitato per loro_
8. Sua nonna le telefonerebbe di più _se dimenticassebbe il suo numero di telefono_
9. Mi toglierei volentieri il cappotto _se non ci fosse pioggia_
10. Ti darei un bacio _se non avessi mangiato aglio prima_
11. Usciremmo da scuola molto prima _se non fosse per l'insegnante antipatico_
12. Spenderebbero anche dieci milioni al giorno _se lo gli avessi_

6 Ricordi il testo della "Pubblicità Progresso" alla pagina 61 del *Libro dello studente*? Leggilo di nuovo e rispondi alle domande.

1. Quanti sono i non vedenti a Roma?
2. Com'è per loro la vita a Roma?
3. In che senso una passeggiata può diventare un "percorso a ostacoli"?
4. Quante sono le regole da rispettare per facilitare l'autonomia dei non vedenti?
5. Cosa vuol dire "chi ha dieci decimi"?
6. Nella tua città la gente parcheggia mai sul marciapiede? Perché?
7. Perché chi possiede un cane dovrebbe portare con sé una paletta?
8. Nella tua città chi possiede un cane deve ripulire la strada?
9. Cosa significa "seguite il vostro buon senso"?
10. Cosa si vuole mostrare con le fotografie?
11. Cosa significa "prestate i vostri occhi, le vostre mani, la vostra voce alle associazioni dei non vedenti"?
12. Se sei stato/a a Roma: ti sembra che la situazione sia veramente così grave come appare dalle fotografie?
13. E nella tua città la situazione com'è? Pensi che gli invalidi abbiano una maggiore autonomia?
14. Il detto a cui si ispira lo slogan è "mettere i bastoni fra le ruote", cioè "ostacolare", "fare in modo che qualcosa venga effettuato con più difficoltà". Lo conoscevi? Se sì: in quale occasione lo hai incontrato?
15. Perché qui invece si parla di "ruote tra i bastoni"?

7 **a.** Trasforma le frasi seguendo il modello.

Se non ci sei tu, io mi sento a pezzi.
Se non ci fossi tu mi sentirei a pezzi.

1. Se non mi prendo le ferie almeno una volta all'anno, mi ammalo.
2. Se non piove spesso i raccolti vanno a male.
3. Se non risponde male è anche simpatica.
4. Se smetti di bere vino è anche meglio.
5. Se si rompe la centrale nucleare milioni di persone vengono messe in pericolo.
6. Se ingrasso ancora mi posso anche sentir male.
7. Se non andiamo alla festa i De Martino si arrabbiano.
8. Se non lavorate anche di sera non fate in tempo a consegnare il lavoro.
9. Se non arrivano in tempo mandano a monte tutto.
10. Se fumi davanti ai bambini mi arrabbio.

b. Che differenza c'è tra le coppie di frasi del punto a.? Scegline quattro e per ogni coppia scrivi due brevi dialoghi nei quali usi ognuna delle due frasi in un contesto, in modo che si capisca la differenza.

● *Ti dispiace se fumo?*
○ *Fai come ti pare. Sei libero di avvelenarti come e quanto vuoi. Però se fumi davanti ai bambini mi arrabbio.*

● *Mia moglie non mi lascia fumare. Dice che mi avveleno e che do il cattivo esempio ai bambini.*
○ *Io invece sono fortunato. Mia moglie non fuma, non le piace che io fumi, però non mi dice mai niente.*
□ *Certo, perché so che è inutile. Tanto tu fai sempre come ti pare. Però sai benissimo che se tu fumassi davanti ai bambini mi arrabbierei.*

c. Discuti con il tuo insegnante e i tuoi compagni gli esempi che avete preparato a casa.

8

Se una fata buona ti trasformasse in qualcosa o qualcuno che avresti sempre voluto essere, cosa faresti? Scrivi dieci frasi (anche scherzi o sorprese, ad amici, parenti, al capo ufficio, ecc.).

9

Se per un giorno cambiassi sesso... Scrivi, senza pensarci troppo, le prime cinque cose che faresti.

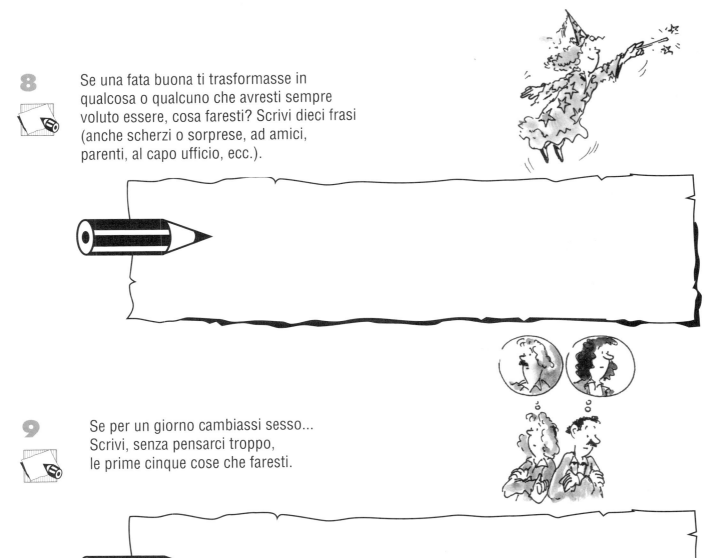

UNITÀ 7

10 Vuoi fare un viaggio nel 2361?
Leggi questo testo.

DALLA TERRA ALLA LUNA
INFORMAZIONI UTILI
PER LE PERSONE POCO INFORMATE
E PER GLI ABITANTI DI ALTRI TEMPI

Una volta che uno è sulla Luna, per tornare sulla Terra il viaggio è costosissimo e dura due settimane. Sebbene per la Terra partano tre voli al giorno, il viaggio va prenotato con quattro o cinque mesi di anticipo.

Un trasloco dalla Terra alla Luna o viceversa è estremamente costoso. Per questo è molto conveniente entrare in uno dei programmi di ripopolamento organizzati dalla Nasa.

Sulla Luna si trova di tutto, esattamente come sulla Terra. Però non ci sono i bazar d'antiquariato che ci sono sulla Terra e che sono gli unici posti dove si possono acquistare oggetti tradizionali come vestiti, utensili da cucina, mobili, ecc. Ormai sulla Luna tutti mangiano comode e gustosissime pillole vitaminizzate con sapore di verdura, frutta, carne, ecc. che hanno il vantaggio di mantenere sempre giovani, non provocano problemi di digestione, non fanno ingrassare e permettono ad ognuno di mantenere sempre il suo peso forma. I mobili sono stati sostituiti da confortevolissimi cuscinetti ad aria, i vestiti tradizionali da vestiti autoclimatizzanti che mantengono sempre una temperatura ideale per il corpo (freschi in estate e caldi in inverno) e che si adattano ai desideri espressi a voce da chi li indossa.

Si parla spesso di una possibile crisi energetica sulla Luna. Non si sa quanto ci sia di vero, tenuto conto del fatto che l'energia più utilizzata è l'energia autogenerata a partire dagli oggetti e dalle persone stesse che li usano. Questo tipo di energia difficilmente si esaurisce e non inquina. Tuttavia, tutti i maggiori specialisti mondiali annunciano una gravissima e imminente crisi energetica generale, dovuta a un'alterazione delle qualità dell'ossigeno artificiale propagato sulla Luna da delicatissimi diffusori. La mancanza di energia sulla Luna avrebbe gravi ripercussioni anche sulla Terra, su Marte, e su tutti gli altri pianeti abitati dall'uomo.

I lavoratori dei servizi aerospaziali minacciano continuamente di bloccare i collegamenti con la Luna se non miglioreranno le loro condizioni di lavoro. Essi infatti lavorano ben quattro ore al giorno, mentre i lavoratori di tutte le altre categorie, per legge, non possono assolutamente superare le due ore e mezzo al giorno. Il problema è che il governo della Comunità Federale dei Pianeti vuole mantenere molto ridotto il numero di persone qualificate nel settore dei trasporti spaziali per avere sempre un controllo su tutti i contatti tra pianeti, evitare il contrabbando, gli spostamenti massicci di popolazioni, ecc. Il presidente del Consiglio Federplanetario è molto poco disposto a negoziare coi lavoratori aerospaziali.

Sulla Luna tutto costa molto meno che sulla Terra. La moneta, il Sole, è la stessa che sulla Terra, mentre su Marte e sugli altri pianeti abitati dall'uomo vi è una moneta diversa.

Sulla Luna, a differenza della Terra, non esiste il problema dell'alloggio: è facilissimo trovare casa. Le case sono molto ben equipaggiate.

La vita sulla Luna è abbastanza piacevole. Tuttavia, quasi tutti dopo qualche anno sentono una terribile nostalgia e tornano sulla Terra. Si può combattere la nostalgia con delle vivocassette che permettono di entrare dentro le immagini, sentire i profumi, toccare le cose, parlare e interagire con i personaggi come nella realtà. La differenza rispetto alla realtà è che trattandosi di immagini registrate, si ripetono sempre le stesse e la fine è sempre la stessa. I personaggi delle vivoregistrazioni possono, sì, rispondere alle domande e interagire con chi guarda la vivocassetta, però solo entro certi limiti, perché, le loro azioni e lo svolgimento della storia non possono variare di molto. Le vivocassette si vedono con uno speciale apparecchio, il vivoregistratore, che proietta le immagini intorno a sé a 360°. Funziona con batterie molto particolari che ancora non si trovano facilmente sulla Luna.

A volte, anche se raramente, sulla Luna ci si ammala di lunite acuta, una strana malattia che, se non curata in tempo, trasforma progressivamente i soggetti colpiti in sassi. La malattia si manifesta con l'apparizione di piccoli crateri sulla pelle. La temperatura corporea si abbassa mentre i movimenti diventano sempre più difficili. L'unica cura consiste nel riempire tutti i crateri con sabbia di mare bagnata con latte di capra appena munto e bere due litri al giorno di spremuta di kiworo. Il kiworo è un frutto creato intorno al 2.250 partendo da un incrocio tra il kiwi e il pomodoro. Questo frutto sulla Luna non lo vuole vendere nessuno. Però ci si può portare una pianta dalla Terra. Le capre sulla Terra sono costosissime, ma si trovano abbastanza facilmente. Sulla Luna vivono benissimo, data l'enorme quantità di sassi che ci sono, ma nessuno è disposto a venderle. La sabbia marina di solito si trova anche sulla Luna, ma non si può mai essere sicuri.

Sulla Luna si trova lavoro molto facilmente. A volte, però, si hanno problemi linguistici per comunicare con gli altri. Sulla Terra tutti parlano tutte le lingue. Le imparano grazie a delle comode cure di iniezioni polivalenti all'età di due anni. Il problema è che a volte sulla Luna dopo qualche tempo si perde l'effetto delle iniezioni. In questo caso bisogna rifare una cura completa. Le iniezioni sono in vendita anche sulla Luna, ma costano molto di più.

Cos'è cambiato nel mondo rispetto ai giorni nostri? Fai un elenco.

11 Immaginiamo ancora di essere nel 2361. Tu hai vissuto per ben quindici anni sulla Luna. Ricevi questa lettera da una coppia di cari amici. Leggila attentamente.

Base 0001 Novamilano Alfa, 30 ottobre 2361

Caro/a _____ ,
come stai? Noi molto bene. Anzi, potremmo dire che non ci siamo mai sentiti meglio in tutta la nostra vita, anche se ci troviamo di fronte a un grande dilemma. Stiamo infatti per prendere una decisione che cambierà completamente la nostra esistenza, però non siamo ancora totalmente convinti ad andare fino in fondo. Non sappiamo se ultimamente hai letto sui giornali che la NASA sta per avviare un nuovo programma di ripopolamento della Luna, perché, a quanto pare, negli ultimi anni molta gente è tornata sulla Terra. Ma ci pensi? Appena letto l'articolo, abbiamo subito scritto per presentare la nostra candidatura e ora stiamo aspettando la risposta, ma siamo sicuri che verremo selezionati. Non sarebbe fantastico? Tra l'altro stiamo pensando alla possibilità di stabilirci definitivamente sulla Luna... Sai, era tanto che meditavamo di trasferirci, di cambiare vita... Qui è tutto così noioso! Certo abbiamo ancora molti dubbi, perché non sappiamo esattamente quali possano essere i vantaggi e gli inconvenienti di una tale decisione. Tu che ci hai vissuto così a lungo cosa ne pensi? Perché non ci scrivi e ci racconti di più sui tuoi quindici anni di vita là? Quali sono i pro e i contro? Abbiamo sentito dire che c'è una malattia terribile che può venire a chi sta sulla Luna: la lunite acuta. Cosa ne sai? È davvero così spaventosa? E per le lingue, è tutto come qui? Per favore, dicci tutto quello che sai.
L'altro grande problema che dovremo affrontare è decidere cosa portarci. Non vorremmo fare un trasloco con tutta la casa, perché crediamo che molte cose non ci serviranno. Si trovano le stesse pillole commestibili che abbiamo sulla Terra, o è meglio cercare in qualche antiquario o da qualche collezionista degli antichi utensili da cucina? E per i vestiti? Come è meglio fare? Si trovano facilmente anche lì le batterie per gli abiti autoriscaldanti o è preferibile portarsi vestiti e maglioni tradizionali? Tu cosa ti porteresti? Dacci dei consigli, tu che sei sempre così alla moda.

Un bacio.
Caril e Ludna

Ora rispondi ai tuoi amici. Ma attenzione: per consigliarli bene, ricordati di considerare tutte le eventualità, anche quelle che ti sembrano più remote: se ci fosse davvero la crisi energetica di cui tutti parlano, se si ammalassero di lunite acuta, se decidessero di tornare sulla Terra, se gli venisse un attacco di nostalgia, ecc.

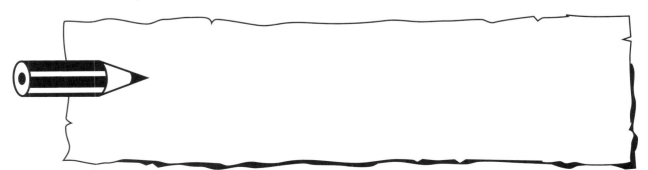

UNITÀ 7

12 Ti immagini se tutto questo fosse vero? Pensa alle conseguenze che avrebbe sulla vita di ogni giorno: come sarebbe la nostra esistenza? Cerca di immaginare i vantaggi e gli inconvenienti di un mondo così. Scrivi tutte le frasi che ti vengono in mente.

Se davvero i vestiti servissero per riscaldarsi o rinfrescarsi a seconda della stagione, non avremmo più bisogno di riscaldamento né di aria condizionata, e potremmo persino dormire all'aria aperta.

Se la gente non invecchiasse più...

Se le lingue si imparassero facendo una cura di iniezioni...

13 Se inventassero la macchina del tempo, in quale epoca del passato o del futuro ti piacerebbe andare? Cosa faresti? Scrivi delle frasi o dei brevi testi.

Se davvero esistesse la macchina del tempo e potessi tornare indietro vorrei andare agli inizi di questo secolo per cercare di cambiare il corso della Storia. Andrei a parlare con i governanti, gli spiegherei quello che è successo...

Se potessi tornare all'epoca dei Romani, mi piacerebbe...

Vorrei tornare al Rinascimento per conoscere personalmente...

14 E se tu fossi un abitante della Terra nell'anno 2361 e potessi tornare al 1994, cosa faresti? Scrivi delle frasi.

 Se fossi un abitante del 2361 e potessi tornare al 1994 comincerei subito a fare ricerca per inventare i vestiti autoclimatizzanti. Sono così comodi! E non c'è bisogno né di stirarli né di lavarli perché si puliscono da soli.
Poi andrei a parlare con i governanti per dirgli...

15 Ricordi il punto 15 del *Libro dello studente*? Pensa a tre compagni di corso le cui risposte ti hanno colpito molto e scrivi un breve testo.

Se Jannick per arrivare in un posto dovesse scegliere tra fare cinque chilometri a piedi oppure attraversare una gola profonda appeso a una corda, preferirebbe fare cinque chilometri a piedi.
Elisabeth, invece, ...

16 Ricordi il punto 16 del *Libro dello studente*? Scrivi il nome di un personaggio famoso e poi scrivi delle frasi seguendo il modello.

 Se fosse un animale prestorico sarebbe un brontosauro.
Se fosse un fiore sarebbe il fiore di una pianta carnivora.

17   Leggi di nuovo il testo di Giovanni Papini a pagina 66 del *Libro dello studente*.

   a. Fanne un breve riassunto

b. Il testo è composto da cinque parti chiaramente identificabili: individua esattamente dove inizia e dove finisce ognuna di queste parti. Poi riassumi in poche parole il contenuto di ognuna di esse.

introduzione
i processi attuali
come comportarsi con i colpevoli
processi agli innocenti
conclusione

c. Cerca nel testo tutte le parole che si riferiscono a professioni.

d. Cerca nel testo tutte le parole o espressioni che servono per:

> descrivere fisicamente una persona
> descrivere moralmente una persona
> esprimere un parere su un concetto o un'idea

 Ce ne sono molte che non capisci? Per ognuna scrivi una breve spiegazione di quel che immagini che possa voler dire. Se per qualche parola non hai proprio nessuna idea, cerca almeno di scrivere quando si usa, per parlare di cosa, se si tratta di una parola con connotazioni che ti sembrano positive o negative, ecc. Scrivi tutte le tue sensazioni. Aiutati con il contesto.

Poi controlla quello che hai scritto con l'aiuto di un dizionario. Avevi indovinato molte definizioni?

 e. Ora ascolta lo stesso testo. Lo capisci bene? Ascoltalo diverse volte, aiutandoti con il testo, finché lo riesci a seguire bene senza guardare il testo.

 18
 Come sarebbe il mondo se venisse adottato il sistema proposto dall'avvocato Francis Malgaz? Cerca di immaginarne le conseguenze. Scrivi delle frasi.

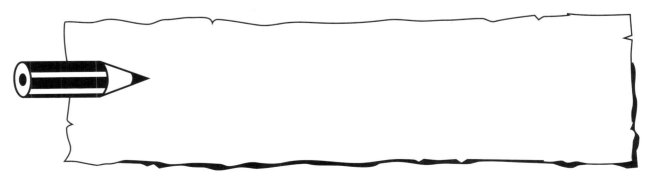

E come vi siete conosciuti?

1 Fai abitualmente qualcuna di queste cose? Quando hai cominciato? E se hai smesso di farle, quando è successo? Scrivi più frasi che puoi utilizzando le espressioni che hai visto a pagina 68 del *Libro dello studente*.

usare il computer
studiare
andare in bicicletta
suonare uno strumento
fare uno sport
frequentare un'associazione/un circolo/...
bere alcolici

passare le vacanze all'estero/al mare/...
lavorare
fare una dieta
guidare la macchina
fumare
studiare una o più lingue straniere
avere un hobby

 Non ho mai fumato.
Ho cominciato a usare il computer nel 1988, quando mi sono laureato.

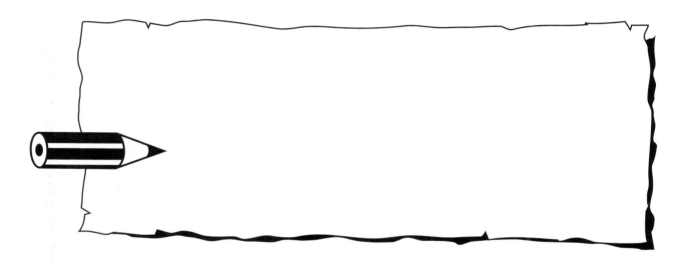

2 Ora pensa a dieci cose che stai facendo attualmente. Poi, utilizzando le espressioni che hai visto a pagina 69 del *Libro dello studente*, scrivi delle domande e risposte. Prova a rispondere in due modi a ogni domanda: a) riferendoti al periodo trascorso; b) riferendoti a un momento del passato.

 ● **È da molto che lavori a Bologna?**

a) ○ **Sono quasi tre anni.**
b) ○ **Da quando sono venuto in Italia.**

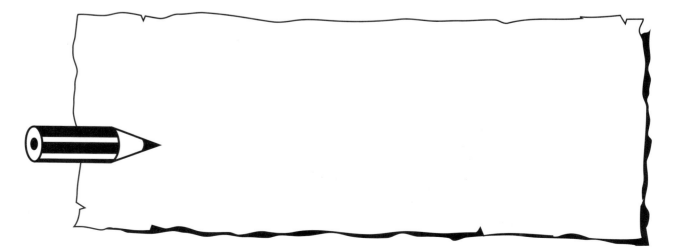

3 Copia questa lettera, completandola con la punteggiatura e le maiuscole (puoi usare anche le parentesi). Ovviamente, *non c'è un solo modo* di usare la punteggiatura: molto dipende dal tipo di testo, dallo stile che gli si vuol dare, dalle abitudini e dai gusti personali. In classe, confronta la tua versione con quella dei tuoi compagni e discutete le vostre scelte.

caro matteo
come stai noi qui più o meno tutti bene anche se io veramente sono stata a letto tutta la settimana con l'influenza credo di averla presa al matrimonio di cristina sabato scorso grande giornata nonostante qualche piccolo incidente di percorso prima di tutto devo dire che la chiesa che hanno scelto san gregorio al celio era proprio bella la sposa è arrivata con la mezz'ora di ritardo regolamentare noi eravamo tutti lì già da un pezzo mancavi solo tu giustificato e il testimone dello sposo e nessuno sapeva che fine avesse fatto attimo di panico perché queste chiese in primavera sono una specie di catena di montaggio di matrimoni e dopo quello di cristina e francesco ce n'erano altri due per cui non si poteva aspettare dopo un breve consiglio di guerra si è pertanto deciso che il testimone sarebbe stato andrea durante la cerimonia il fotografo dopo averci torturato con luci e flash è inciampato in un filo elettrico scatenando una risata generale quando siamo usciti pioveva sposa bagnata sposa fortunata dirai tu ma cristina non sembrava apprezzare troppo la sorpresa anche perché fino a un'ora prima non si vedeva una nuvola sorvolo sulla traversata di roma a mezzogiorno per raggiungere il ristorante con simona che affermava di conoscere una scorciatoia segreta e invece ci siamo persi in un ingorgo apocalittico il resto della giornata è andato meglio aperitivi nel giardino del ristorante intanto era di nuovo uscito il sole pranzo con taglio della torta e distribuzione finale di confetti e bomboniere tutto secondo copione alle cinque e mezzo eravamo fuori per il momento non ho molto altro da raccontarti spero di ricevere presto tue notizie quando pensi di farti rivedere da queste parti un abbraccio
martina

4 Scegli una di queste situazioni e scrivi un breve testo in cui racconti...

il giorno più bello della tua vita
come hai conosciuto il compagno o la compagna della tua vita
un giorno in cui ti è andato tutto storto
il giorno del tuo matrimonio
un giorno in cui ti è capitata una cosa straordinaria
il giorno in cui hai mangiato il miglior pasto della tua vita
un avvenimento che ha cambiato il corso della tua vita
un giorno in cui hai avuto paura di morire
l'esame più difficile che hai fatto
una strana coincidenza

UNITÀ 8

5

Leggi questo articolo e completalo utilizzando le due liste. Gli spazi vuoti contrassegnati dalla sottolineatura corrispondono alla lista dei verbi da coniugare, quelli contrassegnati dai puntini agli elementi organizzatori del discorso. Se non riesce a terminare l'attività da solo, riprovaci in classe con uno o due tuoi compagni.

Lanciato l'allarme, la signora è stata rintracciata dai Carabinieri nell'area di servizio

Moglie dimenticata all'autogrill

Il marito ha guidato per ore: se ne è accorto solo arrivando a casa

CANTU' (Como) - Contro-esodo beffa per una giovane moglie di Cantù, «dimenticata» alla stazione di servizio, in autostrada, dal marito. L'uomo _____ della sua assenza solo una volta giunto a casa, cinquecento chilometri dopo, ovvero sette ore più tardi. Sette ore interminabili per la donna che lo _____ invano all'autogrill. Lui non _____, nemmeno dopo essersi accorto della «dimenticanza». A darle un passaggio fino alla stazione ferroviaria più vicina _____ gli agenti della polizia stradale. .... il lunghissimo viaggio della giovane canturina è proseguito in treno, fino alla cittadina a sud di Como.

La giovane coppia, 30 anni lui, 24 lei, originaria della Campania ma residente a Cantù, domenica pomeriggio stava _____ dalle vacanze. Un lungo viaggio, dalla costiera campana fino al profondo nord della Brianza, sull'auto carica di pacchi e valige. La tappa all'area di servizio Flaminia Est, a 40 chilometri dalla capitale, _____ proprio. _____ le quattro del pomeriggio, l'autostrada un inferno, l'afa insopportabile. .... lo sposo distratto _____ di inserire nella tabella di marcia la sosta all'autogrill.

.... ferma l'auto alla stazione di servizio Flaminia Est la sua giovane sposa _____ _____ sonni tranquilli sul sedile posteriore, fra pacchi e sacchetti. Lui, con grande riguardo, senza svegliarla, _____ il pieno di benzina, poi _____ l'auto nella zona riservata ai viaggiatori in sosta e _____ dritto al bar dell'autogrill: un caffè e un panino, ... di proseguire il lungo viaggio fino a Cantù.

.... l'ignara sposina _____. .... l'irreparabile succede in pochi attimi: il tempo di _____ le gambe e .... la donna fa ritorno verso l'auto la _____ allontanarsi, piano piano, e immettersi nuovamente sull'autostrada. Il risveglio .... diventa brusco. La giovane corre, _____, si sbraccia, _____ il marito fino all'uscita dell'autogrill, _____

di coinvolgere altri automobilisti. .... lui niente, non _____ nemmeno. si fermerà solo a Cantù.

Lei .... si siede e _____ fiduciosa: prima o poi se ne accorgerà. O no? No. Non _____, evidentemente non le _____ la parola sino a Cantù, ... forse _____ che lei _____. Secondo quanto il marito _____ ai carabinieri della cittadina comasca, _____ dell'assenza della moglie solo arrivato davanti a casa, quando _____ il momento di _____ i bagagli dall'auto.

La devota donna lo attende .... davanti al bar, convinta che lui, una volta accortosi della sua assenza, sarebbe tornato a prenderla. Sei ore di attesa. .... cala il buio. .... arriva un uomo a prenderla, ... non _____ il marito, _____ un agente della polizia stradale, allertata dai carabinieri di Cantù ai quali lui si era rivolto per _____ la scomparsa, ... la dimenticanza, della moglie.

L'_____ nell'arco di mezz'ora. Le indicazioni dell'uomo, del resto, _____ incredibili .... precise: «_____ di averla lasciata - _____ ai militari del comando di Cantù - alla stazione di servizio, dopo Roma». Una vicenda misteriosa, del resto non si conosce la versione della donna, che _____ non commentare il fatto. Solo lei, forse, _____ perché è stata piantata in asso.

Nel caos del primo contro-esodo gli agenti della Polstrada di Roma Nord la _____ a una pattuglia in ausilio di Civita Castellana, che l'accompagna fino alla stazione ferroviaria di Orte. «L'abbiamo messa sul primo treno per Milano, quello delle 23.10, ... _____ per Cantù - hanno detto alla polizia ferroviaria - .... l'abbiamo fatta viaggiare gratis, le spese di trasporto _____ a casa». Che il conto, almeno, lo _____ lui.

Federica Cavadini

accorgersene	decidere	preferire	svegliarsi
accorgersi (2)	denunciare	proseguire	tornare
affidare	dire (2)	raccontare	urlare
andare	dormire (2)	rientrare	vedere
arrivare	essere (6)	rintracciare	volerci
aspettare	inseguire	rivolgere	voltarsi
attendere	pagare	sapere	
cercare	parcheggiare	scaricare	
credere	pensare	sgranchirsi	

ma (5)	e	nel frattempo (2)	così	poi (3)	quando (2)
intanto (2)	allora	invece	o	prima	cioè

6 Scrivi in lettere i corrispondenti cardinali e ordinali.

19	*diciannove*	*diciannovesimo*
3		
10		
75		
8		
2		
198		
1000		
500		
1		
9		
100		
5		
7		
13		
41		
4		
11		
16		
6		

UNITÀ 8

7 Leggi questo articolo e completa la classifica con i nomi delle città mancanti.

COME SI VIVE NELLE CITTA' ITALIANE. LA MAPPA TRACCIATA DAL SOLE 24 ORE

La classifica del benessere

Aosta prima, Benevento ultima, Milano solo ventesima

MILANO. Ecco i paradisi italiani: prima nella graduatoria del benessere Aosta, seconda Parma, terza Piacenza. Ecco gli inferni della penisola: ultima nella classifica del buon vivere la regione Campania con fanalino di coda Benevento, penultima Salerno, Napoli al novantesimo posto tra le province dello Stivale.

Nell'annuale classifica della qualità della vita, stilata da *Il Sole 24 ore*, la quieta provincia valdostana sorpassa Parma la ricca, incoronata nel '92. Aosta detiene il primato dell'assenza di rapine in banca, del minore tasso di mortalità infantile, delle scuole meno affollate, del numero di librerie (16 ogni centomila abitanti). È al settimo posto nazionale per affari e lavoro, è in ottima posizione per il reddito pro capite (oltre 29 milioni) e i depositi bancari (più di 21 milioni). I centralinisti rispondono, i commercianti sono educati, i servizi pubblici tutto sommato funzionano, l'aria è respirabile, il paesaggio spettacolare. Nonostante alcune insufficienze (inflazione elevata, 38 separazioni ogni diecimila famiglie, poche opportunità per il tempo libero), Aosta porta via il primato a Parma. La provincia emiliana precipita dall'ottavo al 29esimo posto negli affari e nel lavoro, e scivola dalla 23esima alla 34esima posizione per quanto riguarda l'ordine pubblico. Sta di fatto, Val D'Aosta ed Emilia Romagna sono le regioni vincenti; sta di fatto, si vive meglio nelle province medio-piccole che in quelle grandi attorno a un capoluogo-metropoli. Bisogna scendere al ventesimo gradino della scala nazionale per trovare Milano, la città più cara d'Italia per chi cerca casa, la città dove le strade devono sopportare un carico di 636,9 automezzi al chilometro (contro, ad esempio, i 30,9 veicoli di Rieti). Nelle province medio-piccole la burocrazia è più snella, il traffico sopportabile, la criminalità poca. In quelle grandi le amministrazioni pubbliche diventano labirinti, il traffico è un'ossessione, la criminalità una minaccia quotidiana. A Piacenza una lettera viene recapitata al tempo record di un giorno e mezzo; i cittadini di Firenze devono aspettarne cinque e mezzo, di giorni. Ogni anno, a Belluno vengono rubate 38 automobili ogni centomila abitanti; a Catania 1.408 macchine ogni cento-

mila catanesi. Insomma, si vive meglio in province con una popolazione media di 311mila abitanti e in capoluoghi che non vanno oltre i 60mila abitanti. L'unica grande provincia a posizionarsi tra le prime dieci è Bologna, all'ottavo posto. E d'altronde l'Emilia Romagna resta la solita isola felice. Se Parma scende, sale Piacenza, che rimonta dal 23esimo posto dello scorso anno al terzo di quest'anno. Reggio Emilia si piazza al sesto posto, nel '92 era solo al sedicesimo, Bologna era in undicesima posizione prima di attestarsi all'ottava, e Modena guadagna un punticino, passando dal 14esimo al 13esimo posto. A Reggio Emilia solo il 3 per cento degli abitanti resta iscritto alle liste di col-

locamento. Parma, nonostante abbia lasciato la prima posizione, risale dal 23esimo all'11esimo posto per quel che riguarda il tenore di vita. Bologna è seconda in Italia per vitalità (spesa pro capite per assistere a spettacoli sportivi, cinematografici, musicali, numero di associazioni culturali, palestre e librerie), seguita da Parma (terza) e Forlì (sesta). Nella classifica regionale, a Valle D'Aosta ed Emilia Romagna seguono Trentino Alto Adige e Toscana. In fondo si colloca la Campania, ma non si sta molto meglio in Calabria e Puglia.

In classifica l'arretramento più clamoroso è quello di Viterbo. In un anno la provincia è riuscita a scendere dall'ottavo al 77esimo gradino.

LA HIT-PARADE DEL VIVERE BENE

Punteggio medio riportato da ciascuna provincia

Province	Punti				
1		30 Vicenza	451	63 Venezia	413
2		Firenze	451	64 Frosinone	412
3		32 Lucca	450	Varese	412
4 Gorizia	498	33 Roma	449	66 Bergamo	411
5 Belluno	494	34 Pescara	448	67 Udine	410
6		Savona	448	Treviso	410
7 Siena	487	36 Ferrara	447	69 Campobasso	407
8		Pisa	447	70 Agrigento	406
9 Isernia	481	La Spezia	447	Foggia	406
10 Arezzo	479	39 Alessandria	445	Matera	406
11 Vercelli	476	Ravenna	445	73 Oristano	403
12 Grosseto	474	41 Rovigo	441	74 Cagliari	402
13		Pesaro-Urbino	441	75 Trapani	399
14 Macerata	471	43 Cremona	440	76 Brindisi	396
Trieste	471	44 Novara	439	77	
Asti	471	45 Pavia	438	78 Caserta	393
Cuneo	471	Massa Carrara	438	79 Siracusa	387
18 Rieti	466	47 Perugia	437	80 Taranto	386
Bolzano	466	Pordenone	437	Cosenza	386
20		49 Torino	436	82 Catanzaro	385
21 Pistoia	462	Padova	436	83 Sassari	384
22 Verona	460	Mantova	436	Caltanisetta	384
23 Genova	458	52 L'Aquila	435	85 Avellino	381
24 Forlì	456	53 Teramo	431	86 Palermo	376
Trento	456	54 Terni	430	87 Latina	375
26 Ancona	455	55 Como	428	88 Bari	372
Ascoli Piceno	455	56 Brescia	426	89 Reggio Calabria	368
28 Sondrio	453	57 Nuoro	424	90	
29 Livorno	452	58 Chieti	422	91 Catania	365
		59 Imperia	421	92 Lecce	361
		Ragusa	421	93 Messina	359
		61 Potenza	42	94	
		Enna	420	95	

8 Ascolta cos'è successo a Laura e rispondi alle domande.

Cosa doveva fare Laura venerdì?
Qual era il problema della casa?
Che cosa temeva Laura?
Che cosa aveva fatto il proprietario con i soldi della caparra?
Cosa ha consigliato l'avvocato a Laura?
Come ha reagito il proprietario?
Qual era alla fine della vicenda lo stato d'animo di Laura?

9 Ora immagina di essere tu Laura, la protagonista dell'episodio del punto precedente. Scrivi una lettera a chi vuoi, raccontandogli anche quello che ti è successo.

10 Completa i dialoghi con **che** o *preposizione* + **cui**.

1.
● Ti ricordi Claudia, quella ragazza _____di cui_____ ti ho parlato ieri?
○ Claudia chi?
● Ma sì, quella bionda, _____che_____ ha accompagnato Riccardo alla festa.
○ Ah, sì, come no... Perché?
● Stamattina l'ho incontrata dal giornalaio, abita proprio qui vicino.

2.
● Che te ne pare di quel tipo _____che_____ ha cominciato a uscire con Ornella?
○ Mah, a dire la verità non mi sembra un granché... Era meglio Sergio.

3.
● Alla cena ieri c'era un sacco di gente _____che_____ non vedevo da un secolo. Pensa che ho incontrato anche Enrico e la moglie.
○ Ma va? E come stanno?
● Bene, anche se lo studio _____in cui_____ lavora Enrico sta chiudendo.

4.
● Sai quel medico _____che_____ mi ha consigliato tua madre?
○ Beh? Cosa?
● Per una visita _____che_____ non mi ha nemmeno fatto, perché mi ha dato un'occhiata e via, mi ha chiesto trecentomila lire.
○ Strano, da come ne parla lei, sembrava uno _____di cui_____ potersi veramente fidare.

5.
● E queste pasticche?
○ Niente, quelle devi prenderle solo nel caso _____che_____ ti ritorni la bronchite.
● E non c'è niente _____che_____ posso prendere contro le vertigini?
○ Ma piantala!

6.
● Ecco, questo è il libro _____da cui_____ ho preparato l'esame.
○ Ah... Me lo puoi prestare?
● Sì, certo, figurati.

7.
● E com'è la casa _____in cui_____ abitate adesso?
○ Carina, abbastanza grande... C'è persino una finestra _____da cui_____ si vede San Pietro.

11 Utilizza le coppie di frasi per formarne una sola usando **che** o **cui**.

Avete comprato una radio./La radio non funziona bene.

La radio che avete comprato non funziona bene.
Avete comprato una radio che non funziona bene.

1. Ieri ti ho parlato di una ragazza./Oggi ho rivisto la ragazza.
2. Mi avete regalato un libro./Ho già finito di leggere il libro.
3. Ti lascio il nome di un'amica./A questa amica potete chiedere informazioni.
4. Ci ha incontrato con un uomo./L'uomo è mio zio.
5. Mi hai scritto una lettera./La lettera è divertentissima.
6. Ti ho chiamato per una ragione./La ragione è molto semplice.
7. Ho conosciuto un architetto./L'architetto lavora con Dario.
8. Ho fiducia in alcune persone./Queste persone non devono spiegarmi niente.
9. Ti riferisci a un fatto./Il fatto è successo dieci anni fa.
10. Questa citazione è tratta da un romanzo./Il romanzo è stato scritto nel 1933.
11. Mi hanno descritto una situazione./La situazione è preoccupante.
12. Domani vedo degli amici./Con questi amici dovrei partire.

12 Scrivi un breve testo in cui racconti quello che hai fatto oggi, o ieri, o domenica scorsa...
Ricordati che per esprimere una sequenza puoi usare:

prima... poi... e poi...
prima di... dopo...
precedentemente... successivamente...
in seguito... infine...

13 Ascolta le biografie
di Pier Paolo Pasolini
e Indro Montanelli,
e completa le schede.

Pier Paolo Pasolini

1922 Nasce a Bologna
1942 ...
...

Indro Montanelli

1909 Nasce a Fucecchio
1926 ...
...

14 Fai una piccola ricerca su un personaggio famoso a tua scelta,
e scrivi un breve testo che ne racconti la vita.
Ricordati di usare le espressioni che hai visto nel *Libro dello studente*.

15 Completa i brani usando il *passato remoto* dei verbi tra parentesi.

Il babbo (**arrivare**) _____ improvvisamente un pomeriggio. Si (**udire**) _____
bussare alla porta, corsi ad aprire, ed era il babbo; subito lo riconobbi per quanto apparisse mutato.
(Vasco Pratolini, *Via de' magazzini*)

(**partire**) _____ un sabato mattina (alla sera il bambino aveva qualche linea di febbre e
al mattino (**svegliarsi**) _____ alle cinque) e (**arrivare**) _____ con
l'auto fino all'aeroporto di Venezia dove li aspettava un motoscafo.
(Goffredo Parise, *Bambino*)

Dopo che le guardie (**avere**) _____ sistemato ogni cosa secondo le consuetudini del
cerimoniale, il frate con un cenno (**fare**) _____ attaccare il coro del capitolo che
(**intonare**) _____: "Gloria per il mondo intero al Signore degli umili", e, afferrato con la
mano destra il crocefisso d'argento che gli pendeva sulla coscia, si mosse in direzione del palco.
(Renzo Rosso, *A Cuerta, A.D. 158...*)

Il rancio (**essere**) _____ verso le cinque. Era arrivato anche un manipolo di Giovani
Fascisti marinai di ***, un branco di spilungoni, che noi (**guardare**) _____ come
intrusi. Con loro era venuto il Federale, e Bizantini (**presentare**) _____ la forza. Il

Federale ci (**chiedere**) _____ chiese _____ se il rancio era stato sufficiente, e ci (**annunziare**) _____ che avremmo passato lì la notte. A me prese una forte malinconia; tra i miei compagni (**levarsi**) _____ si levarono _____ voci d'entusiasmo.
(Italo Calvino, *Gli avanguardisti a Mentone*)

C'era una vecchia seduta accanto a una pietra, all'angolo della via, e (**fermarsi/io**) _____ mi fermai _____ a domandarle che stessero facendo tutte quelle persone. (**alzare**) _____ alzò _____ il viso butterato dal vaiuolo, chiuso in un gran fazzoletto nero, (**guardare**) _____ guardò _____ anche lei a quella lontana striscia di sole, in mezzo a Forcella, dove si gonfiava, come una serpe, tanta folla, e ne veniva quell'alterno doloroso ronzio. «*Niente stanno facenno, signò,*» (**dire**) _____ disse _____ calma, «*vuie sunnate.*»
(Anna Maria Ortese, *Oro a Forcella*)

In quel punto l'uscio di travi (**essere**) _____ fu _____ spinto dall'esterno, e per il vano (**entrare**) _____ entrò _____ un fascio di luce bianca. (**drizzarsi/io**) _____ mi drizzai _____ sul letto, temendo una visita dei tedeschi; ma ecco affacciarsi la grande, cenciosa persona di un soldato del nostro esercito. Sebbene stinta dalle intemperie, e coperta di fango, l'uniforme era tuttavia riconoscibile. «Un soldato!», (**esclamare/io**) _____ esclamai _____, «non entrare, qui siamo tutte donne.» Ma egli (**rispondere**) _____ rispose _____ che voleva soltanto ripararsi un poco, e (**avanzare**) _____ avanzò _____ nella capanna.
(Elsa Morante, *Il soldato siciliano*)

16 Leggi l'inizio del racconto di Giuseppe Pontiggia *Lettore di casa editrice* e completalo usando i verbi della lista.

Una mattina buia di novembre un uomo _____ da un palazzo quadrangolare e si diresse alla stazione della metropolitana. _____ un cappotto grigio e un cappello a tese larghe. _____ occhiali scuri e _____ con la destra una piccola valigia nera.

L'uomo _____ alla superficie in una piazza circondata da grattacieli e da una chiesa bassa. _____ un viale dove la prospettiva si dissolveva in una nebbia gialla. _____ su un marciapiede invaso dai cofani luccicanti delle automobili, finché _____ la soglia di un palazzo.

La cabina dell'ascensore _____ appena la _____ con il piede. La porta _____ al quinto piano. "Avanti" _____ scritto sopra una targa dorata. L'uomo _____ qualche passo in una anticamera silenziosa.

«L'editore la _____ aspettando nel suo ufficio» gli _____ la segretaria affacciandosi a una porta.

«Eccole i manoscritti da leggere» gli _____ l'editore.

_____ collocati con cura uno sopra l'altro.

«_____ romanzi di autori sconosciuti» _____. «Io _____ che un'occhiata potrà bastarle. Li porti a casa solo se la interessano.»

_____ in mezzo ai libri di una stanza: libri sul tavolo, libri negli scaffali, libri accatastati lungo le pareti, libri allineati e sporchi, libri sul calorifero e in un angolo, libri sparsi sul davanzale.

_____ i manoscritti sul tavolo. Sedendosi, _____ davanti a sé una penna, una gomma e un blocco di fogli bianchi patinati. Poi prese il primo manoscritto, estraendolo da una custodia di colore rosso. _____ i fogli sciolti. _____ a leggere.

aprirsi	posare	indossare	varcare	stare
credere	imboccare	portare	toccare	camminare
allineare	continuare	uscire	aggiustare	sbucare
essere (3)	cominciare	dire (2)	reggere	illuminarsi
fare	avanzare			

Pensavo che fossi partito

1 Ricordi le supposizioni che hai fatto insieme ai tuoi compagni al punto 1 del *Libro dello studente*? Scegline tre che ti sono sembrate particolarmente interessanti e scrivile usando il *presente*.

> *Secondo Geneviève il numero 17 serve a mettere dei fogli e Rupert è d'accordo con lei. Paco invece non è d'accordo perché non si spiega a cosa servirebbe quel pezzo che si vede.*

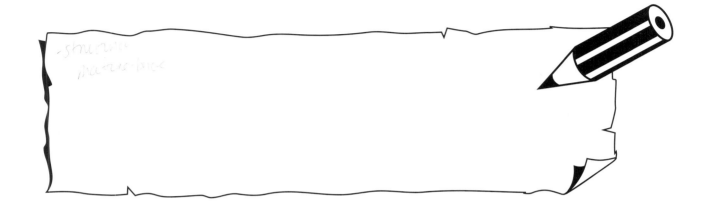

2 Di che colore sono queste cose? Scrivi tutte le possibilità vicino ad ogni nome. Cerca di essere il più preciso possibile.

mele
pere
arance
kiwi
cipolle
aglio
peperoni
uva
vino
fiori

mare
cielo
luna
sole
sabbia
cavalli
zebre
tigri
leopardi
gatti

3 Come sono di solito queste cose e questi animali? Per ognuno, fanne una descrizione più esatta possibile. Specifica la forma, il colore, le diverse parti che li compongono, la consistenza, le sensazioni al tatto, l'odore, i rumori che fanno, dì a cosa somigliano, ecc.

piramidi	ananas	pallina da ping-pong	puzzola
cono gelato	cachi	rose	libro
diversi tipi di vetro	uova	coniglio	dado da gioco
banane	pallone da calcio	scoiattolo	ascensore

4   Completa i dialoghi. Sei sempre d'accordo con il tuo interlocutore.

1. ● Ma cos'è questa cosa?
   ○ Mah... forse è una di quelle radio per le stazioni straniere.
   ● _____

2. ● Sai mica a cosa serve questo?
   ○ Non ne ho idea.
   ● _____

3. ● Hai visto che strano?
   ○ Sì. Probabilmente è una poltrona di queste moderne. Solo che è bella ma inutile.
   ● _____

4. ● Secondo me questi sono occhiali telescopici.
   ○ _____

5. ● Guarda! Ma a che servirà?
   ○ Io credo che serve per le piante.
   ● No, sono sicuro di no.
   ■ _____

5   Rispondi esprimendo il tuo disaccordo esplicitamente.

1. ● Probabilmente è una lampada.
   ○ _____

2. ● Sono sicura che è un telefono.
   ○ _____

3. ● È un portagioie. Ne sono sicura.
   ○ _____

4. ● Probabilmente sono delle forbici.
   ○ _____

5. ● Forse è un cappellino da signora.
   ○ _____

6   Rispondi ancora alle stesse affermazioni del punto 5, questa volta esprimendo il tuo disaccordo rispettosamente.

7 Scrivi dei dialoghi tra due o più persone partendo da questi oggetti. Ricordati di usare tutti gli elementi e le strategie presentate al punto 1 del *Libro dello studente*.

8 Riscrivi i dialoghi dell'attività precedente cambiando il registro:
se gli interlocutori si davano del *tu*
ora si danno del *lei* e viceversa.

9 Rispondi formulando delle ipotesi con **forse**.

● **Hai visto Andrea? Non doveva venire? Come mai non è ancora qui?**
○ **(Non poter venire)** *Forse non può venire.*

1. ● Come mai Lucia non è ancora arrivata?
   ○ (trovare traffico) _____

2. ● Come mai si è spento il fuoco?
   ○ (finire il gas) _____

3. ● È finito il vino.
   ○ Non può essere. Stamattina ce n'era almeno un litro.
   ● (berlo Giacomo e i suoi amici) _____

4. ● Che fate quest'estate?

   ○ (andare in montagna) _____

5. ● Cos'ha Lino? Hai visto che faccia?
   ○ (dormire poco) _____

6. ● Ci sono compiti particolari per la prossima lezione d'italiano?
   ○ No, niente di speciale. Dobbiamo solo rivedere tutto quello che abbiamo fatto. (la prossima volta esserci un compito in classe)

10 Riscrivi le risposte dell'esercizio precedente usando **probabilmente**.

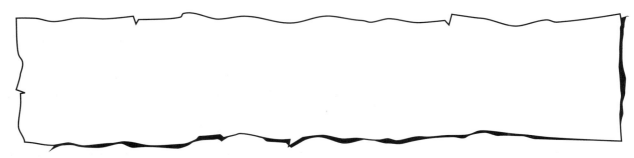

11 Scrivi i dialoghi seguendo il modello.

penna ultramoderna/termometro

● *Hai visto che bella penna?*
○ *Ma dici che è una penna? Secondo me è un termometro.*
● *No, no, è una penna ultramoderna, ne sono sicuro. L'ho letto sulla scatola.*

1. orologio antico/bussola
2. televisore in miniatura/macchina fotografica
3. vestito molto corto/maglietta

4. agendina elettronica/calcolatrice
5. macchina da scrivere modernissima/computer
6. coppette da gelato/tazze

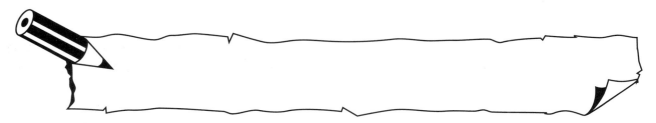

12 Scrivi i dialoghi seguendo il modello.

Andrea/distratto/avere molti problemi

● *Secondo me Andrea è la persona più distratta del mondo.*
○ *No, non sono d'accordo. Per me ha solo molti problemi.*

1. Gianna/simpatica/dire di sì a tutti
2. Gianluca/lento/fare tutto con molta cura
3. Nicola/goloso/stare male e avere bisogno di mangiare zuccheri
4. Giulia/presuntuosa/insicura

13 Scrivi i dialoghi seguendo il modello.

Simona/arrabbiata/stanca

● *Hai visto com'era arrabbiata Simona?*
○ *Arrabbiata dici? Secondo me era solo stanca.*

1. Pierluigi/allegro/contento perché gli è andato bene l'esame
2. Francesca/stanca/triste perché l'ha lasciata il ragazzo
3. Ambra/antipatica/arrabbiata per colpa di Luigi
4. Umberta/depressa/far male la gamba

14 Leggi questa lettera.

Cara Simona,
come stai? Spero bene. A me qui a Bucarest sta succedendo
qualcosa di meraviglioso che non vedo l'ora di raccontarti. A volte mi
chiedo "sarà vero?" e mi do dei pizzicotti per vedere se
per caso non sto sognando.
Mi sono innamorata! È incredibile, no? E non è tutto: è possibile
che vada a vivere con lui, ma di questo non sono ancora sicura, penso
che per ora sia un po' prematuro. Lui si chiama Andrej. È rumeno ed
è bellissimo. Ha due occhi celesti che mi fanno impazzire e poi è
altissimo, deve essere perlomeno un metro e novanta. L'italiano lo
parla molto bene. Credo che l'abbia studiato per parecchi anni anche
se ora mi sembra che non lo studi più. Pensa che quando camminiamo
per strada almeno una ragazza su due si gira a guardarlo!
Cos'altro ti posso raccontare di lui? È fantastico! Non vedo l'ora di
presentartelo: è probabile che veniamo per Natale. Immagino che
tu stia a casa per via del lavoro.

Un abbraccio
Federica

p.s. Ti piacerà.

a. Federica fa quattro supposizioni: considera una cosa possibile, due probabili e una come molto probabile. Trascrivile e per ognuna specifica se secondo te Federica la considera probabile, possibile o molto probabile.

b. Ora Simona scrive a un amico. Gli racconta cosa ha saputo di Federica, ma siccome la conosce da tanti anni e sa che tende a esagerare, interpreta un po' le sue parole. Completa la lettera.

Caro Giorgio,
ho una notizia da darti: Federica ha un nuovo fidanzato! Bello, no? Ho
appena ricevuto una sua lettera in cui mi racconta di questo
meraviglioso tipo che ha incontrato. Te la mando, così te la leggi. Certo,
non dimenticare com'è fatta Federica! Se dice che vuole andare a vivere
con lui, ci sarà uscita al massimo due volte. Se dice che è bellissimo
_____ che _____ solamente carino. Se dice che è altissimo
_____ normale.
Se dice che parla bene l'italiano _____ così e così.
Se dice che una ragazza su due si gira a guardarlo _____ che
non _____ nessuna.
Comunque, l'importante è che lei sia contenta perché è una ragazza
simpatica e io le voglio bene lo stesso!
Ciao

Simona

c. Ora ascolta la lettera di Simona a Giorgio e controlla le tue risposte.

15 Per ogni oggetto scrivi tre frasi seguendo il modello.

sedia

Probabilmente è una sedia.
È probabile che sia una sedia.
Sarà una sedia.

1. orologio
2. orecchini
3. nuova
4. borsa
5. scomode
6. telefono cellulare
7. scarpe

8. nervoso
9. decorazioni natalazie
10. fiori essiccati
11. scala
12. le sette e mezzo
13. impazzita
14. malattia immaginaria

16 Per ogni oggetto dell'attività precedente scrivi tre frasi seguendo il modello.

sedia

Può essere una sedia.
Potrebbe essere una sedia.
È possibile che sia una sedia.

17 Rispondi seguendo il modello.

● **E questo cos'è?**
○ (sedia) *È probabile che sia una sedia.*

1. ● E questo cos'è?
   ○ (lampada) _____

2. ● E questo cos'è?
   ○ (penna) _____

3. ● E questo cos'è?
   ○ (scultura moderna) _____

4. ● E questo cos'è?
   ○ (calcolatrice) _____

18 Rispondi seguendo il modello.

● **E Giancarlo dove abita?**
○ **(Milano)** *Mi sembra che abiti a Milano.*

1. ● E Anna cosa fa?
   ○ (lavorare in banca) _____

2. ● E Gabriele cosa le ha regalato?
   ○ (una penna d'oro) _____

3. ● Ma i tuoi genitori dove sono?
   ○ (tornare tardi) _____

4. ● Hai visto Roberto?
   ○ (essere nell'ufficio del direttore) _____

5. ● Come mai Angela ha quella faccia?
   ○ (sentirsi male) _____

6. ● Come mai parla così bene l'italiano?
   ○ (studiarlo da anni) _____

19 Riscrivi le risposte dell'esercizio precedente seguendo il modello.

● **E Giancarlo dove abita?**
○ **(Milano)** *Penso che abiti a Milano.*

20 Scrivi le risposte seguendo il modello.

● **E la lampada che era qui, che fine ha fatto?**
○ **(cadere e rompersi)** *Credo che sia caduta e si sia rotta.*

1 ● E Massimo dov'è?
○ (andare via) _____

2. ● Come mai piange Robertino?
○ (cadere per le scale e farsi male) _____

3. ● Ci sono messaggi per me?
○ Sì, (passare tuo fratello e telefonare tua moglie) _____

4. ● Ma cos'ha? Come mai sta così male?
○ (bere troppo) _____

5. ● Hai visto i miei occhiali?
○ (prenderli tua moglie e metterli a posto nel cassetto) _____
_____

6. ● Come mai parla così bene l'italiano?
○ (vivere a Roma per diversi anni) _____

21 Forma dei brevi dialoghi seguendo il modello.

Scatola/giocattolo

● *Io credo che sia una scatola.*
○ *Dici? Secondo me è un giocattolo.*

1. cintura/guinzaglio
2. bottiglia/scultura
3. tortellini/gnocchi
4. maleducate/nervose
5. computer/macchina da scrivere
6. gentili/ipocriti
7. vecchie fotografie/disegni antichi
8. personaggio di un fumetto/attore famoso
9. pennarelli indelebili/colori per stoffa
10. la nonna di Giuliano/quella di Marcello

UNITÀ 9

22 Rispondi seguendo il modello.

> ● **Ma cos'ha Angela? Ha una faccia stranissima.**
> ○ **(stanca)** *Dev'essere stanca.*

1. ● Perché urla così? Che cosa le succede?
   ○ (arrabbiata con suo marito) _____

2. ● Cosa è successo a Ignazio? Ha di nuovo il braccio ingessato.
   ○ (caduto) _____

3. ● Perché Gloria piange?
   ○ (fame) _____

4. ● Ho visto Lucia. Era contentissima.
   ○ (innamorata) _____

23 Riscrivi le risposte dell'esercizio precedente usando il *futuro*.

> ● **Ma cos'ha Angela? Ha una faccia stranissima.**
> ○ **(stanca)** *Sarà stanca.*

24 Rispondi seguendo il modello.

> ● **Hai visto Paolo?**
> ○ **(andare via)** *Dev'essere andato via.*
> ● **(avere un appuntamento)** *Ma non può essere andato via. Aveva un appuntamento.*

1. ● Dov'è la lampada che era qui?
   ○ Non lo so. (rompersi) _____
   ● (infrangibile) _____

2. ● Puoi chiamarmi Giuseppe, per favore?
   ○ Non risponde. (uscire) _____
   ● (dover lavorare) _____

3. ● Dov'è il vino?
   ○ Non lo trovo. (finire) _____
   ● (comprarne 5 litri) _____

4. ● Cos'è questo rumore?
   ○ (tornare Chiara) _____
   ● (andare al cinema) _____

25 Riscrivi la prima delle risposte dell'esercizio precedente usando il *futuro*.

> ● **Hai visto Paolo?**
> ○ **(andare via)** *Sarà andato via.*

26 Ricordi le persone delle foto a pagina 85 del *Libro dello studente*? Scrivi delle brevi descrizioni.

> *Questi ragazzi sembrano tranquilli. Probabilmente sono due coppie che amano la natura e credo che siano in vacanza....*

27 Completa i dialoghi seguendo il modello.

> ● **Lo sai che si è sposato Giovanni?**
> ○ *Ah, sì? Credevo che fosse già sposato.*

1. ● Vado a comprare il pane.
   ○ _____ stasera.

2. ● Mio fratello ha trentasei anni.
   ○ _____

3. ● Studio architettura.
   ○ _____

4. ● Ne ha sei.
   ○ _____

5. ● Vengono domani.
   ○ _____ oggi.

6. ● Bruno è salito ora.
   ○ _____ più tardi.

7. ● Ma me li hai dati ieri.
   ○ _____ ora.

8. ● Le forbici sono nel cassetto.
   ○ _____

9. ● C'è Mina al telefono.
   ○ _____ più tardi.

10. ● Ha vinto l'Argentina.
    ○ _____ la Nigeria.

28 Scrivi delle frasi seguendo il modello.

> **saper rispondere/io/io**
> *Penso di saper rispondere.*

> **saper rispondere/io/Sandra**
> *Credo che Sandra sappia rispondere.*

1. venire presto/Lara/Mattia
2. essere strano/io/io
3. essere strano/io/tu
4. bere molto/signori Filosa/Karen
5. avere più o meno tre anni/io/Marta
6. andare via alle quattro/signori Santoro/signori Santoro

7. festeggiare domani/noi/noi
8. saperlo bene/io/voi
9. trovare la strada facilmente/voi/loro
10. sbagliare/lei/lei
11. essere molto curioso/Ornella/io
12. venire presto/Lara/Lara
13. essere vanitoso/loro/voi

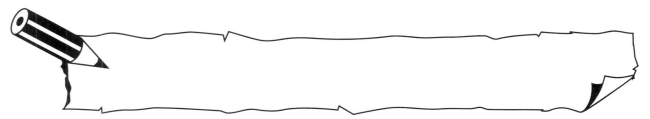

29 Ricordi le opinioni che hai scambiato con i tuoi compagni al punto 12 del *Libro dello studente*? Scrivi delle frasi seguendo il modello.

> *A Pol sembra strano che in Italia la gente apra i regali subito.*

30 Ricordi le persone delle foto del punto 13 del *Libro dello studente*? Scrivi le ipotesi che hai fatto oralmente in classe con un tuo compagno.

> *Secondo me questa signora sta facendo un film, ma è anche possibile che sia una sonnambula. Per Bebo, invece, sta cercando di battere un record.*

UNITÀ 9

31 Trasforma le frasi seguendo il modello.

> **Mi sembra che sia andato via.**
> *Mi sembrava che fosse andato via.*

1. Mi sembra che sia uscito.
2. Crediamo che sia stato un errore.
3. Immaginano che siano finiti i posti.
4. Probabilmente a Mirna sembra che Teo lo abbia fatto apposta.
5. Umberto crede che Fulvia sia già uscita.
6. Mi sembra che questa storia non abbia mai avuto un futuro.
7. Penso che sia stato vero amore.
8. Credono che siamo arrivati.
9. Immagino che abbia avuto paura.
10. Penso che loro siano dovuti partire.

32 Rispondi usando il *futuro semplice* o il *futuro composto* a seconda del contesto.

> **Perché non ci va? È andata via**
> *Aveva da fare (avrà da fare).*

1. ● Perché non arrivano?
   ○ (essere in ritardo) _____

2. ● Marco non ti aiuta?
   ○ (essere stanco) _____

3. ● Non riesco a trovare il portafoglio.
   ○ (metterlo in un'altra borsa) _____

4. ● Ma Marco non ti aiutava mai!
   ○ (essere stanco) _____

5. ● Non è mai venuto a scuola.
   ○ (avere dei problemi in famiglia) _____

6. ● Quante persone ci sono alla festa?
   ○ Ne ho invitate quaranta ma (venirne una trentina) _____

7. ● Non capisco perché Cristina ancora non si fa viva.
   ○ Ma dai, (stare per arrivare) _____

8. ● Perché Betta evita il suo ex-marito in quel modo?
   ○ (avere sofferto troppo) _____

9. ● Quant'è lontana Firenze?
   ○ (essere) _____ a una ventina di chilometri.

10. ● Perché ancora non si è deciso?
    ○ (pensarci su) _____

33 Ricordi le opinioni che hai scambiato con i tuoi compagni al punto 18 del *Libro dello studente*? Scrivi delle frasi seguendo il modello.

> *Io pensavo che fosse un uomo che parlava di qualche scimmia. Martin invece pensava che fosse un uomo che parlava di qualche strano animale acquatico.*

34 Rileggi la poesia di Eugenio Montale al punto 17 del *Libro dello studente*.
Scrivi un breve testo nel quale riassumi
quello che avete detto in classe.

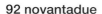

Probabilmente domani farò tardi

1

Completa i dialoghi scegliendo tra il *presente indicativo*, **dovere** + *infinito*, **pensare di** + *infinito*, **vorrei/vorremmo** + *infinito*, **mi/ci piacerebbe** + *infinito*, o il *futuro*. Usa i verbi delle liste.

1.
● E domenica, avete da fare?
○ Non so, forse _____ a trovarci i miei.
● Ah, che peccato... Sai, _____ il compleanno di Piero...
○ È vero! Avete organizzato qualcosa?
● No, nulla di speciale, _____ a pranzo da qualche parte...
○ Beh, senti, probabilmente mia madre mi _____ stasera. Se _____
venire, ti _____ domani in ufficio e _____ .

chiamare	venire	potere	mettersi d'accordo	andare	telefonare	essere

2.
● E Fabrizio come sta?
○ Mah, abbastanza bene, si sta riprendendo in fretta.
● Ma si sa quando _____ ?
○ Eh, ancora no. Sabato gli _____ i punti. Non penso che lo _____
prima di lunedì o martedì.
● Quindi _____ anche questo fine settimana in ospedale...
○ Eh, mi sa proprio di sì.
● _____ a trovarlo. Tu quando ci _____ ?
○ Mah, _____ verso le sette...
● OK, perfetto, a quell'ora dovrei essere libero. Allora ci _____ lì.

dimettere	uscire	andare (2)	vedere	passare (2)	togliere

3.
● Senta, e la traduzione quando pensa di consegnarla?
○ Beh, _____ prima della fine del mese, però non so se _____ .
_____ la settimana prossima.
● Eh, guardi, la settimana prossima non mi _____ , _____ a
Catania. Comunque non importa, non c'è tutta questa fretta.
○ Va bene. In ogni caso la _____ io tra un paio di settimane.

trovare	farglielo sapere	chiamare	finire	farcela	andare

2

Rispondi a queste domande.

1. Che progetti hai per il fine settimana?
2. Cosa farai la settimana prossima?
3. Cosa farai a Natale?
4. Come sarà la tua prossima vacanza?

5. Quando smetterai di studiare l'italiano?
6. Farai mai un (altro) viaggio in Italia?
7. Quale sarà il prossimo film che vedrai?
8. Cosa pensi di fare quando andrai in pensione?

UNITÀ 10

3 Leggi questo articolo e completalo coniugando i verbi della lista.

UN RIFUGIO PER I PICCOLI MALTRATTATI

Sorgerà nel parco di Monza (Milano) il primo centro di accoglienza di Telefono Azzurro, l'associazione creata e diretta da Ernesto Caffo. La struttura _____ ospitare, entro il prossimo dicembre, bambini vittime di abusi sessuali e violenze. «Il progetto _____» _____ Caffo «dalla necessità di dare ospitalità ai bambini che _____ una situazione familiare difficile». Il centro, infatti, a differenza di quelli già esistenti sul territorio nazionale, oltre a _____ un tetto temporaneo a 15 bambini, _____ seguire anche una ventina di adolescenti, con assistenza ambulatoriale e di day-hospital. «Per aiutarli a _____ le violenze fisiche» _____ Caffo «ma soprattutto la ferita psicologica». Per questo, nella struttura _____ sei coppie di educatori specializzati in psicologia, neuropsichiatria infantile e psicoterapia. Ma non _____ tutto. Un ulteriore aiuto _____, come sempre, dal volontariato. «Al centro _____ anche le famiglie disponibili a _____ una mano, accogliendo in casa i bambini». Niente di ufficiale, per ora. L'affido temporaneo _____ un istituto regolato dalla legge, e i casi _____ gestiti dal tribunale dei minori. Ma forse l'iniziativa del Telefono Azzurro _____ un passo per sveltire i passaggi burocratici e dare un "tetto azzurro" a chi ne _____ bisogno.

essere (4)	vivere	spiegare	lavorare	dare (2)	avere
preparare	dire	potere (2)	superare	nascere	venire

4 Completa i dialoghi usando la forma adeguata dei verbi tra parentesi.

1.
● Ti chiamo stasera, ci sei a casa?
○ No, stasera mi sa che **(andare)** _____ a cena da mia madre.

2.
● E a Pasqua restate a Roma o andate fuori?
○ Mah, probabilmente **(fare)** _____ un giro in Toscana. E voi?
● No, non penso che **(potersi)** _____ muovere, abbiamo troppo da fare.

3.
● Quanto mi piacerebbe che mi **(venire)** _____ a trovare mia cugina!
○ Perché non vai tu da lei?
● No, e come faccio? Non so nemmeno se mi **(dare/loro)** _____ due giorni di ferie.

4.
● Domani sera hai da fare?
○ Domani sera? Non so, forse **(vedere)** _____ Luigina Attenni. Perché?
● Mah, niente, probabilmente **(essere)** _____ a Roma quella mia amica spagnola che hai conosciuto al mio matrimonio...
○ Ah sì, Maica...
● Sì. La vorrei **(portare)** _____ da qualche parte...
○ Va bene, sicuramente anche a Luigina **(andare)** _____ di vederla, possiamo uscire tutte insieme.

5 Forma delle frasi seguendo il modello.

> **Stefano/volere/comprarsi una macchina nuova**
> *Stefano vorrebbe comprarsi una macchina nuova*
>
> **lei/volere/i suoi fratelli/trattarla meglio**
> *Vorrebbe che i suoi fratelli la trattassero meglio*

1. a Roberto e Tiziana/piacere/avere un giardino
2. Fabrizio/volere/loro/assumerlo
3. a lui/piacere/Michela/andare a vivere con lui
4. a noi/piacere/cambiare casa
5. a voi/piacere/adottare un bambino?
6. noi/volere/loro/lasciarci in pace
7. io/volere/tu/ascoltarmi qualche volta
8. a Filippo/piacere/noi/vedersi più spesso
9. i Pizzino/volere/organizzare una cena da loro
10. tu/volere/gli altri/farti lo stesso discorso

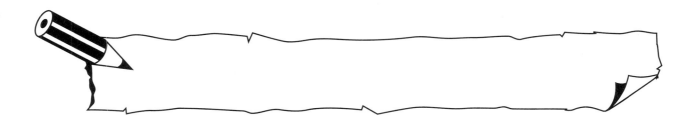

6   Forma delle frasi usando gli elementi delle due colonne, ma senza abbinare quelli che si trovano sulla stessa riga. Poi inventa un breve dialogo con ciascuna delle frasi che hai formato.

vorrei
ci piacerebbe
le piacerebbe
vorremmo
vorrebbero
mi piacerebbe

essere più tranquillo/io
comprarsi un computer/noi
andare a vivere in un'altra città/lei
andare a passare le vacanze in Italia/noi
essere più educata/la gente
imparare perfettamente un'altra lingua/lui

● *E i tuoi cosa dicono?*
○ *Beh, loro vorrebbero che andassimo a passare le vacanze in Italia, ma è un po'
un problema. Sai, con i bambini piccoli, un viaggio così lungo...*

7   Rispondi a queste domande.

1. Come pensi di passare il prossimo Capodanno?
2. Un giorno cambierai casa o città?
3. Fra dieci anni il tuo lavoro sarà lo stesso di adesso?
4. Cosa farai mercoledì prossimo?
5. E il giorno di Ferragosto?
6. Cosa pensi di fare domani mattina dalle otto alle dieci?
7. Hai impegni per stasera?
8. Leggerai mai *La Divina Commedia*?

8

Leggi attentamente questa lettera scritta da Piero Angela per sostenere la campagna di associazione al WWF, e rispondi alle domande senza guardare il testo.

Piero Angela è: ☐ un medico ☐ uno scienziato ☐ un giornalista

Le cause per cui vengono distrutte le foreste tropicali sono:

☐ l'ignoranza ☐ l'agricoltura ☐ l'allevamento ☐ il legno ☐ la carta ☐ il ferro ☐ la medicina

Gentile Lettrice, Caro Lettore,

Lei sa che da tempo i miei colleghi ed io cerchiamo di mostrare, attraverso i documentari e i servizi di Quark, l'importanza degli equilibri ecologici e della conservazione dell'ambiente naturale.

Eppure ci sono delle volte in cui, di fronte a certi problemi si prova veramente un senso di impotenza. L'informazione infatti non basta più : è insufficiente di fronte all'urgenza dei problemi.

E' per questo che ho deciso di scriverLe.

Stiamo infatti perdendo una delle più grandi risorse della terra al ritmo di 40 ettari - qualcosa come 52 campi di calcio - ogni minuto...

E' quanto sta accadendo alle Foreste Tropicali e fino ad oggi ne abbiamo già perse quasi la metà ; oltre 8 milioni di kmq: 26 volte l'Italia.

Vorrei la Sua opinione sul nostro futuro...

Si tratta di uno dei danni ambientali più gravi. Ed è un caso esemplare di come stiamo distruggendo ciecamente il nostro stesso ambiente di vita.

Le Foreste Tropicali vengono abbattute per 3 motivi in particolare: l'ignoranza di quanti ritengono che il terreno della foresta sia adatto all'agricoltura e al pascolo, e invece dopo 5 anni al massimo è già arido e improduttivo; il commercio del legno e lo sfruttamento delle miniere secondo una logica perversa.

E' come se distruggessimo una cassaforte per trarne il ferro senza prima sapere se contiene qualcosa di maggior valore.

Pensi che nelle Foreste Tropicali vivono la metà di tutte le specie animali e vegetali del mondo, e si ritiene che vi siano →

Le conseguenze della distruzione delle foreste tropicali saranno:

- ☐ l'estinzione di 3 milioni di specie animali e vegetali
- ☐ l'estinzione della metà delle specie animali e vegetali del mondo
- ☐ l'impossibilità di produrre il 40% dei farmaci in commercio
- ☐ l'impossibilità di produrre molti farmaci
- ☐ difficoltà nella produzione di molti farmaci

- ☐ un aumento dei malati di leucemia
- ☐ un aumento dei decessi causati dalla leucemia
- ☐ un aumento della temperatura media del pianeta
- ☐ una diminuzione della temperatura media del pianeta
- ☐ un aumento dell'anidride carbonica nell'aria
- ☐ una diminuzione dell'anidride carbonica nell'aria

ancora almeno altri 3 milioni di specie che aspettano di essere scoperte: un immenso patrimonio per il futuro.

Tra l'altro, questa cassaforte contiene anche molte potenziali risorse per la medicina: il 40% dei componenti vegetali dei nostri farmaci provengono infatti da queste foreste.

Prima del 1960 4 malati di leucemia su 5 morivano, oggi 4 su 5 vivono grazie a sostanze scoperte in un bellissimo fiore delle foreste tropicali: la vinca rosea.

Inoltre molti esperti ritengono che la distruzione delle Foreste Tropicali causerà mutamenti climatici e un pericoloso aumento dell'anidride carbonica nell'atmosfera.

Mi viene in mente lo scrittore di fantascienza H.G. Wells che scriveva: " Il futuro sarà una gara tra l'educazione e la catastrofe".

Sta a noi fare in modo che arrivi prima l'educazione. Noi giornalisti e divulgatori possiamo avere un ruolo notevole in questa gara, ma sarà inutile se non si interverrà subito con grandi e specifici progetti di conservazione; e questi dipendono anche da Lei, dal Suo appoggio determinante.

Per questo La invito a considerare con attenzione la proposta, che Le rivolge il mio amico Valerio Neri, di diventare Socio del WWF.

E' il modo più immediato in cui possiamo contribuire insieme alla difesa dell'ambiente in Italia e nel mondo, per noi stessi e per le generazioni future.

Grazie.

Piero Angela

Piero Angela

P.S. Nella busta di questa lettera Le ho chiesto la Sua opinione sul nostro futuro e se mi vorrà scrivere sarò felice di risponderLe. Ma comunque conoscerò la Sua opinione dall'adesione o meno che avrà dato a questo appello.

Nessuna foresta è stata distrutta per produrre questa carta riciclata al 100%

PA-41

Alleg. al progr. abbon. 1994

9 Completa i dialoghi usando la forma adeguata dei verbi tra parentesi.

1.
● A che ora arrivi a Pavia?
○ Se non **(esserci)** _____ nebbia, alle quattro **(essere)** _____ su.

2.
● Se **(mettercisi/io)** _____, tra due giorni la traduzione **(essere)** _____ finita.
○ E se **(chiamare/loro)** _____ per un altro lavoro?
● **(dire/a loro)** _____ che non posso.

3.
● Allora è deciso, la festa la facciamo all'aperto.
○ E se **(piovere)** _____?
● Non c'è problema, **(stare/noi)** _____ dentro, c'è tanto posto!

4.
● Non sei andato in ufficio?
○ No, devo sistemare delle cose qui a casa.
● E cosa **(fare/tu)** _____ se **(mandare/loro/a te)** _____ la visita fiscale?
○ **(dire)** _____ che ho un attacco di cervicale. Mica lo possono controllare!

5.
● Cosa pensi di fare dopo la scuola?
○ Se **(riuscirci)** _____, **(andare)** _____ a vivere un anno all'estero.
● Da cosa dipende?
○ Eh, bisogna vedere se **(essere)** _____ promossa.

6.
● Se **(continuare/tu)** _____ così, non **(avere)** _____ mai dei veri amici.
○ Perché? Sono gentile con tutti!

7.
● Non so come fare a convincere Michele.
○ Se **(volere)** _____ **(provarci)** _____ io.
● Grazie, mi faresti proprio un favore...

10 Forma delle frasi con **se** utilizzando gli elementi delle due colonne.
Poi usale per completare i dialoghi.

volere venire/voi
continuare a lavorare così/lui
prendere un taxi/noi
dare una mano/tu/a me
aspettare un minuto/tu
chiamarlo/Martina

non potere riuscire a studiare/lui
fare prima/noi
essere meglio
prenderli/io
accompagnarti/io
essere più facile

☞ ● **Che fate, ci andate poi al concerto mercoledì?**
○ Sì. Oggi vado a prendere i biglietti. *Se volete venire li prendo* anche per voi.

1.
● Sai dov'è l'ufficio del personale?
○ _____. Ci devo andare anch'io.

2.
● Porca miseria, sono le otto, non arriveremo mai in tempo!
○ Forse _____

3.
● Hai chiamato Andrea?
○ No, tanto a me non mi ascolta. _____ che dica di sì.

4.
● Hai sentito? Marcello è stato bocciato ancora.
○ Sì, lo so. Certo che _____

5.
● Sei ancora lì? Ma sono tre ore che hai cominciato!
○ Magari _____, invece di prendermi in giro!

11 Leggi questo annuncio e segna con una X le informazioni esatte.

La concessione del finanziamento al progetto di ricerca viene decisa da:
☐ un premio Nobel interpellato per l'occasione
☐ il Comitato Promotore Telethon
☐ una commissione internazionale

TELETHON METTE UNA TAGLIA I 14 MILIARDI SULLE MALATTIE GENETICHE.

La maratona televisiva TELETHON '92 ha raccolto fondi da destinare alla ricerca scientifica per battere la distrofia muscolare e le altre malattie [gene]tiche.

Analogamente a quanto è stato fatto con i fondi raccolti nelle precedenti edizioni, il Comitato [Pro]motore TELETHON ha deciso di finanziare una serie di iniziative destinate ad accelerare sensibilmente [il p]rogresso della ricerca verso la cura di tali malattie.

I ricercatori interessati potranno mettersi in contatto con gli uffici del TELETHON per farsi inviare i [ba]ndi relativi a:

1.1 PROGETTI DI RICERCA NEL SETTORE [D]ELLE PATOLOGIE NEUROMUSCOLARI

TELETHON finanzia un numero limitato di pro[g]etti di ricerca originali nei seguenti settori:
[-] Biochimica, Biofisica e Biologia Cellulare
- Genetica
- Ricerca clinica e Medicina sperimentale
- Riabilitazione e Medicina sociale

con lo scopo di migliorare le condizioni di vita delle persone affette da malattie neuromuscolari e di giungere nel più breve tempo possibile alla individuazione di terapie efficaci.

Verranno tenuti in particolare considerazione i progetti direttamente ed indirettamente indirizzati alla ricerca di terapie adeguate o, comunque, al miglioramento delle condizioni di salute degli individui colpiti da malattie neuromuscolari.

2.5 PROGETTI DI RICERCA AVANZATA SULLE MALATTIE GENETICHE

Data la particolare diffusione delle malattie genetiche e la necessità di incentivare la ricerca di base su queste malattie, TELETHON ha deciso di finanziare progetti di ricerca che abbiano come obiettivo l'isolamento o la caratterizzazione di geni-malattia, l'identificazione o la caratterizzazione di prodotti proteici, lo studio delle relazioni biochimiche di tali prodotti nel contesto cellulare o extracellulare.

Le richieste di finanziamento per tali progetti dovranno mettere in evidenza le caratteristiche innovative della ricerca proposta rispetto a quelle analoghe svolte in altri laboratori italiani e stranieri ed indicare il tipo di risultati attesi e le cadenze temporali della loro produzione.

1.3/1.4 BORSE DI STUDIO

Si ricorda che sono ancora aperti i bandi relativi alle borse di studio per giovani ricercatori italiani all'estero (10 borse) e per giovani ricercatori stranieri in Italia (8 borse).

I finanziamenti saranno erogati su parere della Commissione Medico Scientifica Internazionale di TELETHON, presieduta dal premio Nobel Renato Dulbecco, che esaminerà e valuterà le proposte.

Le domande di finanziamento devono essere redatte su appositi moduli disponibili presso gli uffici del Comitato Promotore TELETHON (Via Prospero S. Croce 5, 00167 ROMA, tel. 06/66015426) e presso la sede della Direzione Nazionale U.I.L.D.M. (Via P.P. Vergerio 17, 35126 PADOVA, tel. 049/8021001).

Il presente bando decorre dalla data del 30 agosto 1993. Le domande (un originale più 12 copie) devono essere inviate agli uffici del Comitato Promotore entro e non oltre il 30 settembre 1993 (fa fede il timbro postale).

TELETHON formula un fervido augurio di buon lavoro agli studiosi impegnati nella lotta contro la distrofia muscolare e le altre malattie genetiche, condividendo una grande speranza con loro, con gli ammalati e le loro famiglie, e con gli italiani che hanno generosamente offerto il loro contributo alla ricerca.

Il Comitato Promotore mette a disposizione dei fondi per:

☐ la cura delle malattie genetiche

☐ aiutare le famiglie degli ammalati di malattie genetiche

☐ la ricerca sulle malattie genetiche

Questo annuncio si rivolge a:

☐ chiunque sia interessato

☐ ricercatori

☐ studenti di medicina

Scopo dell'annuncio è:

☐ sensibilizzare l'opinione pubblica riguardo le malattie genetiche

☐ pubblicizzare delle iniziative promosse da Telethon

☐ suggerire delle soluzioni pratiche

I bandi relativi ai progetti di ricerca e borse di studio:

☐ scadono il 30 giugno ma per spedire le domande c'è tempo fino al 30 settembre

☐ vengono spediti dal Comitato Promotore Telethon a chi ne fa richiesta entro il 30 giugno

☐ valgono a partire dal 30 giugno e le domande devono giungere al Comitato Promotore non più tardi del 30 settembre

Il Comitato Promotore Telethon:

☐ si occupa di ricerca scientifica

☐ organizza manifestazioni per la raccolta di fondi destinati alla ricerca scientifica

☐ mette a disposizione propri fondi per la ricerca scientifica

12 Rispondi a queste domande. Usa i verbi **pensare**, **credere**, **sperare**, e cerca di dare qualche argomento che spieghi le tue risposte.

1. Parlerai perfettamente l'italiano un giorno?
2. Scopriranno il vaccino per l'AIDS nei prossimi dieci anni?
3. Farai mai il giro del mondo?
4. Mangerai bene domenica a pranzo?
5. Dormirai bene stanotte?
6. Abiterai nella stessa casa tra un anno?
7. Domani sarà una bella giornata?
8. Vincerai mai alla lotteria?
9. Verrai a vivere in Italia un giorno?
10. Ti annoierai il prossimo fine settimana?
11. L'Italia vincerà i mondiali di calcio?

☞ *1. Spero di sì, anche se credo che sia difficile. Ma se continuo a studiarlo con libri come* **Uno e Due** *forse ci riuscirò...*

13 Forma delle frasi seguendo il modello.

☞ **io/sperare/tornare presto**
Spero di tornare presto.

noi/speriamo/Clara/non essersi fatta male
Speriamo che Clara non si sia fatta male.

1. loro/sperare/prendere il prossimo treno
2. noi/credere/essersi trattato di uno scherzo
3. Gemma/sperare/loro/darle un'altra occasione
4. Fausto/pensare/laurearsi l'anno prossimo
5. i tuoi genitori/credere/noi/esserci dimenticati di chiamarli
6. tu/sperare/cavarsela così?
7. io/pensare/la soluzione migliore/essere rimandare tutto a domani
8. noi/sperare/avere presto un bambino
9. voi/credere/essere gli unici ad avere dei problemi?
10. io/sperare solo/lei/avermi detto la verità
11. tu/pensare/loro/richiamare?

14 Completa i dialoghi coniugando i verbi tra parentesi e utilizzando, quando occorre, **se**, **che** o **di**.

1.
● Domani riprovo il concorso. Spero **(fare)** _____ meglio dell'altra volta.
○ Dai, non ti preoccupare. Sono sicuro **(andare)** _____ benissimo.

2.
● Hai sentito del nuovo spettacolo di Proietti?
○ Sì, ma non so **(andarci)** _____. Probabilmente fino alla fine del mese
(dovere) _____ lavorare tutte le sere.

3.
● Cosa possiamo regalare a Chiara per il compleanno?
○ Non so, pensavo **(prendere)** _____ una borsa da viaggio.

4.
● Spero _____ domani sera vengano tutti.
○ Ma sì, figurati, sicuramente non **(mancare)** _____ nessuno.

5.
● Puoi passarmi a prendere, quando esci dall'ufficio?
○ Ci provo, ma non so quando **(finire)** _____ la riunione.
● Ma non devi **(andare)** _____ anche dal medico?
○ Eh, infatti, spero **(fare)** _____ in tempo.

6.
● Senti, ti volevo dire, non penso **(riuscire)** _____ a finire quel lavoro per
domani.
○ Ma come? Io lo devo **(consegnare)** _____ assolutamente entro domani!

7.
● Mi sa **(fare tardi/io)** _____ a pranzo.
○ Come mai?
● Eh, non so quando **(arrivare)** _____ il pony con il materiale, e lo devo
(aspettare) _____.
○ Va bene, non importa, ma vorrei **(pranzare/noi)** _____ comunque insieme,
voglio parlarti di una cosa importante.

15 Ascolta i dialoghi e segna con una X se si tratta di progetti stabiliti, intenzioni, desideri o predizioni.
Fai attenzione: è possibile più di una risposta per dialogo.

	progetto stabilito	intenzione	desiderio	predizione
A				
B				
C				
D				
E				
F				

Per me è molto più conveniente l'altra...

1 Completa le frasi usando **che** o **di** (+ *articolo*).

1. Meglio un uovo oggi _____ una gallina domani.
2. Napoli ha meno abitanti _____ Roma.
3. Ne uccide più la lingua _____ la spada.
4. La Lazio è più forte _____ Roma.
5. Mio fratello ha quattro anni meno _____ me.

6. La Golf costa più _____ Tipo.
7. La situazione è più grave per noi _____ per loro.
8. In Italia si beve più vino _____ birra.
9. Mia moglie è meno occupata _____ tua.
10. Carlo ha la stessa età _____ Francesca.

2 Guarda questi oggetti e definisci ciascuno con almeno 5 aggettivi.

3 Confronta queste cose e scrivi più frasi che puoi.

1. Regolabile, con struttura in acciaio (1.950.000).
2. Dall'artigianato indonesiano il letto-divano-panca (1.800.000).
3. Déco rivisitato: legno di pero e pelle (5.088.000).
4. Versione in acciaio e nastri elastici del famoso modello di Le Corbusier (2.290.000).

NEI CASTELLI POLACCHI

Per chi vuole soggiornare in castelli e residenze di campagna in Polonia, combinando natura, cucina genuina e folclore. Dieci sistemazioni in località diverse, tutte a 65.000 lire al giorno, eccetto il settecentesco castello di Walewice, a 90.000 lire al giorno. Il volo da Milano, andata e ritorno, costa 500.000 lire.

NEL DESERTO EGIZIANO

Lontano dalla valle del Nilo e dalle affollate zone archeologiche, un itinerario nel deserto egiziano, tra dune, zone rocciose e depressioni, dove si trovano le oasi con i villaggi fortificati, alcuni dei quali berberi. Si visitano tombe e templi dimenticati, si incontrano genti dai costumi antichi. 13 giorni costano 2.800.000 lire.

UNA SETTIMANA IN KENIA

Per chi ama le vacanze tranquille di sole e mare in un ambiente esotico ma confortevole, una settimana in hotel con pensione completa. Gli alberghi sono il Casuarina Village e il Palm Tree a Malindi, e il Turtle Bay a Watamu. Formula tutto compreso a 1.750.000 lire.

4 Questi dialoghi si riferiscono alle cose del punto 3. Completali con le parole della lista.

migliore	peggiore	più	meno	di

che	di più	di meno	in più

in meno	meglio	peggio

1.

● Guarda quest'altra chaise-longue! Ti piace?

○ Mh... Non so, quella con le orecchie mi sembra _____ allegra, non trovi?

● Sì, ma questa indonesiana costa _____...

○ D'accordo, ma non sono le 150mila lire _____ che fanno la differenza, dai... E poi è sicuramente molto _____ comoda di quella che piace a me...

2.

● Secondo me per il soggiorno è _____ quella nera di pelle.

○ Sì, ma l'hai visto il prezzo?

● Che c'entra? Quella è _____ anche di qualità, è molto _____ robusta _____ quella con i nastri...

○ Sì, ma anche come design quella di pelle mi piace _____, la trovo _____ comune.

3.

● Tra questi tre viaggi io voto per il Kenia.

○ Ma come, proprio tu?! Ma se delle tre è la vacanza _____ sedentaria!

■ E poi ricordati come sei stato in quel villaggio in Senegal...

● Beh, _____ _____ quella volta non può essere.

○ No, sul serio, andiamo in Polonia... Adesso il clima è _____ _____ in Egitto, non fa così caldo.

□ Sì, hai ragione, e poi anche a scegliere il castello di Walewice, per 25mila lire _____ al giorno staremo comunque nelle spese.

○ E poi guarda che ci divertiamo molto _____, sicuro.

4.

● Allora, quale vi piace _____ tra questi quattro cani?

○ Mh, a me... Vediamo... Intanto ti dico quale mi piace _____, e cioè questo piccolo con il muso schiacciato...

● Perché?

○ Mah, sembra arrabbiato.

■ Sì, anche secondo me. Sembra essere quello con il carattere _____ diffidente.

○ Dal punto di vista del carattere, credo che il _____ sia questo con le orecchie grandi. Ha degli occhi buoni.

■ No, secondo me è _____ affettuoso quello nero con la lingua di fuori.

● E come cane da guardia?

○ Sicuramente il _____ è quello piccolo con il muso schiacciato. Non farebbe paura a un bambino.

■ Certo, molto _____ il boxer!

● Ce n'è qualcuno tra questi che ha qualcosa _____ rispetto agli altri?

■ Non so, forse quello piccolo è _____ adatto per fare compagnia a delle persone anziane, per esempio.

---

5   Compara di nuovo i dati della scheda. Scrivi almeno dieci frasi usando le espressioni nel riquadro.

> **il doppio/il triplo/...**
> **tre/quattro/... volte di più/meno**
> **la metà/un terzo/...**

	AMSTERDAM	BERLINO	BRUXELLES	LISBONA	LONDRA	MADRID	PARIGI	ROMA	STOCCOLMA
1 litro di latte	780	1.180	1.260	1.255	1.260	1.325	1.315	**1.600**	1.340
Biglietto autobus/metropolitana	1.985	2.355	1.525	405	1.800	1.562	782	800	**3.030**
Affitto appartamento di 100 mq (centro)	1.050*	2.355*	1.150*	1.350*	1.460*	1.250*	**3.450***	3.000*	1.300*
Affitto appartamento di 100 mq (periferia)	700*	940*	1.525*	540*	790*	875*	1.840*	**2.000***	865*
1 litro di benzina	1.395	1.020	1.180	1.325	1.330	1.165	1.245	**1.580**	1.300
Biglietto del cinema	9.050	6.280	8.390	3.375	10.125	6.875	9.200	10.000	**12.975**
Caffè in centro	1.915	2.750	1.905	450	2.250	1.375	1.035	1.000	**5.405**
Birra	2.090	3.140	2.290	630	3.825	1.375	2.760	2.000	**8.650**
Settimana in hotel (***)	975*	785*	**1.312***	378*	1.134*	1.085*	1.016*	1.037*	540*
Pacchetto di sigarette	2.785	3.375	3.095	3.150	4.725	3.065	2.875	3.500	**4.760**
Quotidiano	1.220	1.180	955	990	900	1.000	1.035	1.200	**1.515**
Libro	13.925	14.130	10.675	10.800	13.480	12.390	8.510	**31.000**	25.950
Compact Disc	27.780	27.475	28.595	19.800	**31.480**	22.500	30.820	28.000	30.275
Telefonata (3 min.)	321	235	381	90	**450**	125	345	200	432
Preservativi	12.535	15.700	13.725	21.600	18.675	25.000	9.200	**28.000**	8.650

Dati El País

* cifre in migliaia di Lire - in **neretto** le cifre più alte di ogni gruppo

  A Roma un litro di latte costa il doppio che ad Amsterdam.
Un biglietto della metropolitana di Lisbona costa quattro volte di meno che a Madrid.
Rispetto a Parigi, a Bruxelles un appartamento in affitto costa la metà.

---

6   Ora riformula gli stessi paragoni del punto precedente, ma usando **c'è una differenza di** + _quantità/percentuale_.

  Tra il prezzo di un litro di latte a Roma e ad Amsterdam c'è una differenza di 820 lire.
Tra un biglietto della metropolitana di Lisbona e uno di quella di Madrid c'è una differenza del 75 per cento.

7 Guarda questi gruppi di elementi. Che cosa hanno in comune? In cosa sono diversi? Trova più risposte che puoi. Comincia con:

Sono tutti (e due/tre/...)...	**Alcuni...**
La maggior parte...	**Uno (solo)...**

1. Macchina, moto, treno, autobus, aereo, bicicletta.
2. Lavatrice, forno, frigorifero, lavastoviglie, frullatore, TV.
3. Registratore, giradischi, radio, videoregistratore, lettore CD.
4. Luciano Pavarotti, Oscar Luigi Scalfaro, Roberto Baggio, Ornella Muti, Federico Fellini.
5. Cavallo, leone, zanzara.
6. Alitalia, Lufthansa, TWA.
7. FIAT, BMW, Renault, Rover, Volvo, Ford.
8. Roma, Torino, Napoli, Parma, Lazio, Milan.

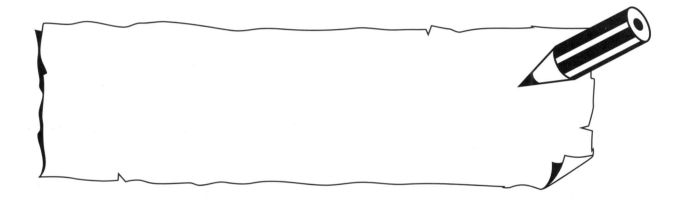

8 Ascolta i dialoghi. Di cosa stanno parlando?

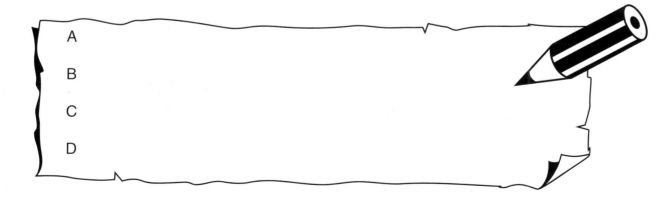

A

B

C

D

9 Ascolta ancora i dialoghi del punto precedente
e trascrivi tutte le espressioni
con cui si paragona qualcosa.

10 Ecco le istruzioni per l'uso della pentola a pressione Lagostina.
Leggile, e completale con i verbi della lista.
Poi abbina ogni istruzione all'immagine corrispondente.
(Le immagini appaiono nell'ordine corretto, mentre le istruzioni sono mescolate.)

1.
- _____ la pentola sul fornello con la valvola di esercizio verso di voi e quindi la valvola di sicurezza verso la parete. (A)
- _____ la cottura a fuoco alto. _____ il fuoco quando dalla valvola fuoriesce il vapore.
- _____ da questo momento il conteggio del tempo di cottura (la fuoriuscita del vapore deve essere continua e leggera).
- Al termine della cottura _____ la fiamma del gas. Nel caso di piastra elettrica, _____ la pentola dalla fonte di calore.

2.
- Per chiudere la pentola _____ il coperchio con il manico in posizione di apertura, tenendolo leggermente inclinato.
- _____ il manico a leva dalla posizione 1 alla posizione 2.

3.
- _____ che la levetta della valvola sia verso l'alto. _____ il manico a leva dalla posizione 2 alla posizione 1.
- _____ il coperchio tenendolo leggermente inclinato.
- Per condensare salse o sughi, _____ la pentola aperta sulla fonte di calore.

4.
- Al termine della fuoriuscita del vapore, _____ il corpo mobile per assicurarsi che la pentola sia totalmente scarica.

5.
- _____ la valvola, spingendo il pomolino verso il basso, con una leggera pressione.

6.
- _____ totalmente il vapore sollevando il corpo mobile fino all'arresto intermedio, senza estrarlo dal corpo fisso, assicurandosi che la fuoriuscita del vapore sia continua.

abbassare	scaricare	togliere	portare (2)	mettere	far oscillare
estrarre	controllare	spegnere	chiudere	iniziare (2)	rimettere
introdurre					

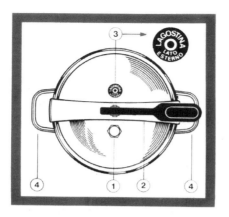

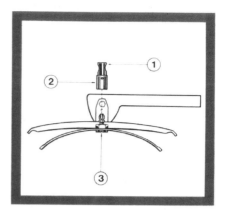

IDENTIFICAZIONE

1 Valvola di esercizio
2 Manico di leva
3 Valvola di sicurezza
4 Maniglie

1 Pomolino
2 Corpo mobile
3 Corpo fisso

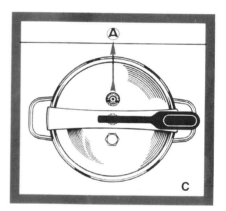

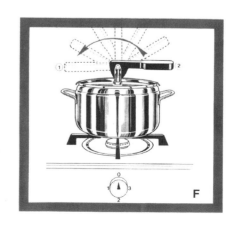

11 Leggi questi dialoghi. In che situazione si trovano?

A

● Ora rallenti... così... scali in terza... benissimo. Cerchi di essere meno brusco quando lascia la frizione... Prosegua pure dritto, ma non esageri, che c'è il limite di velocità. Non deve superare i 70 chilometri orari... Provi a rilassarsi, non stia così teso. Sta andando bene, sa?

B

● Guarda a destra, c'è una fessura nella roccia. Ci arrivi?... OK, così, perfetto. Tieni le braccia più distese, sennò ti affatichi troppo. E usa di più le gambe... OK... Hai un bellissimo appiglio sopra la testa... Sì, lì... Cerca di non stare così attaccato alla parete, sennò non vedi dove appoggiare i piedi...

C

● Prego, si tolga la camicia e si stenda sul lettino...
○ Devo togliermi le scarpe?
● No no, le tenga pure... OK. Dovrebbe togliersi la catenina, per favore.
○ Ah, certo...
● Bene. Stia fermo così. Adesso quando glielo dico io deve trattenere il respiro per qualche secondo, d'accordo?... OK. Non respiri... fatto.

D

● Va bene così, ecco... Lorenzo, attento, così non ci passa, cerca di abbassarlo un po' sulla sinistra... Benissimo. Avanti... così... Aspetta, Marco, ora c'è la curva, prova a spostarti pochissimo verso la ringhiera. Perfetto. Dovete cercare di tenerlo il più possibile lontano dal muro, che lo schienale si sporca... OK, pochi gradini e ce l'abbiamo fatta...

Ora sottolinea tutte le espressioni usate per dare istruzioni.

12 Perché non provi tu a scrivere qualche breve dialogo come quelli del punto precedente? Può bastare anche una brevissima battuta. Poi falli leggere in classe ai tuoi compagni. Vediamo se indovinano di cosa si tratta.

13 Completa la ricetta con la *2ª persona plurale* dell'*imperativo* dei verbi della lista. Se ne hai bisogno, consulta il dizionario.

TORTA DEL PARADISO

Per 12 persone:

Burro g. 500 - Zucchero passato al setaccio fino, g. 500 - Farina, g. 250 - Fecola di patate, g. 250 - Uova, 5 - Tuorli d'uovo, 6 - Bucce di 2 limoni - Zucchero a velo.

- _____ il burro in una terrina e _____ lungamente con un cucchiaio di legno per montarlo e ridurlo soffice come una crema. _____ allora a poco a poco lo zucchero, senza smettere mai di mescolare, e poi le uova e i rossi sbattuti insieme come per una frittata.

- Le uova vanno aggiunte adagio, a cucchiaiate, non aggiungendone un'altra se la prima non si è bene amalgamata.

- Da ultimo _____ la farina e la fecola mescolate insieme e poi le bucce grattate dei limoni. Aggiungendo le farine non _____ più energicamente la pasta col cucchiaio,

ma _____ di amalgamare con la più grande leggerezza.

- _____ una grande teglia di 32 centimetri di diametro, _____ di fecola di patate e _____ il composto, il quale deve arrivare ai due terzi della teglia.

- _____ in forno a moderato calore per un'ora e poi _____ generosamente con zucchero a velo.

- Questa torta si conserva lungamente, specie se avvolta nella stagnola. È bene aspettare un paio di giorni prima di

aggiungere (2)	lavorare	lavorarlo	versarci	mettere
spolverizzarla	inzuccherare	cercare	imburrare	cuocere

La mia regione è molto verde

1 Riprendi il collage a pagina 116 del *Libro dello studente*, e definisci ogni tipo di vacanza con due aggettivi diversi.

2 Ora ascolta alcuni italiani che parlano delle loro regioni, e completa il quadro.

REGIONE	CARATTERISTICHE

3 Leggi questo testo sul Lazio, e localizza sulla cartina le zone di cui si parla.

Di tutte le regioni italiane il Lazio è, sicuramente, una delle più varie ed interessanti per quanto riguarda il paesaggio e le caratteristiche del territorio.

La costa tirrenica laziale, per esempio, alterna tratti sabbiosi (frequenti soprattutto a nord e al centro), ad altri più ricchi di piccole insenature, baie e scogliere, come quelli a sud del promontorio del Circeo, scendendo verso il confine con la Campania. Da questa parte della costa inoltre, nelle giornate limpide, si possono vedere senza difficoltà le sagome scure di Ponza, Ventotene e Palmarola, le isole dell'arcipelago ponziano, raggiungibili in aliscafo in circa due ore. Intorno al monte Circeo si estende l'omonimo Parco Nazionale, caratterizzato, tra l'altro, dalla presenza di laghi costieri salati, separati dal mare soltanto da una sottile duna di sabbia. Alle spalle del Circeo, risalendo verso nord, è l'Agro Pontino, con le sue campagne sottratte alla palude grazie ad una serie di bonifiche che si sono protratte fino agli anni trenta di questo secolo.

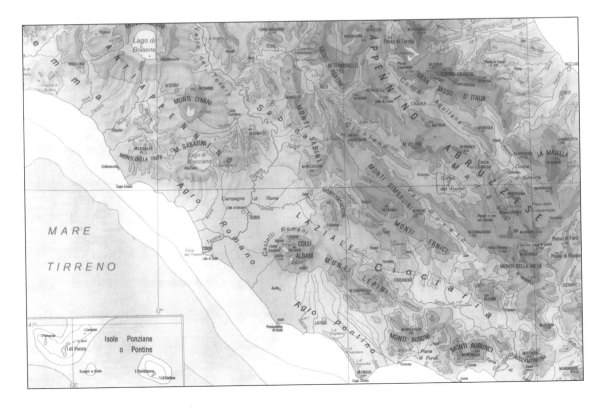

Anche sui Colli Albani, o Castelli Romani, le verdi colline a sud-est di Roma, si trovano due piccoli laghi: il lago di Albano e il lago di Nemi.

Si tratta di laghi di origine vulcanica, laghi che occupano, cioè, i crateri di antichi vulcani oggi spenti. Ciò conferisce loro una forma quasi perfettamente circolare, e un caratteristico colore blu scuro, che contrasta con il verde dei boschi che li circondano.

La pianura in cui sorge la capitale è stata deturpata da un pesante e selvaggio sviluppo urbanistico: quasi nulla resta della famosa campagna romana, che con i suoi ruderi alternati a pascoli e pinete aveva affascinato i visitatori stranieri dei secoli passati. Poco più a nord di Roma, verso Viterbo, troviamo altri due laghi, quello di Bracciano e quello di Vico.

Spostandosi a nord-est il paesaggio cambia ancora. La pianura si ondula, si addolcisce. Colline, boschi, antichi borghi lontani da tutto conferiscono a questa parte del Lazio un fascino assolutamente unico. Non lontano dal confine con la Toscana, in provincia di Viterbo, c'è il lago di Bolsena, il maggiore della regione. In questa zona è frequente incontrare ricordi etruschi disseminati nella campagna: tombe, cittadelle, resti di mura.

Il confine tra Lazio ed Umbria segue per un tratto, ad ovest, il corso del Tevere, la cui valle si fa più ampia man mano che ci si avvicina a Roma.

La provincia di Rieti è come un cuneo che si insinua tra Umbria e Abruzzo, in una zona montuosa, pre-appenninica. Le stesse caratteristiche si ritrovano lungo tutto il confine che separa il Lazio dall'Abruzzo. Qui le colline sono diventate montagne, con pascoli, foreste, laghetti alpini, mentre nelle valli, o arrampicati sui fianchi dei monti, sorgono piccoli paesi dimenticati, ma spesso interessantissimi per la presenza di chiese preziose, mura, torri, edifici di grande valore storico o artistico.

4 Com'è la tua regione? Descrivila usando 150-200 parole.

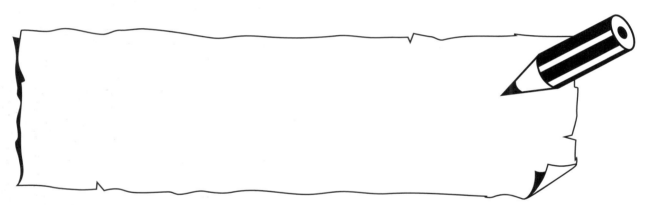

5 Seguendo queste indicazioni, completa la cartina dell'Italia con i nomi delle regioni mancanti.

L'Umbria è l'unica regione dell'Italia centro-meridionale a non affacciarsi sul mare.

La Sicilia è un'isola, ed è la regione più meridionale d'Italia.

Il Friuli-Venezia Giulia si trova a ovest del Veneto.

La Basilicata confina ad ovest con la Campania, a sud con la Calabria e a nord-est con la Puglia.

La Valle d'Aosta è la più piccola regione d'Italia.

La Liguria è a sud del Piemonte; tutta la sua costa si affaccia sul mar Ligure.

Le Marche si trovano al centro, sull'Adriatico, ad est dell'Umbria e a nord dell'Abruzzo.

La Calabria si trova nel sud, fra il Tirreno e lo Jonio, di fronte alla Sicilia.

San Marino è un minuscolo stato indipendente che si trova fra le Marche e l'Emilia-Romagna.

Il Lazio è una regione della costa tirrenica, a nord della Campania.

Il Molise è a nord della Campania e a sud dell'Abruzzo.

Il Trentino-Alto Adige è la regione più settentrionale d'Italia.

La Toscana è a sud dell'Emilia-Romagna e a nord del Lazio.

La Puglia è la regione più orientale d'Italia.

Il Veneto è ad est della Lombardia e a sud del Trentino-Alto Adige.

La Sardegna è un'isola al centro del Mediterraneo, di fronte alla costa del Lazio e della Campania.

L'Emilia-Romagna a est si affaccia sull'Adriatico, e a ovest confina con Liguria, Piemonte e Lombardia.

6 Ecco la cartina dell'Ilatia (un paese un po' strano, ma piuttosto familiare...). Scegli una delle due liste - triangolini - quadratini, e assegna un nome alle città corrispondenti. Poi descrivine l'ubicazione nel modo più preciso possibile. La prossima volta, in classe, lavora con un tuo compagno che abbia scelto l'altra lista, scambiandovi le informazioni per ubicare tutte le città.

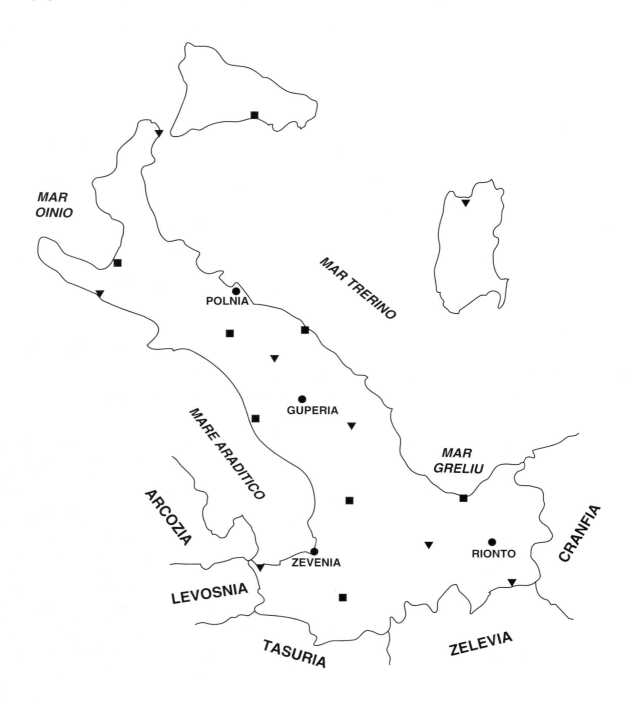

▼ NOLMIA	■ MARO
▼ CERBIA RAGGIOLA	■ TONTRE
▼ BRIA	■ ONGALBO
▼ ALLAQUI	■ PANZOTE
▼ TESETRI	■ OVENGA
▼ OSATA	■ BAMPACOSSO
▼ ZENEFRI	■ NACANO
▼ CARGILIA	■ PREMOLA

7 Immagina di dover descrivere la tua città o il tuo paese a un amico di penna straniero. Scrivigli una lettera. Ecco alcuni argomenti di cui puoi parlare: ubicazione, caratteristiche geografiche della zona in cui si trova, numero di abitanti, principali attività svolte, università, traffico, mezzi pubblici, parchi, monumenti, musei, teatri, cinema, bar, ristoranti, alberghi, negozi...

> Caro Kamlesh,
>
> come stai? Mi ha fatto molto piacere ricevere la tua lettera e leggere tutte le cose interessanti che mi hai raccontato su Bombay. Spero proprio di poterla visitare presto. Ma ora tocca a me parlarti del posto in cui vivo...

8 Leggi questo brano tratto da *Le città invisibili*, di Italo Calvino, e completalo scegliendo per ogni caso l'alternativa che ti sembra più adatta.

- Ti è mai accaduto di vedere una città che assomigli a questa? - chiedeva Kublai a Marco Polo sporgendo la mano inanellata fuori dal baldacchino di seta del bucintoro imperiale, a indicare i ponti che (1) _____, i palazzi principeschi le cui soglie di marmo (2) _____, (3) _____ di battelli leggeri che (4) _____ a zigzag spinti da lunghi remi, le chiatte che scaricano ceste di ortaggi sulle piazze dei mercati, i balconi, le altane, le cupole, i campanili, i giardini delle isole che verdeggiano nel grigio della laguna.

L'imperatore, accompagnato dal suo dignitario forestiero, visitava Quinsai, antica capitale di spodestate dinastie, ultima perla incastonata nella corona del Gran Kan.

- No, sire, - rispose Marco, - mai avrei immaginato che potesse esistere una città simile a questa.

L'imperatore cercò di (5) _____ negli occhi. Lo straniero abbassò lo sguardo. Kublai restò silenzioso per tutto il giorno.

Dopo il tramonto, sulle terrazze della reggia, Marco Polo esponeva al sovrano le risultanze delle sue ambascerie. D'abitudine il Gran Kan terminava le sue sere (6) _____ a occhi socchiusi questi racconti finché il suo primo sbadiglio non dava il segnale al corteo dei paggi d'accendere le fiaccole per guidare il sovrano al Padiglione dell'Augusto Sonno. Ma stavolta Kublai non sembrava disposto a cedere alla stanchezza.

- Dimmi ancora un'altra città, - insisteva.

- ...Di là l'uomo si parte e cavalca tre giornate tra greco e levante... - riprendeva a dire Marco, e a (7) _____ nomi e costumi e commerci d'un gran numero di terre. Il suo repertorio poteva dirsi inesauribile, ma ora toccò a lui d'arrendersi. Era l'alba quando disse: - Sire, ormai ti ho parlato di tutte le città che conosco.

- Ne resta una di cui non parli mai.

Marco Polo chinò il capo.

- Venezia, - disse il Kan.

Marco sorrise. - E di che altro credevi che ti

parlassi?

L'imperatore (8) _____. - Eppure non ti ho mai sentito fare il suo nome.

E Polo: - Ogni volta che descrivo una città dico qualcosa di Venezia.

- Quando ti chiedo d'altre città, voglio sentirti dire di quelle. E di Venezia, quando ti chiedo di Venezia.

- Per distinguere le qualità delle altre, devo partire da una prima città che resta implicita. Per me è Venezia.

- Dovresti allora cominciare ogni racconto dei tuoi viaggi dalla partenza, descrivendo Venezia così com'è, tutta quanta, senza (9) _____ nulla di ciò che ricordi di lei.

L'acqua del lago era appena (10) _____; il riflesso di rame dell'antica reggia dei Sung (11) _____ in riverberi scintillanti come foglie che galleggiano.

- Le immagini della memoria, una volta fissate con le parole, si cancellano, - disse Polo. - Forse Venezia ho paura di perderla tutta in una volta, se ne parlo. O forse, parlando d'altre città, l'ho già perduta poco a poco.

---

1. a) s'incurvano sui canali
   b) incrociano i canali
   c) scavalcano i canali
2. a) s'immergono nell'acqua
   b) si specchiano nell'acqua
   c) sfiorano l'acqua
3. a) il viavai
   b) l'andirivieni
   c) il passaggio
4. a) si muovono
   b) vanno
   c) volteggiano
5. a) fissarlo
   b) scrutarlo
   c) guardarlo
6. a) ascoltando
   b) assaporando
7. a) parlare di
   b) raccontare
   c) enumerare
8. a) non batté ciglio
   b) non si scompose
   c) rimase impassibile
9. a) tralasciare
   b) trascurare
   c) omettere
10. a) increspata
    b) mossa
    c) agitata
11 a) si frantumava
    b) si spezzava
    c) si divideva

---

9 Com'è la tua città ideale? Descrivila elencandone almeno dieci caratteristiche. Poi confrontala in classe con i tuoi compagni, cercando di definire la città ideale per il vostro gruppo.

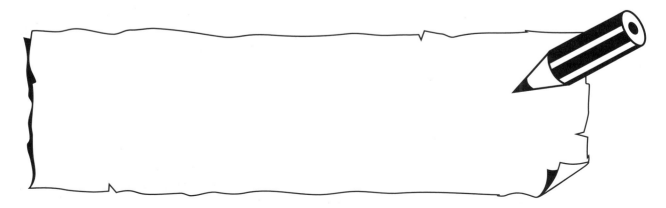

10 Scegli tra questi alberghi quello in cui vorresti passare le tue prossime vacanze.

HOTEL CHALET DES ALPES * **   **TORGNON-CERVINIA**

L'hotel, arredato con gusto nel tipico stile montano, è situato
nelle vicinanze della telecabina Aosta-Pila.
L'attenta gestione familiare assicura servizi di buon livello e una calda accoglienza
in un ambiente tipicamente valdostano.

Servizi e attrezzature: bar, sala TV, giardino, parcheggio.
Camere: tutte con servizi privati.
Distanza dal centro: 300 metri.
Animali: non ammessi.
Prezzi:
13/06 - 18/07 e 29/08 - 12/09 **L. 455.000**
12/07 - 01/08 e 22/08 - 29/09 **L. 525.000**
01/08 - 22/08   **L. 665.000**
Supplemento doppia uso singola: **30%**
I prezzi si intendono per soggiorno in camera doppia, con pensione completa e a settimana.

HOTEL SPORTING ***   **GUBBIO**

La struttura, inaugurata nel '92, sorge all'interno di un centro
sportivo, a breve distanza dalle mura storiche della cittadina.
Dotato dei più moderni confort, l'hotel offre anche un'accurata cucina
con specialità al tartufo bianco di Gubbio.

Sevizi e attrezzature: ascensore, piano bar, ristorante, sala per riunioni e convegni, sala soggiorno
e TV, aria condizionata, giardino, parcheggio, servizio navetta per il centro e per la piscina privata
situata a qualche chilometro di distanza ad oltre 700 metri di altitudine.
Camere: tutte dotate di servizi privati, aria condizionata, TV color via satellite, frigobar e telefono diretto.
Distanza dal centro: 500 metri.
Animali: su richesta.
Prezzi:
03/04 - 10/07 e 24/07 - 02/10   7 gg **L. 500.000**   **105.000** al giorno
10/07 - 24/07 e 02/10 - 30/10   7 gg **L. 390.000**   **76.000** al giorno
Supplemento singola: **45.000** al giorno
I prezzi si intendono per soggiorno in camera doppia e trattamento di mezza pensione.

HOTEL DU LAC **   **GARGNANO**

Caratteristica struttura, sorge nel centro storico
di Villa in posizione tranquilla direttamente sul lago di Garda.
La cucina curata personalmente dai proprietari, offre tradizionali specialità tipiche.

Servizi e attrezzature: bar, ristorante, ampia terrazza sul lago.
Camere: tutte con servizi privati, telefono.
Distanza dal lago: sul lago.
Distanza dal centro: in centro.
Animali: ammessi.
Prezzi:
03/04 - 17/04 e 03/07 - 04/09   **L. 420.000**
17/04 - 03/07   **L. 359.000**
Supplemento singola: **L. 13.000** al giorno
I prezzi si intendono per soggiorno in camera doppia con trattamento di mezza pensione e a settimana.

HOTEL MIRAMARE***
CALA GONONE

Sorge in posizione panoramica con splendida vista sul golfo
di Orosei, sul versante orientale della Sardegna,
a 110 chilometri dal porto di Olbia.

Servizi e attrezzature: l'hotel, recentemente rinnovato, dispone di ristorante, bar, sala TV e giochi,
solarium.
Camere: tutte con servizi privati, telefono, TV color, frigobar e balcone.
Distanza dal mare: 30 metri.
Animali: ammessi su richiesta.

01/04 - 16/06 e 01/10 - 15/10	L. 75.000	L. 85.000
16/06- 01/08 e 01/09 - 01/10	L. 85.000	L. 95.000
01/08 - 01/09	L. 130.000	L. 145.000

Supplemento singola: L. 15.000
I prezzi si intendono per soggiorno in camera doppia e al giorno. La prima colonna si riferisce
al trattamento di mezza pensione, la seconda, di pensione completa.

EXCELSIOR PALACE HOTEL ****
TAORMINA

In posizione dominante con vista incantevole verso il mare
e l'Etna. Recentemente rinnovato, l'hotel è costituito da
un unico corpo centrale di stile mediterraneo immerso in un ampio parco.

Servizi e attrezzature: ristorante con aria condizionata e prima colazione a buffet, bar, sala
soggiorno, sala TV, sala lettura, ascensore, aria condizionata, deposito valori, lavanderia, servizio
baby-sitter, parco e parcheggio scoperto incustodito, piscina con bar e solarium, un campo
da tennis in tartan.
Camere: tutte dotate di balcone vista mare, aria condizionata, telefono, TV color,
radio/filodiffusione, servizi privati con phon.
Distanza dal mare: a 2 chilometri si trova la spiaggia sabbiosa convenzionata, collegata
con servizio navetta gratuito o con la funivia distante 500 metri.
Distanza dal centro: 800 metri.
Prezzi: L. 1.120.000 (mezza pensione)   L. 1.295.000 (pensione completa).
Camera e colazione in singola: L. 25.000 al giorno.
I prezzi si intendono per soggiorno in camera doppia e a settimana durante tutto l'anno.

 Ora immagina di telefonare all'albergo che hai scelto per chiedere eventuali altre informazioni e prenotare. Scrivi il dialogo telefonico fra te e l'albergatore. Poi scrivi una lettera di conferma della prenotazione. Non dimenticare di specificare quanti siete e il periodo!

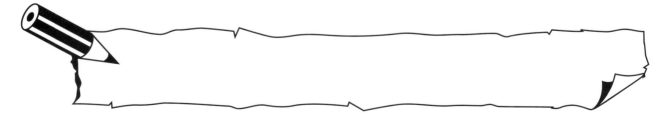

 Perché non ti organizzi un bel fine settimana in Italia? Potresti sfruttarlo la prossima volta che ci vieni. Scegli una zona che ti interessa e traccia un itinerario di due giorni, sul tipo di quello che hai ascoltato al punto 13 del *Libro dello studente*. Puoi consultare una guida turistica, un atlante, un'enciclopedia, un'agenzia di viaggi... Se preferisci, fai questo lavoro con uno o due tuoi compagni. Poi esponete il programma del week-end al resto della classe.

Buon viaggio!

1 Scrivi un breve dialogo per ognuna di queste situazioni.

TRENO	MACCHINA	AEREO
annuncio ritardo	benzinaio	annuncio imbarco
annuncio arrivo	meccanico	check-in
annuncio partenza	polizia	banco informazioni
sportello informazioni	autonoleggio	comunicazioni in cabina
biglietteria		

2 Scrivi nei 3 box tutte le parole che ti vengono in mente e che si riferiscono a treno, macchina e aereo. Hai 5 minuti di tempo.

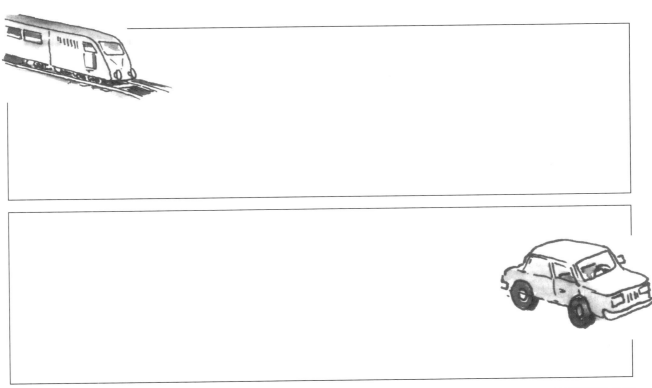

Fatto? Puoi controllare se ti sei dimenticato qualcosa rivedendo velocemente nel *Libro dello studente* i testi e le concettualizzazioni dell'Unità 13.

3 Ascolta le interviste ed elenca pregi e difetti dei mezzi di trasporto di cui si parla.

MEZZI DI TRASPORTO	PREGI	DIFETTI

4 In questo schema sono nascoste alcune parole legate al lessico dei mezzi di trasporto. Cerca di scoprirle e, se non ce le hai già messe, aggiungile ai gruppi del punto 2. Tieni presente che le parole si possono formare sia in verticale che in orizzontale, e che alcune lettere sono in comune tra due parole. Attenzione! Ci sono parole che possono appartenere a più di un gruppo!

N	P	A	S	S	O	C	A	R	R	A	B	I	L	E	S	E
O	S	T	E	L	E	Q	U	I	P	A	G	G	I	O	M	I
N	V	A	G	O	N	E	Z	C	A	R	R	O	Z	Z	A	I
G	A	L	L	E	R	I	A	P	M	E	L	A	V	A	D	M
A	T	T	E	R	R	A	G	G	I	O	M	O	C	A	E	B
T	O	P	O	V	A	U	T	I	S	T	A	L	A	A	C	A
B	I	G	L	I	E	T	T	E	R	I	A	T	R	E	O	R
I	C	A	S	E	L	L	O	M	S	C	A	L	O	C	L	C
P	A	S	S	A	G	G	I	O	A	L	I	V	E	L	L	O
C	U	O	R	S	O	F	I	N	E	S	T	R	I	N	O	B
S	T	O	P	I	L	O	T	A	Q	C	A	N	E	C	A	I
R	O	P	O	R	T	A	B	A	G	A	G	L	I	R	I	N
O	S	D	O	G	A	N	A	M	G	A	T	T	O	F	L	A
T	T	P	A	C	O	N	T	R	O	L	L	O	R	E	I	R
A	O	O	S	E	M	A	F	O	R	O	S	I	M	P	N	I
I	P	N	E	U	M	A	T	I	C	O	O	L	I	C	E	O
A	U	T	O	S	T	R	A	D	A	P	E	S	C	E	A	Z

5 Leggi questo articolo della rivista *Qui Touring* e completa lo schema.

ADDIO BAGAGLI

Qui Touring, maggio 1991

Uno dei problemi che riguarda più da vicino chi viaggia in aereo è il mancato ricevimento del bagaglio: il passeggero arriva in aeroporto, assieme a lui dovrebbero sbarcare le relative borse e valige, che però al momento della consegna mancano. Ciò significa che nello scalo d'origine, o in uno di transito, il bagaglio è stato "disguidato", come si dice in gergo aeroportuale. Al passeggero sfortunato non resta che rivolgersi all'ufficio "Lost and found" dello scalo, che inserisce la denuncia di smarrimento nel computer trasmettendo i dati alla compagnia aerea, che dovrà farsi carico del problema e delle conseguenze che comporta per il viaggiatore.

Non mancano le lamentele anche per i danni subiti dai bagagli. In caso di smarrimento o deterioramento del bagaglio registrato, le compagnie rispondono in ragione di 20 dollari statunitensi per chilogrammo, fino a un massimo di 640 dollari. Alcune assicurano anche un piccolo assegno per gli acquisti indispensabili: a ogni buon conto è conveniente contrarre un'assicurazione sul bagaglio, spesso prevista nei viaggi organizzati, e comunque etichettare chiaramente all'interno e all'esterno le valige per facilitarne la ricerca. È consigliabile tenere in tasca fotocopie di tutti i documenti contenuti nei bagagli per accelerare le procedure per il rilascio dei duplicati in caso di smarrimento o furto degli originali.

Un'altra nota dolente in molti aeroporti è rappresentata dalla mancanza di collegamenti con la città e le stazioni ferroviarie. Ancora oggi in alcuni scali, come, per esempio, quello di Fiumicino, sono i taxisti a garantire nella maggior parte dei casi il trasporto da e per lo scalo. Sempre in tema di viaggi aerei, il problema dell'overbooking, il pericolo cioè di essere lasciati a terra perché la compagnia ha accettato più prenotazioni dei posti disponibili onde cautelarsi da eventuali rinunce, è stato in parte risolto da quando l'Alitalia ha imposto l'obbligo dell'acquisto del biglietto entro 3 giorni dalla prenotazione, pena la decadenza di quest'ultima. Dallo scorso gennaio, inoltre, secondo un regolamento Cee, i passeggeri che, pur in possesso di biglietto, restano a terra per eccedenza di prenotazioni avranno diritto alla camera d'albergo gratuita e a un indennizzo di 150 Ecu.

Antonella Gandini

PROBLEMA	COSA FA LA COMPAGNIA	COSA PUO' O DEVE FARE IL VIAGGIATORE

Ora aggiungi al corrispondente gruppo del punto 2 le parole di questo testo che non conoscevi o che non ti erano venute in mente prima.

6 Ecco alcune frasi riprese dall'articolo del punto precedente. Prova a riesprimerne il senso usando altre parole.

…mancato ricevimento…
…farsi carico del problema…
…le compagnie rispondono in ragione di 20$ per Kg…

…accelerare le procedure per il rilascio dei duplicati…
…onde cautelarsi da eventuali rinunce…
…pena la decadenza di quest'ultima…
…eccedenza di prenotazioni…

7 Racconta con almeno 200 parole qualcosa di strano, drammatico o divertente che ti è capitato durante un viaggio.

8 Guarda questa pubblicità e segna con una X le informazioni esatte.

Dal vostro aereo al centro di Firenze e Napoli, non-stop.

Airport Train by FS

Un aereo che viaggia sui binari? E' possibile. In collaborazione con le Ferrovie dello Stato italiane, Alitalia presenta Airport Train: il primo treno che collega l'aeroporto di Roma Fiumicino con il centro di Firenze e Napoli senza scali intermedi. Tutti i giorni, due volte al giorno. Dall'estero o dall'Italia basta effettuare un solo biglietto e un solo check-in sia per il volo che per il treno. Airport Train ha proprio tutti i confort di un volo internazionale Alitalia. Informatevi nelle Agenzie di viaggio o negli Uffici Alitalia locali.

Alitalia

☐ L'Airport Train collega Roma Fiumicino con Napoli e Firenze, e viceversa

☐ I collegamenti effettuati dall'Airport Train avvengono tra gli aeroporti delle città interessate al servizio

☐ Il treno non effettua soste durante il tragitto

☐ I bagagli vengono imbarcati direttamente sul treno a cura dell'Alitalia

☐ Per usufruire del servizio, è sufficiente un solo biglietto cumulativo aereo + treno

☐ Il biglietto per il servizio Airport Train si può acquistare solo in Italia, nelle agenzie di viaggi convenzionate con l'Alitalia

9 Cosa indicano questi segnali stradali? Scrivi nelle caselle le lettere corrispondenti.

☐ passaggio a livello con barriere   ☐ limite massimo di velocità

☐ dare precedenza   ☐ rotatoria

☐ dare precedenza nei sensi unici alternati ☐ pista ciclabile

☐ divieto di transito   ☐ incrocio con precedenza a destra

☐ senso vietato   ☐ diritto di precedenza

☐ divieto di sorpasso   ☐ direzione obbligatoria

a    b    c    d

e    f    g    h

i    l

m    n

10 Leggi questa lettera e segui il percorso sulla cartina, in modo da scoprire dove si trova il paese degli amici del signor Peppuccio.

Caro Peppuccio,
sono molto contento che tu abbia accettato il nostro invito. Eccoti dunque le istruzioni dettagliate per raggiungerci. Tieni presente che Padola è così piccola che non è segnata sulla cartina stradale che ti mando, ma non preoccuparti, se segui attentamente il percorso non ti puoi sbagliare!
Dunque, da Padova, prendi l'autostrada per Venezia. Esci all'indicazione dell'innesto della A27 Mestre-Vittorio Veneto. Sono una settantina di chilometri fino alla fine dell'autostrada, e di solito non c'è molto traffico. Quando l'autostrada finisce, segui le indicazioni per Ponte nelle Alpi, sulla statale 51. Dopo Ponte nelle Alpi prosegui ancora verso nord, seguendo la valle del Piave, in direzione di Pieve di Cadore. Qui la strada diventa statale 51B (la 51A va a Cortina). Dopo circa 12 chilometri, nuovo bivio, a sinistra si va ad Auronzo, a destra a Santo Stefano di Cadore: tu gira a destra, sulla 355. Una volta a Santo Stefano prendi a sinistra, seguendo le indicazioni per Passo Monte Croce e San Candido. Dopo circa dieci chilometri, dopo un paese lungo la strada che si chiama Candide (neanche questo è segnato sulla carta), troverai l'indicazione per Padola: è una deviazione abbastanza brusca verso sinistra, per cui dopo Candide non ti distrarre! Come vedi dalla cartina, è possibile arrivare a Padola anche passando da Auronzo, ma, sebbene sia più breve, è una strada meno comoda a causa di un passo che bisogna valicare.
Una volta deviato dalla 52 vedrai Padola in fondo alla valle. Arrivato in paese segui la strada principale fino alla piazza con la chiesa. La nostra è la casa sopra al bar Perin.
Spero che le indicazioni siano abbastanza chiare, ma comunque sono sicuro che non sarà difficile scovarci. Preparati a grandi scarpinate e ad altrettante grandi mangiate!
Un saluto e a presto.

Roberto

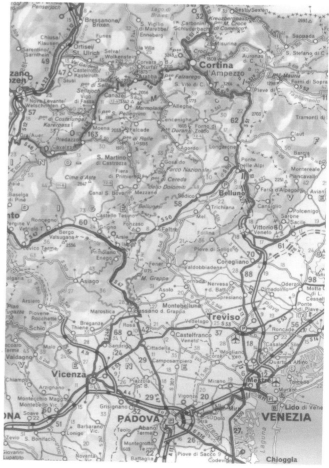

11 In conclusione, treno, macchina o aereo? Usa più aggettivi che puoi per definire ognuno di questi mezzi di trasporto.

Io non sono d'accordo

1 Ascolta di nuovo le interviste del punto 8 dell'Unità 1 e trascrivi le espressioni usate per esprimere l'accordo e il disaccordo.

2 Esprimi in modo formale il tuo disaccordo con queste persone.

1. ● Ritengo che per investire in borsa questo momento sia sbagliato.
   ○ _____

2. ● Se potessi abolirei tutte le restrizioni sul consumo delle droghe.
   ○ _____

3. ● Per me oggi come oggi è meglio non avere figli.
   ○ _____

4. ● I figli vanno picchiati spesso, così imparano l'educazione.
   ○ _____

5. ● Trovo che sia assolutamente indispensabile chiamare questa persona.
   ○ _____

6. ● Se qualcuno ruba è perché ha fame.
   ○ _____

7. ● Viaggiare è veramente inutile.
   ○ _____

8. ● Curarsi con i farmaci fa più male che bene.
   ○ _____

9. ● Bisognerebbe rendere obbligatoria la donazione del sangue.
   ○ _____

10. ● Questo arrosto manca di sale.
    ○ _____

11. ● Bere col caldo fa male.
    ○ _____

3 Rispondi ancora alle affermazioni dell'attività precedente esprimendo il tuo disaccordo in modo più energico.

4 Completa i dialoghi.

1. ● Sono sicuro che è lui l'assassino.
   ○ _____. Forse è lui.

2. ● Non aveva il diritto di negarglielo.
   ○ _____. Non lo meritava.

3. ● Tu hai torto marcio!
   ○ _____?!

4. ● Per me sarebbe meglio non andare.
   ○ _____, ma non ne sono sicuro.

5. ● Questo giocattolo è pericolosissimo.
   ○ _____. È meglio buttarlo via.

6. ● Non voglio assolutamente che i miei figli credano alle favole.
   ○ _____?! Le favole hanno

una funzione importante nello sviluppo dei bambini.

7. ● I giardini zoologici sono delle vere e proprie prigioni.
   ○ _____. Quei poveri animali! Mi fanno una pena...

8. ● Le ho spiegato che non ci andrò e non ci andrò.
   ○ _____. Io avrei fatto lo stesso.

9. ● Dai, muoviti! Ma che ci vuole a finire quel lavoro? È una tale sciocchezza!
   ○ _____?!

10. ● Questo libro è una cretinata.
    ○ _____. Sono pienamente d'accordo.

UNITÀ 14

5 Inventa le risposte con gli elementi suggeriti tra parentesi, usando **penso che** come nel modello. Attenzione: se vuoi puoi aggiungere altri elementi o parole. In alcuni casi sarai costretto a farlo.

● **Hai saputo? Il Comune ha deciso di mandare via i poveri del campo nomadi.**

○ **Sì, l'ho letto, ma (non essere giusto/trovare loro una nuova sistemazione)** *Penso che non sia giusto. Prima bisognerebbe trovargli una nuova sistemazione.*

1. ● Hai sentito? Eva sta di nuovo male. Ha avuto un'altra indigestione.
   ○ (mangiare troppe porcherie/stare più attenta) _____
   _____

2. ● Chissà perché Pino e Daniele sono di nuovo così in ritardo.
   ○ (in questi giorni avere molto da fare/esserci la madre/venire a trovare) _____
   _____

3. ● Ogni sera la stessa storia! Non si vuole mai addormentare!
   ○ (dormire troppo/essere normale che non abbia sonno/mandarla a letto un po' più tardi la sera/non farla dormire il pomeriggio) _____
   _____

4. ● Hai visto che disastro? Guarda che mare! Non potremo fare la nostra gita in barca.
   ○ Ma dai, su, non esagerare! (il mare mosso non essere poi così pericoloso/stare un po' attenti e rimanere vicino alla costa) _____
   _____

5. ● Cosa prepariamo a cena questa sera? Vogliamo fare un bell'arrosto con patate?
   ○ Non so se sia una buona idea. (Andrea e Maria essere vegetariani/non esserne sicuro/lasagna e sformato di verdure per non rischiare) _____
   _____

6. ● Che tempo farà a Torino? Che dici, sarà meglio che mi porti un cappotto?
   ○ (freddo, nevicare/ancora mese di marzo/Torino vicino alle montagne) _____
   _____

6 Inventa le risposte con gli elementi suggeriti tra parentesi e usando **mi sembra che**. Attenzione: se vuoi puoi aggiungere altri elementi o parole. In alcuni casi sarai costretto.

● **Hai visto Laura?**

○ **(venire alle sei, sei e mezzo/lezione di francese fino alle sei meno un quarto)** *Mi sembra che venga verso le sei, sei e mezzo. Prima aveva una lezione di francese.*

1. ● Hai visto quanto è magra Eva? Sai se per caso sta male?
   ○ No, non credo. (mangiare troppo poco/paura di ingrassare) _____

2. ● Beh? Che ne dici della mia Glorietta? Ti piace?
   ○ (deliziosa/proprio carina/molto sveglia/identica al fratello) _____
   _____

3. ● Oddio! Avete visto cosa c'è qui fuori? Un orso! Cosa facciamo? E se ci entra in casa?
   ○ (stare calmi/l'orso non essere un animale pericoloso/aspettare che se ne vada/non disturbarlo) _____
   _____

4. ● Meno male. Oggi almeno è tutto fatto. La cena è pronta, la tavola apparecchiata...
   ○ Io aspetterei a cantare vittoria. Senti che odore! (starsi bruciando qualcosa in cucina/andare a _____
   vedere) _____
   _____

5. ● Sono giorni che cerco tuo fratello e non lo trovo.
   ○ (essere partito/da giorni parlare di andare qualche giorno al mare) _____
   _____

6. ● E questa sciarpa che è rimasta qui, di chi sarà?
   ○ (essere di Annalaura/a lei piacere molto quel colore) _____
   _____

7 Inventa le risposte con gli elementi suggeriti tra parentesi, usando **secondo me** come nel modello.
Attenzione: se vuoi puoi aggiungere altri elementi o parole. In alcuni casi sarai costretto a farlo.

☞ ● **Quest'estate, quando andremo al mare, voglio imparare ad andare in windsurf.**

○ **(non potere andare al mare/avere le vacanze in ottobre)** *Guarda che secondo me quest'anno non potremo andare al mare, se abbiamo le vacanze a ottobre.*

1. ● Hai visto come siamo brave? Carine, brave e intelligenti!
   ○ (solo presuntuose/darsi sempre tante arie) _____
   _____

2. ● Non capisco. Non riesce a rimanere tre giorni di seguito nello stesso posto. Ora vuole ripartire.
   ○ (essere normale/soprattutto se tutti trattarlo così) _____
   _____

3. ● Sono proprio dei disgraziati. Ma questa volta non gliela farò passare liscia! Mi sentiranno!
   ○ (prendersela tanto essere inutile/impossibile cambiare della gente come quella) _____
   _____

4. ● Ci beviamo una birretta?
   ○ Va bene, ma (bere troppa birra/meglio non esagerare) _____
   _____

5. ● Io vado a riposarmi un po'. Sono stanchissimo. Ho un sonno...!
   ○ (non stare bene/dormire troppo) _____
   _____

8 Leggi questi articoli di cronaca e di costume e poi per ognuno scrivi un breve testo nel quale spieghi cosa ne pensi. Ricordati di usare tutti gli elementi visti al punto 8 del *Libro dello studente*.

Donatrici volontarie 8 donne dell'ex Jugoslavia per ricordare il loro dramma

Una copertina stampata col sangue

Provocazione del maggior quotidiano di Monaco

LA STAMPA 13/11/93

Bonn
Dal nostro corrispondente

Lo hanno fatto per scuotere l'indifferenza della gente di fronte alle atrocità della guerra e al dramma delle donne, che delle guerre sono spesso due volte vittime, come la tragedia jugoslava dimostra. Ma la prima reazione sono state polemiche aspre: è lecito usare sangue umano, femminile in questo caso, per stampare la copertina di un settimanale? E nel momento in cui il paese è scosso dallo scandalo del sangue infetto?

Alla «Sueddeutsche Zeitung» - il grande quotidiano di Monaco che ha accolto la proposta della pittrice americana Jenny Holzer, e che stamperà la copertina del suo "magazine" con sangue donato volontariamente da otto donne jugoslave - non hanno dubbi: la provocazione servirà a far riflettere su un tema troppo spesso accantonato e dimenticato. Il prossimo numero del sup-

plemento settimanale sarà in edicola il 19 novembre, ma è già pronto. «*Là dove le donne muoiono*», è il titolo a piena pagina, stampato con sangue umano.

All'interno le parti scritte sono state stampate su fotografie di pelle umana, perché "la storia è scritta sul corpo delle donne": un altro modo per "attirare l'attenzione sulle donne che soffrono", ha spiegato Jenny Holzer, una pittrice quarantenne che nel 1990 ha rappresentato gli Stati Uniti alla Biennale di Venezia. Alle perplessità e alle critiche di qualche giornale concorrente si sono aggiunti i timori di possibili infezioni, proprio mentre il paese è sconvolto da uno scandalo che avrebbe già provocato quattrocento morti e oltre duemila sieropositivi. Il direttore della «Sueddeutsche», Andreas Lebert, assicura che non ci sono rischi per i lettori: sul sangue donato dalle otto donne, poco

meno di un litro nell'insieme, sono stati eseguiti tutti i necessari controlli per individuare eventuali virus dell'Aids e di altre infezioni. Il sangue è stato inoltre sottoposto a una serie di procedimenti che lo hanno reso «sterile». Infine è stato mescolato a sette litri di vernice.

Il procedimento di Jenny Holzer ricorda forse quello di Jackson Pollock, che dipingeva con il proprio sangue; ma secondo la Croce Rossa tedesca è «ripugnante e assurdo». Pittrice e giornale ribattono ricordando alcune cifre: «Almeno sessantamila donne sono state violentate nella guerra civile dell'ex Jugoslavia». E «non è noto quante donne sono state torturate, mutilate e uccise. Migliaia forse». E poi, lo scandalo jugoslavo è noto: ma «quante donne», si chiede la pittrice americana, «sono state violentate in altri conflitti?».

(e. n.)

Dal '94 il registro per ufficializzare le unioni fra maggiorenni, senza distinzione.

DIVENTANO FAMIGLIE "VERE" ANCHE I GAY E I CONVIVENTI

Parte da Empoli la rivoluzione dell'anagrafe

LA REPUBBLICA 10/11/93

Dal nostro inviato **FABIO GALATI**

EMPOLI - La prima coppia si presenterà all'anagrafe di Empoli subito dopo Capodanno. Saranno due gay. Oppure due eterosessuali. In ogni caso due persone che vogliono ufficializzare la loro unione. Firmeranno davanti all'impiegato comunale e da quel momento saranno iscritti al Registro delle unioni civili. Potranno chiedere una casa del Comune e partecipare come famiglia a tutti i bandi

comunali. È una provocazione che parte dal cuore della Toscana rossa, promossa da un ex presidente del locale circolo Arci-gay diventato assessore ai servizi sociali. Il consiglio comunale di Empoli ha approvato il nuovo registro durante un'infuocata seduta. I democristiani si sono opposti fino all'ultimo. Ma la proposta è passata con il voto del Pds, che ha 24 consiglieri su quaranta, dei Verdi, dei socialisti e di Società civile, un gruppo che si richiama alla Rete.

DI SOLITUDINE SI PUO MORIRE... DAL RIDERE

Felici con gli uomini? Sì ma solo con quelli delle altre. Come? Ce lo insegna un manuale scanzonato

Gli uomini liberi in circolazione? Sono tutti dei saldi, riciclati due, tre, molte volte, o... preferiscono le altre. Che fare? Suicidarsi, disperarsi, deprimersi, farsi monache? Meglio una bella risata. Meglio imparare a vivere sole. Felici con gli uomini, sì, ma delle altre. Lo insegna Alessandra Appiano, autrice e conduttrice di programmi televisivi. Lei lo ha imparato: è tutto inutile. Meglio accettare la propria solitudine, come insegna nel suo ultimo libro **Sola** (Biblioteca Umoristica Mondadori). Ecco qualche perla della sua inimitabile saggezza...

• Riflettendo sul caso di Daniela, la mia amica che in seguito all'ultima delle sue storie sentimental-fallimentari ha perso più di cinque chili, mi sono chiesta se non potessimo tornare in forma usando gli uomini anziché la dieta. Invece di scambiarci l'indirizzo dell'estetista, non potremmo passarci parola quando incontriamo un disgraziato?

• Le mie amiche ultraquarantenni (spaiate) si stanno facendo tutte prendere dal panico: hanno la sensazione dell' «adesso o mai più». Io sono serena: ho l'assoluta certezza del «mai più».

• Alla faccia di Toto Cutugno, ho capito «che le mamme piangono» perché si rendono conto del bidone che ci hanno tirato. Sanno di essere state delle carogne, con tutti i loro istigamenti ad accalappiarci un uomo e tenercelo stretto per tutta la vita: idea questa che ha dell'agghiacciante.

• Chi è sola a capodanno è sola tutto l'anno: beata lei.

• Diciamocelo: i partner delle altre sono quelli che ci danno le migliori soddisfazioni. Non smettono mai di esserci grati per la nostra assenza.

• L'importante è che i sogni e gli amori finiscano. Sennò sarebbero incubi.

• Quando ero piccola ogni mattina la mamma veniva nel letto, mi sbaciucchiava e diceva: «sento odor di pulcinotto». Forse è per questo che ci si sente soli, da grandi.

ANNA 6/10/93

CORRIERE DELLA SERA 9/11/93

Il pm: ha tolto tempo al lavoro e i comunali di Spoleto la vogliono imitare

Pedicure a scuola, prosciolta la bidella

SPOLETO – La bidella si fa fare di pedicure a scuola durante l'orario di lavoro? Nessun problema, non è reato. Così si è pronunciata la Procura alla quale si era rivolta la giunta con un esposto scaturito dalla segnalazione dell'assessore all'Istruzione, Cardarelli, stanco del «vizietto» della dipendente.

Tutto cominciò qualche mese fa quando un genitore dei bimbi che frequentano al materna Collodi segnalò telefonicamente al dirigente di settore, il dottor De Santis, che una delle bidelle era solita farsi fare il pedicure nella cucina della scuola. Pochi minuti dopo il dirigente piombava alla Collodi per un controllo. La dipendente, una signora di 58 anni, veniva sorpresa a gambe all'aria mentre un'estetista era intenta al pedicure, proprio nel locale in cui arrivano i pasti (dalla mensa centrale) che vengono poi consumati dai piccoli ospiti.

Da qui l'esposto e le indagini, conclusesi però, contrariamente a quanto forse si aspettavano in Comune, con la richiesta di archiviazione del pm Tentori Montalto, accolta dal gip. Perché, si legge nella motivazione: «Non è emerso in alcun modo che la donna, nei momenti in cui si sottoponeva al trattamento di pedicure, si sia sottratta all'adempimento di specifiche incombenze o fosse invece in attesa di istruzione». Insomma, per i giudici il fatto non violerebbe il codice penale, ma eventualmente sole le regole di competenza della commissione disciplinare interna. Una decisione che ha già suscitato reazioni a Spoleto. «D'ora in poi – scherza una dipendente pubblica – vorrà dire che approfitterò dei tempi morti in ufficio per chiamare il parrucchiere o la massaggiatrice, per la quale non riesco mai a trovare un momento. E perché no, l'amica o i figli?

D.M.

9   Completa con **di** + *infinito* o con un verbo coniugato.

1. ● Ritengo che la musica classica **(essere)** _____ la vera musica.
   ○ Non sono d'accordo. **(esserci)** _____ tanti altri tipi di musica interessante.

2. ● Mi sembra che tu proprio non **(volere)** _____ andarci.
   ○ Invece sbagli. Ho intenzione **(andarci)** _____ nel pomeriggio.

3. ● Penso **(portare)** _____ Camilla fuori nel pomeriggio.
   ○ Io invece credo che **(rimanere)** _____ a casa.

4. ● I Ramieri non credono che **(noi/comprare)** _____ la loro casa.
   ○ Si sbagliano perché penso proprio **(acquistarla)** _____

5. ● Pensate **(tornare)** _____ per capodanno?
   ○ Non credo.

6. ● Immagino che **(voi/essere affamati)** _____
   ○ Più che fame credo **(avere sete)** _____

7. ● Credo che Nico **(avere)** _____ gli occhi scuri.
   ○ Ti **(sbagliare)** _____. Li ha castani.

8. ● Immagino che voi **(dovere)** _____ studiare.
   ○ Purtroppo sì.

9. ● Non mi sembra che **(io/essere)** _____ così scortese come **(dire)** _____ tu.
   ○ Secondo me non lo **(tu/essere)** _____, solo che ti **(piacere)** _____ sembrarlo.

10. ● Penso che voi **(odiare)** _____ le carote. Le **(lasciare)** _____ sempre nel piatto.

10   Leggi questa lettera e rispondi.

Caro Alberto,
ho appena saputo da tua moglie delle tue dimissioni e sono molto preoccupato per
le conseguenze del tuo gesto.
Raffaella mi ha telefonato in lacrime per raccontarmelo, ma io me lo aspettavo già
da tempo perché ti conosco bene e conosco bene anche la tua, scusa la sincerità,
presunzione. Lasciare il lavoro per quello che è successo con il dottor Bardi non ti
può aiutare, e anche se in parte condivido il tuo punto di vista, tu devi andare a
parlare con lui al più presto. Innanzitutto se te ne vai via così non ti sarà facile
trovare un altro posto, e poi considera il problema economico: come pagherai
l'affitto e tutte le altre spese? E poi, scusa, non pensi a Raffaella? Su, dai, dammi
retta. Per una volta metti da parte il tuo orgoglio, ti prego, e torna sulla tua
decisione. Ricorda cosa è successo due anni fa: eri nella stessa situazione e poi ti
sei pentito.

Pensaci bene.

Armando

Quali argomenti usa Armando per convincere Alberto a riprendere il lavoro?

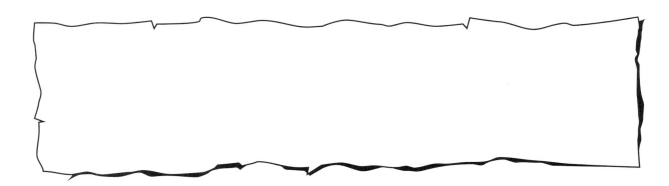

11 Guarda il modello e cerca di convincere queste persone del contrario. Ricordati di usare le strategie e gli elementi visti al punto 11 del *Libro dello studente*.

● **Con Rina ho chiuso! Non voglio più vederla!**
○ *Ma dai, su, chiamala.*

1. ● Non ho intenzione di passare per scemo. Non verrò e basta.
   ○ _____

2. ● Questa carne è una porcheria.
   ○ _____

3. ● Non gli permetto di prenderci in giro.
   ○ _____

4. ● Se tornate qui non chiedetemi di aiutarvi. Mi avete messo tutto in disordine.
   ○ _____

5. ● OK. Puoi anche venire, ma senza il cane.
   ○ _____

6. ● Se mai usciremo da questa situazione non faremo mai più un viaggio.
   ○ _____

7. ● Non parlerò mai più con tua sorella. È una vera fanatica.
   ○ _____

8. ● Questo dentista è troppo caro. Non ci voglio tornare mai più.
   ○ _____

9. ● Se mi va male l'esame lascio l'università.
   ○ _____

10. ● Se il capo non la smette di telefonarmi di domenica lascerò subito il lavoro.
    ○ _____

12 Riprendi l'attività precedente e aggiungi degli argomenti a sostegno del tuo punto di vista usando **innanzitutto**, **anche se**, **e poi...** e **oltretutto**.

13

Riprendi il testo di Giovanni Papini, tratto da *Gog*, a pagina 66 del *Libro dello studente*.
Cerca nel testo le seguenti strategie, usate spesso per argomentare, e osservane l'uso. Lo capisci bene? Se hai problemi, aiutati con un dizionario o parlane con il tuo insegnante.

non si può... ma soltanto...
quando + *indicativo, indicativo*
pare che + *congiuntivo*
d'altra parte...
è un errore
se + *indicativo/congiuntivo, indicativo/condizionale*

e importante è + *infinito*
(come) ad esempio...
io + *condizionale*
per quanto + *congiuntivo*
e sapete...?

Immagina di aver partecipato alla conversazione con l'avvocato Francis Malgaz. Dopo aver riflettuto a lungo sulle sue idee, gli scrivi una lettera in cui gli rispondi. Usa anche le espressioni che hai appena incontrato.

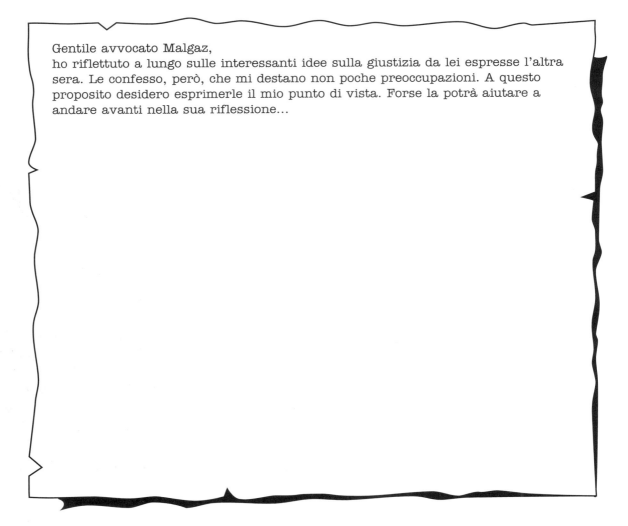

Gentile avvocato Malgaz,
ho riflettuto a lungo sulle interessanti idee sulla giustizia da lei espresse l'altra sera. Le confesso, però, che mi destano non poche preoccupazioni. A questo proposito desidero esprimerle il mio punto di vista. Forse la potrà aiutare a andare avanti nella sua riflessione...

Oltre a tutte le strategie che hai appena imparato, ecco altre espressioni che puoi usare:

le confesso che quest'idea mi trova totalmente d'accordo/in disaccordo...
devo riconoscere che + *indicativo*
devo ammettere che + *indicativo*
innanzitutto...   poi...   comunque sia,...

14 Scrivi una lettera al direttore di un giornale su uno degli argomenti del punto 14 (pagina 145) del *Libro dello studente*. Per argomentare usa tutti gli elementi incontrati finora.

15 Leggi ancora una volta il testo di Maria Messina a pagina 148 del *Libro dello studente*.

Ci sono molte parole che non conosci in questo testo? Sottolineale e per ognuna cerca di dedurne il significato basandoti sul contesto e le tue sensazioni. Prendi appunti. Se non hai un'idea precisa, cerca di avvicinarti il più possibile al significato che immagini della parola: si riferisce a qualcosa di concreto o astratto? Si tratta di qualcosa che si può prendere in mano? A cosa può servire? Si tratta di qualcosa da mangiare? Si tratta di una sensazione fisica o emotiva? Evoca qualcosa di positivo, neutro o negativo? Si riferisce a una qualità del soggetto? Si riferisce a un giudizio della persona che parla? È un aggettivo? È un verbo?
A che tipo di azione pensi che si riferisca? Quando si fa la cosa espressa dal verbo in questione?

Poi controlla le tue risposte sul dizionario.

In quanti casi ti eri avvicinato alla risposta? In quanti casi avevi sbagliato di molto?
Cerca di classificare le parole secondo i tuoi errori e il grado di prevedibilità.
Puoi trarre qualche conclusione? Ci sono parole che ti sembrano più difficili da indovinare?
Che caratteristiche hanno in comune?

Secondo me la vita nelle grandi città è stressante...

1

Ricordi l'attività 1 del *Libro dello studente*? Guarda le schede che hai riempito in classe dopo l'ascolto delle registrazioni e scrivi un testo in cui descrivi Luisa, uno in cui descrivi Alessandro e uno in cui descrivi Domenica.

Luisa è architetto, ma non ha mai lavorato come architetto perché si è dedicata alla famiglia. Ha sessantacinque anni e si sente una persona soddisfatta delle sue scelte...

2

Ricordi l'attività 2 del *Libro dello studente*? Scrivi delle brevi frasi in cui riassumi quanto avete detto in classe.

A me piace di più Carlo perché mi interessa la vita di un giudice. Montserrat invece preferisce Luisa per il suo modo di parlare.

Io trovo che Alessandro sia una persona normale. Irene invece crede che sia strano perché studia medicina, che è una scienza, e musica, che è un'arte.

3

Completa le risposte seguendo il modello.

● **E questo cos'è?**
○ **(sedia ultramoderna)** *Dev'essere una sedia ultramoderna.*

1. ● E questa giacca di chi è?
   ○ (Andrea) _____. A lui piace molto questo colore.

2. ● Questo computer cos'è, un 386 o un 486?
   ○ No, (8086) _____, guarda com'è lento!

3. ● Cosa sta preparando Gianluca, che si è chiuso così misteriosamente in cucina?
   ○ (torta) _____, senti che odorino!

4. ● E questo bambino chi è?
   ○ (figlio di Walter) _____, guarda come gli somiglia!

5. ● E questo dolce cos'è?
   ○ (dolce di Natale) _____.

4

Ricordi l'attività 4 del *Libro dello studente*? Scrivi un testo su quello che hai già detto in classe.

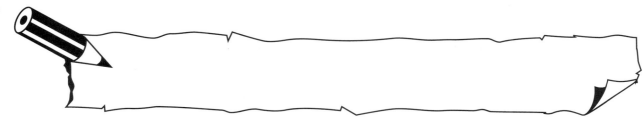

5

Leggi di nuovo il testo al punto 5 del *Libro dello studente* e metti una crocetta sulle risposte giuste.
Possono essere vere anche più risposte.

La scuola si chiama
- ☐ Arcobalena
- ☐ Arcobaleno
- ☐ L'arcobalena
- ☐ L'arcobaleno

L'inserimento del bambino avviene
- ☐ con i genitori
- ☐ solamente con i maestri
- ☐ con una persona a scelta
- ☐ con un solo genitore

La scuola è
- ☐ a Milano
- ☐ a Roma
- ☐ a Firenze
- ☐ nei dintorni di Roma

I gruppi sono così formati
- ☐ tre bambini e un maestro
- ☐ tre maestri e un bambino
- ☐ tre maestri ogni venti bambini
- ☐ tre gruppi di bambini e venti maestri

La scuola è
- ☐ in riva al mare
- ☐ in piena città
- ☐ in collina
- ☐ in campagna

I maestri assistono i bambini
- ☐ sempre
- ☐ all'aperto
- ☐ al chiuso
- ☐ mai

La scuola stimola
- ☐ la socialità
- ☐ l'apprendimento della musica
- ☐ la critica
- ☐ lo sviluppo

L'uscita è
- ☐ alle tredici
- ☐ alle quattrodici
- ☐ tra le tredici e le quattordici
- ☐ dopo le sedici

Ora, per ognuna delle seguenti affermazioni, indica con una crocetta se è vera, falsa, oppure se non si sa.

	vero	falso	non si sa
Alla scuola Arcobalena insieme ai bambini deve restare sempre uno dei genitori	☐	☐	☐
Solo durante il primo periodo ci deve restare uno dei genitori finché il bambino si abitua	☐	☐	☐
I bambini di un anno di vita vanno nel gruppo dei piccoli	☐	☐	☐
In giardino i maestri giocano sempre con i bambini	☐	☐	☐
In giardino i bambini giocano da soli e i maestri li osservano e controllano che non ci sia nessun problema	☐	☐	☐
Tutti i bambini escono alla stessa ora	☐	☐	☐
Le attività sono programmate soltanto dalle persone che lavorano dentro la scuola. I maestri che controllano i bambini quando sono in giardino non partecipano	☐	☐	☐
I bambini non vengono mai puniti	☐	☐	☐
I bambini possono anche venire puniti ma non crescono in un clima di spavento e terrore	☐	☐	☐

6 Leggi questo articolo tratto dal quotidiano *La Repubblica*.

LA REPUBBLICA, 9/7/92

Addio metropoli ingrata

La fuga dalla città al ritmo di quindicimila l'anno

di CRISTINA PORTOGHESE

Circa centocinquantamila romani negli ultimi dieci anni si sono allontanati dalla città per rifugiarsi nei comuni limitrofi. Un vero e proprio esodo alla ricerca di un habitat più umano e soprattutto più accessibile da un punto di vista economico. In molte zone della capitale, anche periferiche, le abitazioni hanno raggiunto un prezzo che va dai quattro ai cinque milioni al metro quadrato. Per non parlare degli affitti: difficilissimi da trovare e con prezzi da capogiro. Avere un tetto sopra la propria testa è diventato un sogno irrealizzabile?

Il Centro Elettronico del Comune di Roma ha fornito alcuni dati: il fenomeno della fuga dalla capitale in quella che ormai viene definita l'area metropolitana è in costante aumento. Quelle che un tempo erano le seconde case, ora stanno diventando le prime e, conseguentemente, quelli che un tempo erano i luoghi di villeggiatura, i Castelli, sono diventati appendici delle città. Non sono soltanto le coppie giovani a fare questa scelta, spesso la fanno anche gli anziani alla ricerca di una maggiore tranquillità. Del resto i vantaggi sembrano essere molti: i collegamenti con il centro della città, in molte zone, sono migliori di quelli esistenti nella periferia romana e i prezzi degli appartamenti più convenienti. Quali sono le zone prescelte da chi è stufo della grande città? Zagarolo, Tivoli, Santa Marinella, Cerveteri, Mentana, Guidonia, Castelnuovo di Porto, Morlupo, Genzano, Riano, Albano, Grottaferrata, Palestrina, Anzio, Sacrofano, Marino, Ariccia, Velletri, Ladispoli, Fiano Romano, Formello, Frascati.

Qui la casa si può ancora scegliere e le possibilità sono varie: ci sono i caratteristici borghi antichi, ricchi di storia, costruiti con il tufo, che si affacciano su verdi vallate, per chi ama comprare vecchie case e ristrutturarle; oppure si può scegliere una piccola villa, con un pezzo di giardino intorno o ancora, per chi non vuole proprio rinunciare a tutte le comodità di una casa moderna, ci sono i nuovi appartamenti costruiti ormai un po' dappertutto nelle immediate vicinanze del vecchio paese. (...)

"Molti romani hanno deciso di abitare qui in questi ultimi anni - dice il sindaco di Genzano - e, tutto sommato, non ci hanno creato grossi problemi perché avevamo già previsto questo incremento di popolazione (...). I nuovi arrivati non possono lamentarsi perché le infrastrutture e le strutture sono state adeguate a questo incremento demografico. Se il fenomeno dell'aumento di popolazione continuasse, comunque, dovremmo prendere dei provvedimenti adeguati". Ma la gente del posto, soprattutto quelli che la mattina vanno a lavorare a Roma, dicono che sull'Appia c'è troppo traffico e d'accordo con gli assessori e i sindaci della zona vorrebbero una metropolitana leggera.

A Zagarolo le giovani coppie si lamentano per la mancanza di un asilo nido. Del resto nei paesi una volta non c'erano queste esigenze: le donne spesso rimanevano a casa, e poi, dicono gli assessori, gli asili nido sono costosi per un piccolo comune perché richiedono molto personale e ambienti attrezzati nel modo dovuto. Però le scuole, negli ultimi anni, sono aumentate. (...)

"Il pendolarismo da noi - dice il sindaco di Fiano Romano - ha subito un'inversione di tendenza. Un tempo i fianesi per andare a lavorare a Roma abbandonavano il paese. Dalla fine degli anni '70 in poi, qui, come nella valle Tiburtina o nella zona di Pomezia, si sono insediate alcune entità produttive che nella capitale non potevano più rimanere. Ci sono stati quindi una serie di ritrasferimenti. Le aziende hanno portato con sé anche del personale dalla città, che si è, poi, stabilito definitivamente nella zona. Il nostro piano regolatore del '71 prevedeva, inoltre, una vasta area edilizia economica e popolare. Questo ha fatto sì che molte coppie giovani di Roma si siano trasferite qui, pur continuando a lavorare in città. (...) Tutto sommato comunque questo aumento di popolazione non ha comportato gravi problemi. L'unica cosa che manca in zona è un ospedale o almeno un pronto soccorso". Il consigliere comunale Antonio Perla di Morlupo, invece, sostiene che forse costruire un ospedale sarebbe eccessivo per le esigenze della zona, basterebbero, secondo lui, delle autoambulanze per portare i pazienti negli ospedali di Roma.

a. Rispondi alle domande.

Quali sono le categorie di persone che si trasferiscono?

Quali sono le ragioni che li muovono a trasferirsi?

Quali vantaggi e e quali inconvenienti della vita a Roma vengono menzionati nel testo? E della vita nei paesi o in campagna?

A quanti tipi diversi di abitazione viene fatto riferimento? Quali sono? Puoi spiegarne le differenze?

Cosa sappiamo dei paesi menzionati nel testo? Cosa è cambiato negli ultimi anni in ognuno di essi? Quali problemi hanno? Quali sono stati risolti?

b. Cosa significano secondo te queste espressioni? Se occorre aiutati con un dizionario.

comuni limitrofi

un vero e proprio esodo

habitat più umano

più accessibile da un punto di vista economico

prezzi da capogiro

avere un tetto sopra la testa

area metropolitana

luoghi di villeggiatura

appendici della città

i caratteristici borghi antichi

immediate vicinanze del paese

incremento di popolazione

aumento demografico

metropolitana leggera

il pendolarismo ha subito un'inversione di tendenza

si sono insediate alcune entità produttive

vasta area di edilizia economica e popolare

la salvaguardia del territorio

 7 Se abiti in città descrivi la tua vita e spiega anche come immagini la vita in campagna. Vivere fuori e continuare a lavorare in città? Ritirarsi in campagna solamente se si può evitare di andare in città?

 8 Vita in città o vita in campagna? Vivere in campagna e lavorare in città o vivere in campagna e della campagna per non dipendere in nessun caso dalla città? Leggi questo testo.

> Dopo tanti anni che vivo in questa città a un certo punto mi sono accorta di non farcela più. Mi sono improvvisamente resa conto che i mesi passano e io non riesco a vedere neanche gli amici che abitano nel quartiere accanto, né a visitare la mostra che è in centro o ad andare a comprare quel cappotto che ho visto in una vetrina due settimane prima passando in autobus.
>
> Già cominciavo a pensarci sempre più spesso quando ad un certo punto in ufficio è capitato uno di un'agenzia immobiliare che è venuto a proporre delle villette deliziose poco fuori dalla periferia est, a un passo dalla stazione dei trenini che arrivano tutti in centro. Senza neanche accorgermi mi sono portata a casa un mucchio di dépliant pieni di foto di piscine, campi da tennis, centri commerciali... Poi ho cominciato a chiedermi "ma sarà vero? Ci sono delle case da sogno a prezzi stracciati e io sto qui a respirare veleno e a lottare con il traffico, la gente isterica, il tempo e il mal di testa"? Così domenica scorsa ho preso la macchina (mi vergogno un po' a dirlo) e sono andata a vedere queste meraviglie. Effettivamente sono case molto belle e la zona è piena di verde. Sembra tutto facile e io sono quasi sicura di volermi trasferire. La gente che ho intorno però si è divisa in due schieramenti contrapposti: da una parte quelli che non potrebbero vivere senza il caos - dico io - e le comodità - dicono loro - della città; dall'altra quelli che mi consigliano di andare, di fare il grande passo mentre loro continuano ad abitare in attrezzati appartamentini in pieno centro.
>
> Per ora sono ancora in città a chiedermi "essere o non essere?", e cioè, "trasferirmi o non trasferirmi?"
> Meglio stare in città con l'illusione di poter andare tutte le sere al cinema o al teatro, anche se sono perlomeno tre mesi che non riesco mai a rientrare prima delle dieci di sera, oppure andarmene fuori a respirare un po' d'aria buona e passare il resto del tempo su qualche trenino di periferia?

 Cosa risponderesti a questa signora? Scrivile una lettera.

9

a. Leggi ancora una volta il testo di Michele Santoro a pagina 156 del *Libro dello studente*. Cerca tutti i verbi che si riferiscono al passato e classificali in due gruppi: quelli che descrivono le situazioni e quelli che si riferiscono ai fatti che l'autore vuole raccontare in sé.

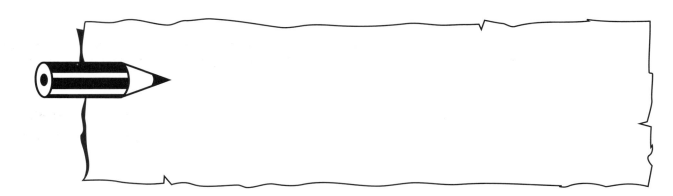

Hai notato che anche in questo testo le situazioni vengono descritte con verbi all'*imperfetto*?

b. Ci sono molte parole che non conosci in questo testo? Sottolineale e per ognuna cerca di dedurne il significato basandoti sul contesto e le tue sensazioni. Prendi appunti. Se non hai un'idea precisa, cerca di avvicinarti il più possibile al significato che immagini della parola: si riferisce a qualcosa di concreto o astratto? Si tratta di qualcosa che si può prendere in mano? A cosa può servire? Si tratta di qualcosa da mangiare? Si tratta di una sensazione fisica o emotiva? Evoca qualcosa di positivo, neutro o negativo? Si riferisce a una qualità del soggetto? Si riferisce a un giudizio della persona che parla? È un aggettivo? È un verbo? A che tipo di azione pensi che si riferisca? Quando si fa la cosa espressa dal verbo in questione? Poi controlla le tue risposte sul dizionario.

In quanti casi ti eri avvicinato alla risposta? In quanti casi avevi sbagliato di molto? Cerca di classificare le parole secondo i tuoi errori e il grado di prevedibilità. Puoi trarre qualche conclusione? Ci sono parole che ti sembrano più difficili da indovinare? Che caratteristiche hanno in comune?

10

Riprendi il testo della poesia "L'uomo solo" di Cesare Pavese a pagina 157 del *Libro dello studente*.

a. Ci sono molte parole che non capisci? Cosa immagini che significhino? Prendi appunti, come nell'esercizio precedente. Poi controlla le tue risposte in un dizionario.

b. Quante sensazioni diverse vengono evocate? Quanti sensi?
Cosa rappresentano, secondo te, all'interno della poesia queste parole?

vino	vetri
acqua	gli altri
pane	sala deserta
lepre	cagna
osteria	nebbia

A quali sensazioni è associata ognuna di esse? Evoca cose positive o negative? Puoi classificarle in qualche modo? Noti dei poli diversi ai quali sono associate queste parole? Quali sono?

Hai notato che la risposta alle domande precedenti non dipende dalle parole in sé, bensì da come sono associate ad altre parole? Leggi di nuovo la poesia e facci caso.

Nota anche i verbi. A quali tipi di azione si riferiscono? Quanti dei verbi si riferiscono a cose che fa qualcuno e quanti a situazioni? Che conclusioni puoi trarne? Succedono molte cose in questa poesia?

In questa poesia è fondamentale anche il ritmo. Leggila di nuovo a voce alta. Come ti sembra? Come lo descriveresti a qualcuno che non ha il testo o che non sa l'italiano? Che cosa evoca?

 11 Giochiamo? Scrivi una poesia sullo stesso argomento di quella che hai appena letto, ma con immagini e situazioni diverse. Poi portala in classe e leggila ai tuoi compagni e al tuo insegnante. Chi di voi ha scritto la poesia più bella? Perché vi sembra più bella?

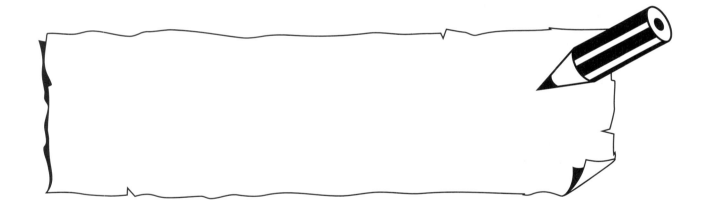

 12 Ricordi l'attività 16 del *Libro dello studente*? Scrivi un testo sul paese o sull'epoca su cui hai svolto una ricerca.

 13 Riprendi le immagini delle pagine 158 e 159 del *Libro dello studente* e scrivine una descrizione dettagliata per un tuo amico o amica che non le ha viste.

 14 Scrivi un testo sull'Italia. Se ci sei stato racconta la tua esperienza e l'opinione che ti sei fatto sul paese e sulla gente. Se non hai avuto ancora modo di visitarla spiega come la immagini è come viene considerata nel paese in cui vivi. Ricordati di dire anche se e come è cambiata l'idea che avevi dell'Italia da quando studi l'italiano.

Cercando lavoro

1

Leggi ancora una volta gli annunci del punto 1 del *Libro dello studente* con la massima attenzione.

Quali sono gli annunci nei quali:

- si specifica un limite massimo di età per i candidati
- si specifica un limite minimo di età
- si cercano persone che abitano in Toscana
- si cercano persone disposte a viaggiare
- si specifica dove dovrà lavorare la persona selezionata
- si richiede in modo assoluto la conoscenza di una lingua straniera
- si richiede in modo assoluto la conoscenza di più di una lingua straniera
- non si richiede in modo assoluto ma si avverte che si darà la precedenza alle persone che conoscano una o più lingue straniere
- si offre un posto a livello dirigenziale
- si promette una buona retribuzione
- si cerca qualcuno che abbia una macchina
- si specifica in quanto tempo si avrà la risposta
- non si richiede nessuna formazione specifica
- si richiede un'esperienza di più di tre anni
- si offre di assumere le persone selezionate
- si cercano persone che dovranno vendere qualcosa
- si cercano persone con esperienza di lavoro con i computer
- si promette discrezione nel trattamento delle candidature

Quante lingue straniere diverse vengono menzionate negli annunci? Quali? Quali sono quelle che vengono richieste come imprescindibili?

2

Guarda ancora gli stessi annunci.

a. Cerca negli annunci tutte le volte che compaiono le seguenti parole o espressioni e spiegane il significato. Se non lo conosci cerca di dedurlo dai contesti in cui compare la parola o espressione, e poi controlla le tue supposizioni con l'aiuto del tuo insegnante o di un dizionario.

provvigioni	spiccato/a/i/e
trasferte	incentivi
inquadramento di legge	riscontro
retribuzione	reddito
addestramento	disciplina

b. Ora cerca delle parole o espressioni sinonime di:

di molti anni, durato/a molti anni
segretezza, discrezione
notevole esperienza, esperienza considerevole
presentare una candidatura
una posizione simile
numero telefonico dove si può trovare/ci si può mettere in contatto con qualcuno
a media scadenza
che ha/dispone di una macchina
capacità, abilità
anticipi settimanali
essenziale, fondamentale, imprescindibile

c. Ora cerca, sempre negli stessi annunci, tutte le parole imparentate con:

affidabile	inizio	raggiungere
coinvolgere	potenziare	avviare
conoscere	utilizzare	maturo
gradire	decisione	

3 Quale sarebbe il lavoro dei tuoi sogni? Pensaci e scrivi l'annuncio che ti piacerebbe trovare in un giornale.

4 Se trovassi quest'annuncio in un giornale, come risponderesti? Scrivi una lettera per presentare la tua candidatura nella quale spieghi brevemente qual è la tua formazione, la tua esperienza precedente, ecc.

5 Prepara il tuo *curriculum vitae* da allegare alla lettera che hai appena scritto. Il tuo insegnante ti aiuterà a impostarlo in modo da presentarti il meglio possibile.

6 Purtroppo, però, non sempre troviamo il lavoro che sogniamo di trovare, e anche se lo troviamo, non è detto che ci assumano. Pensa allora a un lavoro adatto per te, per il quale saresti probabilmente assunto, e scrivi l'annuncio che potresti trovare in un giornale. Se già lavori, non pensare al tuo attuale lavoro.

7 Immagina che tu o qualcuno della tua famiglia abbia deciso di cambiare lavoro. Prima, però, devi/deve aiutare a trovare un sostituto per il vecchio lavoro. Prepara un annuncio nel quale lo descrivi, spieghi le caratteristiche del lavoro, le caratteristiche che dovrà avere la persona adeguata, le condizioni, ecc.

8 Ascolta quest'intervista di lavoro e scrivi un breve *curriculum* del signor Cervi con i dati che hai.

UNITÀ 16

Spesso negli uffici pubblici e nelle aziende private si festeggiano con i colleghi alcune occasioni importanti quali il Natale, la Pasqua, i compleanni dei colleghi, ecc. Molte aziende, in occasione delle grandi festività, inviano messaggi di auguri e regali ai loro principali clienti o collaboratori. Leggi questo testo umoristico di Paolo Villaggio.

Si è conclusa domenica, anche nell'ufficio di Fantozzi, la "stagione degli auguri". Natale e Capodanno, nelle grandi aziende, cominciano intorno ai primi di novembre. Si compilano lunghi elenchi di notabili ai quali mandare le strenne. Si fanno elenchi di serie A per i più importanti, poi di serie B, di serie C eccetera... In serie A ci sono direttori, amministratori, controdirettori e poi via, nelle serie inferiori, direttori centrali, consulenti, consulenti normali, saccenti, eminenti, segretarie, passacarte, ragionieri che controllano qualche attività modesta ma che possono accelerare l'iter di una pratica. Nella scelta dei regali dominano le cassette da ventiquattro, da dodici, da sei, da tre... e si arriva sino al bicchiere di vino rosso (fatto venire dal bar) per il fattorino che ha portato con grande fatica una pesante cassa di documenti.

Poi ciascuno si attrezza con bigliettini da visita con il proprio nome e cognome preceduto dal titolo di studio: rag., dott., dott. ing., eccetera. I più piccoli hanno il vuoto davanti al nome, ma più si sale e più si moltiplicano per germinazione spontanea i titoli: grand'uff. dott. ing. Tal Dei Tali direttore centrale del XYZ S.p.A., oppure: dott. ing. cav. grand'uff. rag. grand. croce Tal Dei Talaltri direttore siderale della XYZ S.p.A., e ancora: comm. cav. prof. dott. ing. avv. Tal Degli Altri. Ancora: presidente galattico della XYZ S.p.A. Il titolo più oscuro, che ancora non si è riusciti a decifrare, è quello che abitualmente spetta ai megapresidenti: dott. ing. avv. grand'uff. lup. mann.!?!?

Quindi si mandano gli auguri in tante bustine piccole bianche dove i titoli tutti sono preceduti dalla formula: illustrissimo signore, a capo, signore cav. lup. eccetera e scattano tutti i titoli. Nel biglietto si cancellano con una barretta sottile sottile, perché si legga bene il tutto, i propri titoli e sotto, in calce, si mette: nelle serie inferiori un freddo p. a. (per auguri), poi salendo si usano varie forme. Se ci si rivolge in alto: formulando a lei e signora i miei più sentiti auguri per il Santo (alle volte si cancella il Santo con una barretta a penna) Natale e per un felice 1972. Se in altissimo: a lei e gentilissima signora i miei più umili e fedeli auguri per lo spettabile Natale e per un devoto anno nuovo.

Poi gli auguri si ripetono e ribadiscono, a cominciare dai primi giorni di dicembre, per le scale, nei sottoscala, sugli ascensori. L'iniziativa è sempre degli inferiori di grado. Essi si chinano un po' in avanti e a testa bassa cominciano a recitare lentamente: "A lei e famiglia i miei più umili e devoti eccetera...". La risposta dei capi è sempre eguale: "Grazie, grazie, auguri per i bambini" (citano solo i bambini, con una pietà nella voce che lascia intendere chiaramente "quei poveri bambini, quei sottosviluppati!").

Prima della battaglia degli auguri, c'è la spietata caccia all'agendina. Si elemosina con toni strazianti a rap-

presentanti, piazzisti e terziari francescani agendine di ogni tipo. In genere queste poi si regalano alla moglie o ai figli, non dicendo naturalmente mai che sono state strappate con le lacrime agli occhi o barattate con un collega: Con fierezza si dice: "Tieni! Me l'hanno regalata in ufficio!".

Sabato scorso correva l'ultimo sabato dell'anno. I piccoli erano tutti a casa, gli uffici vuoti. Solo in alto, dietro una porta imbottita, si brindava ancora con whisky al 1971. Fantozzi era per caso ancora in ufficio a riordinare le sue carte quando si fece silenziosamente sulla porta un piccolissimo, il ragionier Bellocchio dell'ufficio cabale. Questi assunse la posizione "auguri natalizi" (testa bassa) e cominciò tristemente la formula: "A lei e famiglia i miei più devoti e umili...". "Grazie," dice Fantozzi interrompendolo "ma ce li siamo già fatti gli auguri, no?" "È vero," risponde quello "ma vede, io dovrei chiederle un favore. Domani, domenica, mi fanno lavorare. Mi creda, non è per la festa, ma è che domani operano mio figlio... Il dottore dice che ormai ci sono poche speranze. Io vorrei andare in ospedale da lui." "Cioè vuole un permesso per domani?" "Sì. Io non oso entrare perché sono tutti su in riunione dal megapresidente, ci vadi lei che ci ha la parlantina sciolta, la facci per il mio bambino!"

Fantozzi saliva le scale mentre il ragionier Bellocchio ripeteva ancora le ultime raccomandazioni: "Ci dica che non ho mai fatto una giornata di malattia in venti anni di servizio, che non ho mai chiesto un permesso e che non vorrei...".

Si fermarono di fronte alla porta imbottita. Fantozzi bussò sull'imbottitura, ma non faceva alcun rumore. Tentò sulla listarella di legno fra lo stipite e l'imbottitura. Invano: poi, vista l'espressione triste di Bellocchio, afferrò decisamente la maniglia ed entrò. Lo guardarono tutti, si era fatto un silenzio gelido, lui un po' affannato chiese il permesso, rivolgendosi al megapresidente, e rifece tutta la storia del bimbo. Sapeva che erano tutti uomini illuminati da grande spirito democratico natalizio. Lo lasciarono finire, poi il direttore rivolto al megapresidente urlacchiò: "Va bene, accordato questo benedetto permesso, ma solo perché è la fine dell'anno. Però questo Bellocchio comincia proprio a rompere i coglioni!...".

Il ragionier Bellocchio dell'ufficio cabale andò così all'ospedale col panettone regalatogli dalla società. Domenica suo figlio non se la sentì più di vivere come suo padre. Al ragioniere spettavano tre giorni di ferie per lutto stretto in famiglia ma lunedì mattina 30 dicembre Bellocchio si è presentato al lavoro con gli occhi vuoti e quando c'era lui i colleghi non osavano neppure dirsi: "Buon Anno".

Paolo Villaggio
Fantozzi

10 Vuoi sapere cosa dicono delle segretarie alcuni libri sulle buone maniere? Leggi questi due testi.

Segretaria

Personaggio di grande importanza da cui dipende il cinquanta per cento della vostra serenità sul lavoro. Se siete un uomo, la prima cosa da evitare è cadere nei comportamenti illustrati da anni di vignette di "Playboy". Se siete donna, ricordate che non siete né una amica né una nemica, ma solo il suo datore di lavoro. Grande gentilezza, evitate il tono tassativo e anche una eccessiva complicità. Un regalo a Natale, qualche parola per informarsi dei suoi figli o del suo hobby preferito daranno un tocco affettuoso a un rapporto che deve essere un condensato di intimità e distanza.

Si usa dire che per ogni segretaria il suo boss è sempre il più importante. La segretaria eviti, anche se ha questa sicurezza, di far credere a chiunque telefoni che parlare con il suo capo è un privilegio riservato a pochissimi. Alla buona segretaria si chiede soprattutto di proteggere il suo capo dalle noie inutili e di filtrare le telefonate e le visite con imperturbabile gentilezza. Taciti accordi regoleranno piccole abitudini quotidiane che non c'entrano con il lavoro ma contribuiscono a renderlo più disteso. Se il boss desidera tanto un caffè a mezzogiorno, non sarà umiliante per la segretaria ricordarglielo e in qualche caso portarglielo. Il boss manifesterà il suo desiderio di un drink non con l'aria di chi dà un ordine, ma con quella di chi propone una pausa piacevole.

Lo stile di una segretaria e del suo boss si riconoscono soprattutto al telefono. Se il capo non ha l'educazione per riconoscere quali sono le telefonate che può farsi passare dalla segretaria, sarà lei, tutte le volte che in linea ci sono amici e familiari, a passare immediatamente la linea appena il telefono comincia a squillare.

Lina Sotis
Bon Ton

La segretaria

La segretaria perfetta è pulitissima, depilatissima, ordinatissima. Se necessario, fa largo uso di deodoranti, ma rinuncia a profumarsi in ufficio. Veste con sobria eleganza, evita il genere "sexy". Se il principale la tratta molto cordialmente, mantiene un contegno riservato e deferente. Se egli riceve dei clienti o dei colleghi d'affari, lei si alza quando entrano, ma esce dalla stanza solo se il principale glielo ha chiesto in precedenza. Altrimenti riprende il suo lavoro. Se il principale desidera offrire ai visitatori un caffè o qualche bibita, la segretaria provvede ad avvertire telefonicamente il bar. Appena il cameriere ha portato il vassoio, pensa lei a porgere le tazzine o i bicchieri ad ognuno. Prima servirà gli ospiti, poi il principale. Non è tenuta ad aiutare il padrone a infilarsi il soprabito, se non si tratta di persona molto anziana. La stessa regola vale per i visitatori.

Se la moglie del direttore viene a trovare in ufficio il marito, la signorina si alza, saluta ed esce dalla stanza, a meno che non venga pregata di rimanere. Se la signora le usa particolari cortesie (non è raro che la moglie del principale inviti a colazione o a cena la segretaria del marito, qualche volta per spontanea simpatia, qualche volta per rendersi conto se c'è ombra di pericolo), il suo contegno continuerà ad essere riservato e riguardoso verso entrambi. Potrà presentarsi in casa con un mazzo di fiori, oppure, se le feste sono vicine, si sdebiterà con una pianta fiorita.

Se il principale è scapolo, non accetterà i suoi inviti, rifiuterà con qualche scusa di essere riaccompagnata a casa in macchina. Se le viene proposta qualche ora di lavoro supplementare la sera, capirà a volo e risponderà che le dispiace, ma dopo cena non può uscire per ragioni di famiglia.

Può accadere, è vero, che il principale si invaghisca della sua segretaria e, come si legge nei "fumetti", chieda la sua mano. Ma questi epiloghi miracolosi e rarissimi non escludono i precedenti consigli. Anzi, non sempre le segretarie che sposano i loro direttori sono bellissime: in compenso sono quasi sempre intelligenti e serie. Alle bellissime (e frivole) il principale si accontenta di chiedere molto meno.

Donna Letizia
Il saper vivere

Riassumi in pochi punti le idee espresse in ognuno dei due testi: qual è l'immagine della segretaria che ne viene fuori?
In cosa sono simili e in cosa sono diversi i due testi?

11 Sei d'accordo con queste idee? Perché? Scrivi una breve lettera agli editori o alle autrici dei libri dai quali sono tratti i testi, per congratularti o protestare per quello che hai appena letto.

12 E se un editore incaricasse te di scrivere un manualetto di galateo del lavoro, cosa scriveresti? Che linea sceglieresti? Scegli quattro o cinque figure professionali e componi dei brevi testi.

Voglio raccontarti una
conversazione che ho sentito questa mattina

1 Ascolta di nuovo i dialoghi del punto 11 dell'Unità 5, leggendone la trascrizione a pagina 215 del *Libro dello studente*, e sottolinea le parole che potrebbero cambiare se i dialoghi venissero riferiti tre mesi dopo da te stesso a un'altra persona che non era presente.

2 Come cambierebbero le parole che hai sottolineato?

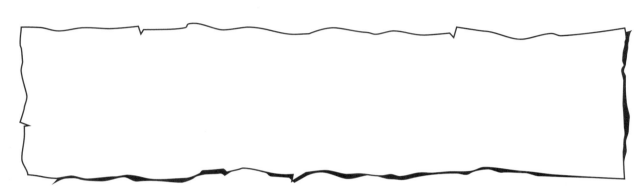

3 Trasforma seguendo il modello.

• **Ti dispiacerebbe aprire la porta?**
Mi ha chiesto di aprire la porta.

1. ● Ti dispiacerebbe chiudere la finestra?
2. ● Ti dispiacerebbe non fumare?
3. ● Ti dispiacerebbe lasciarmi riposare?

4. ● Mi puoi svegliare domani mattina?
5. ● Puoi accompagnarmi dal dottore?
6. ● Mi puoi aggiustare il computer?

4 Trasforma le frasi seguendo il modello.

• **Quanti anni hai?**
Mi ha chiesto l'età.

• **Mi daresti un po' d'acqua?**
Mi ha chiesto un po' d'acqua.

1. ● Mi puoi dire l'ora?
2. ● Mi presti il tuo libro d'italiano?
3. ● Mi passi il telecomando?
4. ● Mi dai il tuo indirizzo?

5. ● Mi dai il tuo numero di telefono?
6. ● Mi puoi preparare un panino?
7. ● Allora, dove abiti?
8. ● Mi presti le forbici?

5   Trasforma le frasi usando i verbi **domandare**, **chiedere**, **proporre**, **consigliare**, **ordinare**.

● **Dammi retta, telefonale.**
Mi ha consigliato di telefonarle.

1. ● Gianluca! Vieni subito qui!
2. ● Guai a te se non finisci quella minestra!
3. ● Che facciamo? Telefoniamo a Valeria?

4. ● Dammi retta, cerca di parlarci.
5. ● A che ora è l'appuntamento domani?
6. ● Mi puoi battere questa lettera?

6 Trasforma le frasi in discorso riferito.

- ● **Mi hai portato il libro?**
  (A lui) *Gli ha chiesto se aveva portato il libro.*

1. ● Mi porti questo libro che pesa un sacco?
   (A lei) _____

2. ● Ti va di andare al cinema?
   (A me) _____

3. ● Quanti anni hai?
   (A me) _____

4. ● Avete fatto colazione?
   (A noi) _____

5. ● Vi va una coca cola? C'è un bar proprio qui davanti.
   (A noi) _____

6. ● Questa radio la metto via io?
   (A me) _____

7. ● Dove abitate?
   (A loro) _____

8. ● Abitate qui?
   (A loro) _____

9. ● Dovreste abitare qui.
   (A loro) _____

10. ● Smetti immediatamente di ridere.
    (A lei) _____

11. ● Ti prego, non chiudere.
    (A me) _____

12. ● Siete più andati in ufficio?
    (A noi) _____

7 Trasforma di nuovo alcune delle frasi dell'esercizio precedente in discorso riferito. Questa volta, però, usa il *congiuntivo* dopo **domandare** e **chiedere**.

- ● **Mi hai portato il libro?**
  (A lui) *Gli ha chiesto se avesse portato il libro.*

1. ● Ti va di andare al cinema?
   (A me) _____

2. ● Quanti anni hai?
   (A me) _____

3. ● Avete fatto colazione?
   (A noi) _____

4. ● Vi va una coca cola? C'è un bar proprio qui davanti.
   (A noi) _____

5. ● Questa radio la metto via io?
   (A me) _____

6. ● Dove abitate?
   (A loro) _____

7. ● Abitate qui?
   (A loro) _____

8. ● Siete più andati in ufficio?
   (A noi) _____

8 Ascolta di nuovo il dialogo del punto 2 dell'Unità 6 e riferisci tutte le domande, gli ordini, le risposte, ecc.

La dottoressa ha chiesto al signor Paolucci quale fosse/era il problema, e lui le ha spiegato che gli faceva male lo stomaco.

La dottoressa gli ha chiesto se avesse/aveva mai sofferto della stessa cosa in passato.

9

Rileggi la lettera di Sandro a pagina 173 del *Libro dello studente* e cerca di ricostituire il dialogo senza guardarlo. Poi paragona il tuo dialogo con quello originale.

10

Ora riprendi il dialogo a pagina 172 del *Libro dello studente* e cerca di ricostituire la lettera di Sandro.

Ora ascolta la lettera di Sandro. È molto diversa da quella che hai scritto tu? Segna gli elementi che ti erano sfuggiti.

11

Come pensi che sarebbe stata la lettera se a scriverla fosse stata Emma Scaligeri, rivolgendosi a Gino Perlasca? Prova a scriverla.

12

E se Sandro avesse scritto a Emma anziché a Pietro, cosa le avrebbe scritto? Scrivi la lettera.

13 Trasforma le frasi seguendo il modello.

- **Io abito a Roma.**

Mi ha detto che abita a Roma.
Mi ha detto che abitava a Roma.

1. ● Mi chiamo Andrea Mondi.
2. ● Studio medicina.
3. ● Sono arrivati la settimana scorsa dal Brasile.
4. ● Abbiamo due bambini.
5. ● Sono due anni che studio l'italiano.
6. ● Conosco benissimo i problemi di questo genere.

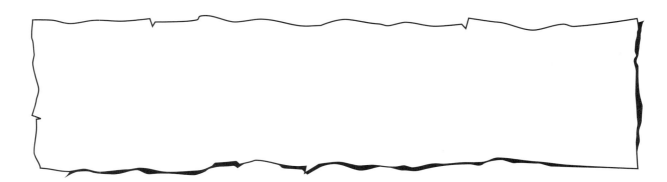

Ora pensa a contesti nei quali useresti le frasi che hai appena scritto, in modo che si capisca la differenza tra ogni coppia di frasi. Poi parlane in classe con i tuoi compagni e con il tuo insegnante.

- *Se vuoi lo chiamiamo e gli diciamo di venirci a trovare, così ci parliamo un po'.*
- ○ *No, non possiamo, gli dovremmo pagare il viaggio.*
- *Ma no! Quando l'ho conosciuto mi ha detto che abita a Roma. Aspetta, che mi ha dato anche il suo biglietto da visita. Tieni, eccolo.*
- ○ *Ma qui c'è un indirizzo di Firenze!*
- *Ah, non so che dire. A me ha detto che abitava a Roma, sono sicuro!*

14 Trasforma le frasi seguendo il modello.

- **Arrivo domani mattina.**

Mi ha detto che arriva stamattina.
Mi ha detto che arrivava stamattina.
Mi ha detto che sarebbe arrivato stamattina.

1. ● Domani andiamo a fare una gita in campagna.
2. ● Ti telefono la settimana prossima.
3. ● La prossima volta che ci vedremo ti porterò una bella sorpresa.
4. ● Il mese prossimo vado in Italia.
5. ● Ti aspetto oggi pomeriggio qui da me.
6. ● Torno lunedì prossimo.

Ora, come nell'esercizio precedente, inventa dei contesti nei quali useresti le diverse frasi in modo che si capiscano le differenze. Poi, in classe, parlane con i tuoi compagni e con il tuo insegnante.

15 Giochiamo? Ti piacerebbe tenere un diario? Pensa a dieci cose (di qualsiasi genere) che ti hanno detto recentemente e trascrivile. Ricordati di specificare il giorno, l'ora, chi te l'ha detto, ecc.

Stamattina appena mi sono alzato mia madre mi ha chiesto se avrei pranzato a casa.

Venerdì 15 ottobre, ore 17.30: Sono appena tornato a casa. Per la strada ho incontrato una vecchia compagna di scuola che non vedevo da anni. Le ho chiesto un po' della sua vita. Mi ha raccontato che lavorava in Germania e che era in Italia solo di passaggio. Poi però mi ha confessato che in realtà era proprio venuta per incontrare me!

16 Vuoi leggere un po' di giornali italiani? Cerca qualche intervista in quotidiani o settimanali. Leggila attentamente e segnati le idee principali che vengono espresse. Poi scrivine un breve riassunto. Infine, in classe, leggi il tuo riassunto al tuo insegnante e ai tuoi compagni.

17 Vuoi fare un'altra piccola inchiesta sui giornali? Cerca tutti i verbi che trovi per introdurre il discorso riferito. Trascrivi i contesti più frequenti in cui li trovi.

Qual è l'atteggiamento della persona che parla quando usa ognuno di questi verbi?

18 Ti è mai capitato di rimanere profondamente colpito (in senso positivo o negativo) da una conversazione sentita o alla quale hai partecipato? Racconta la conversazione, come ti sei sentito, ecc.

Ha chiamato la dottoressa Rocchi.
Ti richiama lei stasera

1 Leggi questi biglietti e cerca di immaginare
i dialoghi ai quali si riferiscono.

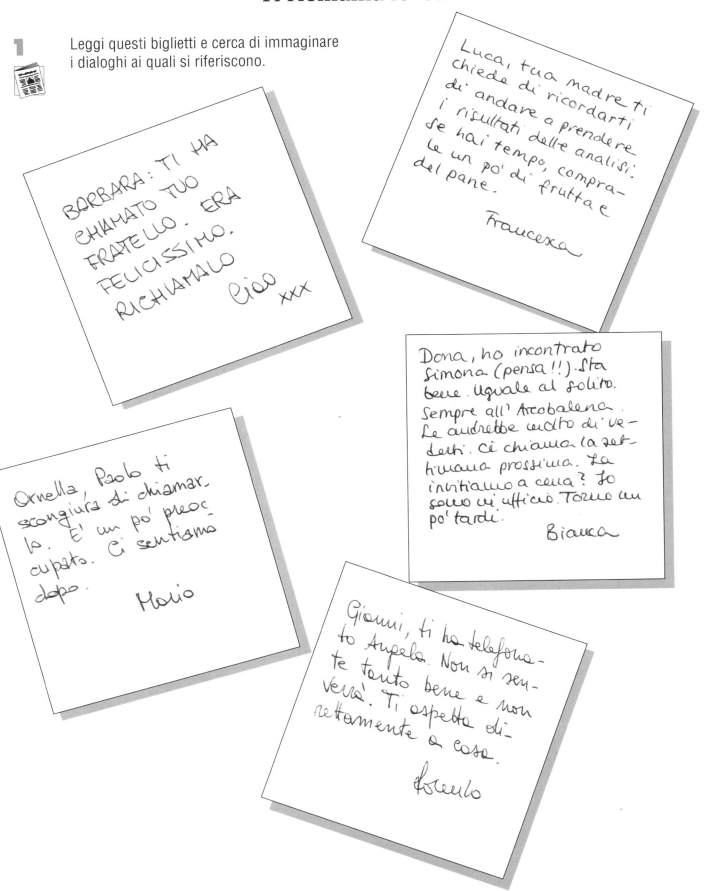

BARBARA: TI HA CHIAMATO TUO FRATELLO. ERA FELICISSIMO. RICHIAMALO. Ciao xxx

Luca, tua madre ti chiede di ricordarti di andare a prendere i risultati delle analisi; se hai tempo, compra- le un po' di frutta e del pane.
Francesca

Ornella, Paolo ti scongiura di chiamar. lo. È un po' preoc- cupato. Ci sentiamo dopo.
Mario

Dona, ho incontrato Simona (pensa!!). Sta bene. Uguale al solito. Sempre all'Arcobaleno. Le andrebbe molto di ve- derti. Ci chiama la set- timana prossima. La invitiamo a cena? Io sono in ufficio. Torno un po' tardi.
Bianca

Gianni, ti ha telefona- to Angela. Non si sen- te tanto bene e non verrà. Ti aspetta di- rettamente a casa.
Marcello

2 Cosa succede in questi dialoghi? Riassumili in una frase.

- Pronto?
- Ettore?
- Come, scusi?
- Non è il 38.92.45?
- No, ha sbagliato numero.
- Ah, mi scusi.

- Assicurazioni Nazionali, buongiorno.
- Buongiorno, volevo parlare col dottor Giannini.
- Pronto?
- Pronto? Mi sente?
- Sì, pronto, mi dica.
- Volevo parlare col dottor Giannini.
- Con chi? Può ripetere il nome?
- Col dottor Giannini. Gia-nni-ni.
- Si sente molto male!
- Aspetti che richiamo.
- Pronto? Buonasera, sono Rossini dell'Istituto

Enciclopedico Universale. Cercavo la signora Maltese, per favore.
- Attenda, prego. Pronto?
- Sì?
- In questo momento la signora Maltese è occupata. Vuole lasciare un messaggio?
- Sì, grazie. Se mi richiama al 356.33.82. Volevo parlarle a proposito...

- Pronto?
- Buongiorno, posso parlare con Elio? Sono Emilia.
- Buongiorno Emilia. Elio è uscito, ma torna subito. Gli vuole lasciare un messaggio?
- No, no, non importa. Richiamo io. Grazie.

3 Ascolta i dialoghi. Te li ricordi? Li abbiamo incontrati in *Uno,* nell'Unità 11. Immagina di essere la segretaria che scrive un biglietto per ognuna delle telefonate ricevute.
Come sarebbero questi biglietti? Prova a scriverli.

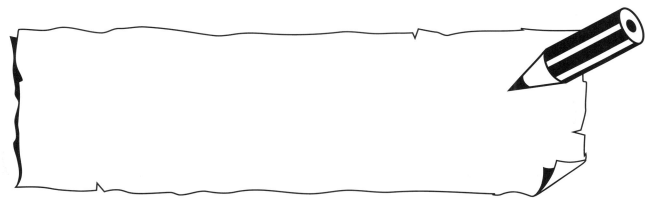

4 Ascolta di nuovo i dialoghi dei punti 1, 5 e 10 dell'Unità 14.
Per ogni dialogo scegli un punto di vista (sei una delle persone coinvolte nel dialogo oppure no?) e il momento in cui lo riferisci, e prova a raccontare la conversazione.

5 Sta attento/a a tutte le conversazioni in cui ti trovi coinvolto/a in una giornata. Poi, scrivi un breve rapporto da presentare in classe.

Mi ha svegliato mia madre, mi ha salutato e mi ha offerto un caffè.
Quando stavo per uscire, mi ha telefonato un amico che mi ha invitato a cena fuori. Mi ha spiegato che era impaziente di vedermi per raccontarmi una conversazione che ha appena avuto con la sua ragazza.

6 Come già sai, quando riferiamo le conversazioni, riassumiamo sempre molto, raccontiamo le cose che ci sembrano più importanti.
Ascolta il dialogo. L'abbiamo incontrato in *Uno,* nell'Unità 24. Immagina di essere Bruno.
Scrivi una lettera a Lucilla nella quale racconti la conversazione con Dario e le chiedi di spiegarti cosa è successo.

7 Leggendo giornali e ascoltando la gente cerca di notare tutti i verbi usati per riassumere uno scambio di battute. Fanne un elenco.

Hai visto quanti sono? Sapresti dire qual è l'atteggiamento della persona che parla in ogni caso?

8 Vuoi fare ancora un po' di pratica di discorso riferito? Scegli due o tre dialoghi o interviste di *Uno* e *Due.* Come li riferiresti?
Cerca di fare anche un elenco di tutte le parole che non vengono riferite.

9 Leggi ancora una volta il testo a pagina 147 del *Libro dello studente.*

Riesci a immaginare una conversazione sullo stesso argomento tra Vanessa e suo marito?
Prova a scrivere un dialogo.

10 Immagina di essere la dottoressa Stella Poletti. Scrivi una lettera alla suocera di Vanessa, nella quale le spieghi le preoccupazioni di Vanessa e le dai qualche consiglio per cercare di rilassare le tensioni.

11 Leggi questo racconto di Dino Buzzati e fanne un breve riassunto.

Il credito

Un mendicante per la via chiese la carità al conte Lucio Manicorda. Non avendo spiccioli, lui tirò via.

Qualcuno vide e disse:

"To', il contino quest'oggi ha dimenticato i soldi a casa."

"Se è per questo" disse un altro "non vorrei che..."

"Cosa?"

"Conoscevo un tale che quel giochetto lo faceva per sistema. Si divertiva. Gli chiedevan l'elemosina, lui faceva mostra di cercare i soldi in tasca, ma guarda il caso, i soldi non c'erano mai."

"E con questo?"

"Ehm, ehm, non vorrei che anche il nostro signor conte..."

"Però, ricorrere a questi piccoli trucchi, ricchi sfondati come sono!"

"Ricchi sfondati? E chi lo dice?"

"Lui intanto è un pezzo grosso delle Trafilerie."

"Non farmi ridere, una delle ultime ruote del carro, ecco cos'è, sono bene informato io, alle Trafilerie lavora mio cognato."

"E che significa? I Manicorda, dalle parti di Ferrara, hanno terre che non finiscon più."

"Quali Manicorda?"

"Oh bella, i conti Manicorda."

"I Manicorda della Ronca, tu vuoi dire. Questi non sono neanche parenti..."

"Storie! Se non fossero gente solida mica avrebbero gli amici che hanno."

"Che amici?"

"L'onorevole Tommasi per esempio."

"Il Tommasi dei petroli?"

"Precisamente."

"Amici intimi? A me lo dici? Io osservo, sai? Proprio l'altro giorno si sono incontrati al caffè che c'ero anch'io. Buongiorno, buongiorno, tutto lì. È tanto se si conoscono di vista."

"Però dimentichi la dote della moglie. Lei nasce Busti, caro mio, Busti, quelli dei saponi."

"Lei nasce Esposito. Rimasta vedova, sua mamma ha sposato l'ingegner Busti in seconde nozze, tutto qui."

Dài e dài, lavorando le lingue, si sparge la notizia. E il mattino dopo, nell'anticamera di casa Manicorda, sono in sette a voler farsi ricevere.

Bestemmiando, il Manicorda esce dal letto e va a vedere.

"Be', che succede? Che volete a quest'ora? Si può sapere?"

Oltre al sarto, riconosce il macellaio, il tappezziere, una sartina che lavora per la moglie, quello degli elettrodomestici da cui ha comperato il frigidaire, la camiciaia, il padrone della lavanderia.

"Sarei venuto" fa il sarto con insolita asprezza nella voce "per quel conticino. Mi dispiace, ma non sono in condizione d'aspettare. Proprio oggi mi scade un effetto. Insomma le sarei grato se..." ("Ma non si preoccupi, signor conte, per carità" gli aveva detto allora per invogliarlo a farsi un paltò nuovo. "Se non mi vorrà pagare fra un mese, mi pagherà fra quattro, se non le è comodo pagarmi quest'anno mi pagherà l'anno venturo, le assicuro signor conte, questo è l'ultimo dei miei pensieri, con un cliente come lei!...")

"Sarei venuta" spiega la sartina "per il lavoro che ho fatto per la signora già da tre mesi. Ecco la fattura. Sono 12.000. Il tailleur da allargare, e poi c'è la modifica di quella gonna rossa." ("Ma non lo dica neanche per ischerzo, signora contessa" aveva detto a suo tempo perché la voleva pagar subito. "Cosa vuole che sia questo lavoretto? Sarebbe proprio approfittare. Per un paio di cuciturine... Una cliente come lei!")

"Sarei venuto" fa quello degli elettrodomestici "per regolare la pendenza. Purtroppo ci siamo trovati a corto di liquido e lei sa che in questi casi... gli impegni, le scadenze... L'urgenza è tale che..." ("Oh signor conte, non parliamo di queste miserie" aveva detto. L'importante è che l'apparecchio la soddisfi. Io oggi stesso glielo faccio avere a casa, e lei con tutto comodo...")

Tutti così. Al momento dell'acquisto, signor conte di qua, signor conte di là, scodinzolavano, facevano le bave.

Adesso invece! Adesso è un coro: "Non posso... assolutamente... non mi costringa a... preferirei evitare... impellente... forza maggiore... si premurasse... pazienza ha un limite... procedurale... sollecito... urgenziando... egregio signore... ci riserviamo... in tal caso... spiacevole che... né proroga né... dolentissimo ma... arrotondando a 150... impossibile... categorico...

per la quarta ed ultima volta... pressantissimo... ben s'intende contanti..."

In quel mentre, nella strada, il flautato e stentoreo richiamo di una tromba d'automobile. È un clacson americano a tre voci, grondante dollari e maestà.

Incuriosito, il sarto scosta le tendine. Anche gli altri si affrettano a guardare. Ferma dinanzi al cancelletto c'è una macchina addirittura scandalosa. Al volante - tutti lo riconoscono è l'onorevole Tommasi, il dittatore del petrolio.

"Fofo, ehi Fofo!" urla il magnate rivolto alla villa Manicorda. "Sei pronto?"

Da una finestra Fofo, al secolo Lucio Manicorda, risponde giovialmente: "Oilà, Checco. Non ti aspettavo così presto, figlio d'un

cane! Qui abbiamo visite. Dieci minuti e me la sbrigo". E ai creditori: "Signori, vi supplico, farò l'impossibile, parola, ma concedetemi un respiro, ritornate questo pomeriggio".

D'incanto, il coro cambia di registro: Ma s'immagini, signor conte, si faceva tanto per dire... perché poi tanta fretta?... dispostissimo ad accettare... poi, con suo comodo, ma per carità senza affannarsi... ci dispiace di avere approfittato... il signor conte è tanto buono, speriamo che ci perdonerà... sa, alle volte, l'impazienza...".

Scodinzolano, sbavano. Manicorda non fa a tempo a riaversi che quelli, strisciando come vermi velocissimi, scomparsi sono già.

Ora rispondi alle domande.

Perché, secondo te, i commercianti cambiano così velocemente opinione?

Che atteggiamento hanno nei diversi momenti nei confronti del conte? Come te lo spieghi?

Come pensi si sia diffusa la notizia della povertà del conte? Cerca di inventare qualcuna delle conversazioni intermedie.

Cosa pensi dell'atteggiamento dei diversi personaggi?

La notizia non è stata smentita

1 Completa le frasi con la forma adeguata di **essere** o **venire**.

1. Le motivazioni delle decisioni _____ rese note martedì prossimo, dopo che la commissione le avrà definitivamente approvate.
2. Ma la colpa del ritardo nell'esito delle votazioni è anche di alcuni aderenti al sindacato, che nel pomeriggio hanno sparso la voce che l'accordo _____ già firmato.
3. L'accelerazione di dicembre _____ trainata dal boom dei depositi in conto corrente.
4. La crescita record _____ confermata dai certificati di deposito, che hanno toccato quota 235.342 miliardi.
5. G.A., amministratore delegato della finanziaria Fantafin, _____ interrogato ieri dal pm A.P.
6. Tramite il professor Rossi _____ presentata una controproposta che concilierebbe le esigenze delle due parti.
7. Normalmente i pagamenti _____ effettuati a scadenze fisse.
8. "Mi pare ovvio che, una volta stabilita una regola, essa _____ poi applicata."

2 Leggi questo articolo e segna con una X le affermazioni esatte.

Roma, lo annunciano le ferrovie, assieme all'aumento delle tariffe
L'ANDATA-RITORNO SCENDE DAL TRENO
Ma il «carnet» di biglietti la sostituirà

LA STAMPA, 26/2/1994

ROMA. Nella «rivoluzione» nelle Ferrovie sta per scomparire una vecchia tradizione, quella del biglietto di «andata e ritorno», sostituito con formule ritenute più moderne. La notizia arriva assieme all'annuncio dell'aumento delle tariffe sui treni, a partire dal prossimo 1° marzo, che sarà accompagnato da una serie di iniziative promozionali, intese a far apprezzare il treno e a premiare la fedeltà.

TARIFFE PIù CARE. Gli aumenti si aggireranno mediamente attorno al 3 per cento. Sempre da martedì venturo, i supplementi per i treni Intercity avranno un incremento correlato alla lunghezza del percorso: comunque non sarà superiore alle 3 mila lire.

ANDATA E RITORNO, ADDIO. Il biglietto di andata e ritorno sarà sostituito da un «carnet» di biglietti, che consentirà, per viaggi oltre i 70 chilometri, di acquistare almeno quattro biglietti di qualsiasi destinazione con la riduzione del 20 per cento; lo sconto sale al 20 per cento se le distanze da percorrere superano i 350 chilometri. Il «carnet», nominativo o intestabile a una sola persona dovrà essere utilizzato entro un mese. Ogni biglietto dovrà essere convalidato prima dell'inizio del viaggio e la riduzione (del 10 o del 20 per cento) sarà applicata secondo la percorrenza del singolo viaggio.

«PAGHI 9... PRENDI 13». Gli attuali abbonamenti saranno sostituiti dall'abbonamento ordinario mensile per viaggi fino a 250 km, con formule particolari per premiare la fe-deltà. In un prossimo futuro saranno introdotti gli abbonamenti regionali. Per i viaggiatori che abbiano già acquistato abbonamenti, comunque, non ci sono problemi. Sulla falsariga di quanto avviene nei supermercati, chi avesse acquistato otto abbonamenti mensili consecutivi valevoli per lo stesso percorso, ne potrà acquistare uno della validità di 4 mesi al prezzo di un abbonamento mensile, riconsegnando gli abbonamenti precedenti. Se invece il viaggiatore preferisce pagare in un'unica soluzione, avrà diritto a un abbonamento valido 13 mesi al prezzo di 9 abbonamenti mensili.

STUDENTI. Gli studenti che abbiano acquistato sei abbonamenti mensili consecutivi per lo stesso percorso ne potranno acquistare uno della validità di tre mesi al prezzo di un abbonamento mensile (in sostanza 7 mesi al prezzo di 4). Per il solo anno in corso, agli studenti che riconsegneranno tre abbonamenti mensili consecutivi (successivi al 1° marzo), ne verrà rilasciato uno gratuitamente.

SCONTI SULLE LUNGHE DISTANZE. Per la clientela che utilizza abitualmente il treno, soprattutto sulle distanze medio-lunghe, è stata ristrutturata la tessera di autorizzazione, con la quale potranno essere acquistati biglietti con la riduzione del 40 per cento per il periodo di uno, tre, sei dodici mesi. Secondo il tipo di tessera scelto sarà inoltre possibile viaggiare sui treni Intercity senza pagare il supplemento.

Paolo Querio

☐ I supplementi Intercity aumenteranno di 3 mila lire

☐ Sarà possibile acquistare un abbonamento mensile solo per percorsi inferiori ai 250 km

☐ La tessera di autorizzazione darà diritto al 40% di sconto

☐ Gli studenti potranno acquistare 9 abbonamenti al prezzo di 7

☐ Il nuovo carnet di biglietti sarà utilizzabile su percorsi di qualsiasi lunghezza

☐ Chi acquisterà 9 abbonamenti consecutivi potrà viaggiare gratis per tre mesi

L'articolo presenta due errori. Li hai notati?

3 Rileggi l'articolo del punto precedente e sottolinea tutte le *forme passive*.

4 Completa le frasi con la *forma passiva* adeguata dei verbi tra parentesi.

1. I nomi delle altre aziende finite sotto inchiesta non **(rendere noto)** _____.
2. La vigilanza esterna all'aeroporto **(potenziare)** _____. In molte zone i curiosi **(allontanare)** _____ e una troupe della Rai **(fermare)** _____ mentre cercava di girare un servizio.
3. Ancora non **(stabilire)** _____ definitivamente che Moro **(tenere)** _____ segregato e poi ucciso nell'appartamento di via Montalcini.
4. Le 130 persone a bordo dell'aereo **(rilasciare)** _____. Dodici dei passeggeri **(lasciare libero)** _____ dai dirottatori già nel primo pomeriggio. Gli altri 118 ostaggi **(consegnare)** _____ alla polizia poco prima della resa finale.
5. Per circa un mese il paziente ha subito un trattamento antibiotico, poi **(dimettere)** _____ perfettamente ristabilito.
6. L'alleanza tra i consorzi Omnitel (guidati dall'Olivetti) e Pronto Italia **(accogliere)** _____ con grande favore dai mercati finanziari.
7. L'intervento **(fare)** _____ alcuni mesi fa, ma soltanto ieri **(illustrare)** _____ ufficialmente.
8. La convenzione per la regolarizzazione della caccia alle balene è del 1946, ma lo stop **(decidere)** _____ solo nel 1972, anno della prima conferenza dell'Onu sull'ambiente.

5 Completa questi articoli con la forma adeguata dei verbi della lista.

RISCATTO
Il cane vale un milione

GENOVA - _____ un milione di riscatto per riavere Tata, due anni, una femmina di yorkshire «rapita» in un bar da uno sconosciuto. _____ a S.D.B., che per _____ la cagnolina _____ manifestini e _____ annunci su un giornale _____ una lauta ricompensa a chi _____ notizie.

Dopo l'uscita dell'annuncio la donna _____ telefonicamente da uno sconosciuto che le _____ un appuntamento in un bar del centro: Tata _____ dietro il pagamento di due milioni. Una breve trattativa _____ lo «sconto» di un milione.

promettere	fruttare	riavere	accadere	pubblicare
contattare	pagare	fornire	riconsegnare	fissare
distribuire				

CORRIERE DELLA SERA, 1/3/94

NUOVO CENTRO-STAMPA IN BELGIO
Il «Corriere» si fa più internazionale

MILANO - Da oggi _____ dal Belgio e non più dalla Germania le copie del «Corriere della Sera» e della «Gazzetta dello Sport» destinate a quasi tutta l'Europa e ad alcuni paesi extraeuropei. Il primo polo di stampa all'estero, _____ a Francoforte nel 1986, _____ a Charleroi, in un nuovissimo stabilimento.

Charleroi, antica fortezza nel sud del Belgio, città con una consistente comunità italiana che _____ agli anni dell'industria mineraria, _____ in posizione strategica per la diffusione. In auto _____ rapidamente Olanda, Lussemburgo, Germania e Francia: così i giornali _____ nelle edicole nel primo mattino. Dal vicino aeroporto di Bruxelles, poi, _____ voli che, direttamente o grazie a connessioni con gli aeroporti di Francoforte, Londra e Parigi, _____ Danimarca, Svezia, Norvegia, Finlandia, Spagna, Portogallo, Repubblica Ceca, Polonia, Grecia, Russia, Ucraina, Siria, Libano e Nigeria.

Se nell'86 «Corriere» e «Gazzetta» _____ i primi quotidiani italiani a _____ all'estero, ora _____ i primi a _____ in modo permanente il satellite. Preparate in via Solferino, le pagine _____ a Cascina Malpaga (a Est di Milano), da dove un'antenna le _____ al satellite Eutelsat 2 che _____ piovere i segnali alle paraboliche delle stamperie. Il tutto in pochissimi secondi. Ogni sera le rotative di Charleroi _____ contemporaneamente a quelle dei centri stampa italiani. Le distanze ormai quasi _____ e i giornali _____ i lettori con le notizie più aggiornate.

Sandro Rizzi
(Testo adattato)

trasmettere	lanciare	stampare	annullarsi	esserci
trovarsi	raggiungere	partire (2)	fare	essere (2)
spostare	distribuire (3)	risalire	aprire	impiegare

6 Scrivi un breve testo sulla storia della città di Bari usando queste notizie. Puoi selezionarle, raggrupparle, presentarle in un ordine diverso o rielaborarle in qualsiasi modo ritieni opportuno per ottenere un testo coerente e scorrevole.

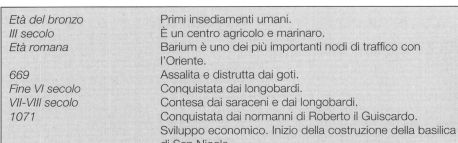

Età del bronzo	Primi insediamenti umani.
III secolo	È un centro agricolo e marinaro.
Età romana	Barium è uno dei più importanti nodi di traffico con l'Oriente.
669	Assalita e distrutta dai goti.
Fine VI secolo	Conquistata dai longobardi.
VII-VIII secolo	Contesa dai saraceni e dai longobardi.
1071	Conquistata dai normanni di Roberto il Guiscardo.
	Sviluppo economico. Inizio della costruzione della basilica di San Nicola.
1156	Distrutta da Guglielmo il Malo dopo la rivolta contro i normanni.
Prima metà del '200	Ricostruita da Federico II. Si sviluppa e fiorisce sotto gli svevi.
'400 e '500	Dominazione aragonese. Il ducato di Bari ospita una magnifica corte.
1557	Unione della città al vicereame spagnolo di Napoli. Da questo momento Bari segue le sorti dell'Italia Meridionale.
1601	Distrutta in gran parte da un incendio.
Prima metà del '600	Decadenza della città per la crisi del commercio e della pesca.
1647	Ribellioni popolari.
1707	Dominazione austriaca.
1734	Dominazione borbonica.
XVIII secolo	Ripresa generale della città.
1808	Capoluogo di provincia durante la dominazione francese (1806-1815).
1813	Gioacchino Murat inizia la costruzione della città nuova.
1860	Bari si unisce al Regno d'Italia (5340 voti favorevoli e 1 contrario) e diventa capoluogo amministrativo della Puglia. Da questo momento ha inizio un grande sviluppo demografico ed economico.

7 Presenta queste notizie prendendo le distanze dalle informazioni che contengono. Usa le strategie che hai visto nel *Libro dello studente*.

1. Nel bosco di Nemi, magico secondo antiche tradizioni, si celebrano riti satanici e messe nere.
2. Un pentito: Diego Maradona ha venduto alla camorra lo scudetto 1987/88.
3. «Ho preso solo una medicina a base di erbe per curare un attacco d'asma». Si difende così Z.W., la nuotatrice squalificata perché positiva al controllo antidoping.
4. Una biologa americana afferma che i piccioni non tubano per amore: il loro verso ha una funzione fisiologica, in quanto facilita l'ovulazione delle femmine.
5. Una ricerca dell'Eurispes indica in almeno 70mila miliardi i capitali originati da tangenti e depositati in banche svizzere.
6. L'autore della biografia di Marilyn Monroe afferma che l'attrice rimase vittima di un micidiale cocktail di farmaci anti-insonnia somministratole dal suo psichiatra.
7. Italiano il ladro dei gioielli del principe Carlo d'Inghilterra? Poche ore dopo il furto un uomo che parlava inglese con un forte accento italiano ha venduto a un gioielliere londinese, naturalmente del tutto ignaro, un paio di gemelli appartenenti all'erede al trono.
8. Uno studio dell'Osservatorio epidemiologico regionale del Lazio indica nell'inquinamento atmosferico una delle principali cause di decesso tra i vigili urbani.

8 Leggi questo testo.

Un recente studio del Censis ha evidenziato che ogni italiano adulto può contare, in media, su 4 ore e 42 minuti di tempo libero al giorno. Alla televisione è riservata la maggior parte di questo tempo, con 1 ora e 48 minuti trascorsi quotidianamente davanti al piccolo schermo. Il tempo dedicato alla lettura di quotidiani, periodici e libri non supera invece i 18 minuti al giorno.

Lo stesso studio indica in un 44% i lettori abituali di quotidiani, mentre la percentuale scende al 38% se si considerano i giovani che abitualmente - cioè almeno 4 volte alla settimana - leggono un quotidiano.

E questo nonostante l'offerta sia tutt'altro che povera: oltre ai grandi quotidiani nazionali, vi sono in tutte le regioni testate locali, spesso di antiche origini ed ottimo livello.

Tra i quotidiani nazionali a maggiore diffusione ricordiamo il *Corriere della Sera*, *la Stampa*, *il Giornale*, *La Voce*, *il Manifesto*, *la Repubblica*, *l'Unità*, *L'Indipendente*, il quotidiano economico Il Sole 24 ore, e due quotidiani che si occupano esclusivamente di sport, come *La Gazzetta dello Sport* e *il Corriere dello Sport*.

Tra quelli a diffusione locale, *la Nazione* di Firenze, *il Resto del Carlino* di Bologna, *il Gazzettino* di Venezia, *il Mattino* di Napoli, *il Piccolo* di Trieste, *il Tempo* e *il Messaggero* di Roma e moltissimi altri.

Alcuni giornali esprimono una tendenza politica molto chiara - per esempio *il Manifesto*, che si definisce "quotidiano comunista", *l'Unità*, che del Partito Comunista Italiano è stato l'organo ufficiale, *il Giornale*, *L'Indipendente* e *la Voce*, giornali schierati su posizioni conservatrici; altri appartengono a gruppi economici importanti, come *la Stampa*, di proprietà della famiglia Agnelli, o *la Repubblica*, che fa capo al gruppo De Benedetti, o *il Giornale*, del gruppo Fininvest.

A differenza di ciò che avviene in altri paesi, in Italia nessun quotidiano è espressione di una precisa classe sociale, poiché l'unico elemento distintivo, come detto, è dato dalle idee espresse.

E cosa guarda il signor Rossi nell'ora e 48 minuti che passa davanti alla televisione? Anche qui la scelta è piuttosto ampia. A sua disposizione vi sono le tre reti pubbliche Rai, oppure le tre appartenenti al gruppo Fininvest (Retequattro, Canale 5, Italia 1), oppure Telemontecarlo, o, ancora, una miriade di televisioni private locali.

Anche alla radio ritroviamo tre reti nazionali appartenenti alla Rai e una quantità imprecisabile di radio private piccole e grandi che trasmettono soprattutto musica.

E nel tuo paese la situazione com'è? Scrivi un testo simile.

9 Ascolta le notizie e prendi appunti nella lingua che preferisci. Poi fanne una sintesi in italiano.

10 Questo articolo è stato trascritto eliminando i titoli e la suddivisione in paragrafi. Leggilo, e indica dove avresti inserito un "punto a capo".

MODICA (Ragusa) - Il diritto di vivere una storia d'amore merita la tutela della legge. Pur se non è contemplato dai codici e malgrado la giovanissima età di lui e di lei faccia pensare più alle ardenti passioni della gioventù che a un legame saldo, destinato a durare negli anni. Lo dice un provvedimento giudiziario: due ragazzi che vogliono costruirsi una vita insieme hanno il diritto di frequentarsi anche se i genitori strillano, si oppongono, interferiscono, preoccupati di tenere i figli sotto il loro manto protettivo. Succede tra Modica e Catania, dove il Tribunale per i minorenni ha deciso che Adriana, una ragazzina di 15 anni rinchiusa in un convento dopo una fuga d'amore, può passare tutti i week-end a casa del suo fidanzatino, Vincenzo, che ha fatto il diavolo a quattro quando la sua bella è finita dietro le grate. Alla faccia dei genitori di lei che, isolandola dal mondo, speravano di far sfumare quella tormentata lovestory che s'era iniziata in gran segreto due anni fa. Lei è una studentessa delle magistrali, lui fa il muratore a tempo perso. Due bravi ragazzi. Si conoscono a Modica, provincia di Ragusa, nella primavera del '92. La scintilla scocca in una mattinata di sole. Adriana è molto carina, ha capelli castani, occhi chiari, corporatura minuta. Vincenzo è un bell'esemplare mediterraneo, con una folta chioma ondulata, maniere gentili, sguardo intenso e fulminante. Si incontrano per caso sul corso principale durante la consueta «strusciata», come da queste parti chiamano il rito collettivo della passeggiata domenicale. L'evento è del tutto casuale perché lui è di Ispica e lei di Acate, comuni vicini. Si guardano, si piacciono, la fanciulla abbozza un sorriso, il ragazzo capisce che ha fatto breccia nel suo cuore. E così tra i due si accende la fiamma. Cominciano a frequentarsi di nascosto, ma il sentimento cresce insieme con la paura di essere scoperti. No, non è un fuoco di paglia, giura il ragazzo. E per dimostrare le sue intenzioni, decide di compiere il grande passo: parlerà al fratello maggiore di Adriana, sperando che capisca. Invece no, non capisce. Anzi, al pretendente della sorella che gli chiede comprensione, mostra denti e pugni: «Se non la lasci stare, ti spacco la faccia». Le minacce non spaventano Vincenzo. Ma il rischio di trovarsi con le mandibole a pezzi è tremendamente serio. Non resta che l'antica soluzione, l'unica che permetta di superare ogni ostacolo: la «fuitina», tradizionale pratica tutta siciliana: i fidanzati fanno fagotto, stanno insieme per qualche settimana, «consumano» quel che c'è da consumare, poi ritornano a casa per il cerimoniale del gran perdono, con la promessa delle nozze riparatrici che chiude una volta per tutte la questione. Ma il copione collaudato da secoli viene stravolto. I familiari di Adriana non ci stanno a vedersi strappare di mano la ragazzina. La rivogliono indietro. A casa. E si mettono a cercarla. Due giorni durano le indagini. Trovano i «colombi in fuga» dentro un casolare di campagna, dove hanno trascorso la loro precaria luna di miele con le loro povere cose. Il fratello di Adriana è una furia. «Te l'avevo detto che ti avrei spaccato la faccia», urla a Vincenzo. E giù botte da orbi. Un autentico massacro. Vincenzo finisce in ospedale, Adriana alla «Casa della fanciulla» di Ragusa, un istituto di suore cappuccine dove regna un clima di assoluto rigore. I genitori sono sicuri: la lontananza spegnerà la passione. Ma Vincenzo non si arrende. Prima sporge denuncia per l'aggressione, e poi, spalleggiato dalla famiglia, chiede l'intervento del Tribunale per i minorenni. La magistratura si mobilita su due fronti. Scatta l'inchiesta penale contro il fratello di Adriana, tutt'ora sotto processo per lesioni. Ma scende in campo anche il giudice minorile che ritenendo buone nella sostanza le ragioni del ragazzo, decide che Adriana può trascorrere ogni fine settimana con il suo fidanzato, sotto la vigilanza dei genitori di lui. Così ogni sabato, Vincenzo va al convento delle Cappuccine con il padre, prende in consegna Adriana e la porta a casa. Due giorni insieme e, domenica sera, la ragazza rientra in istituto. Se son rose...

Enzo Mignosi

CORRIERE DELLA SERA. 13/3/1994

Come possono essere, secondo te, i titoli che introducevano l'articolo? Prova a scriverli.

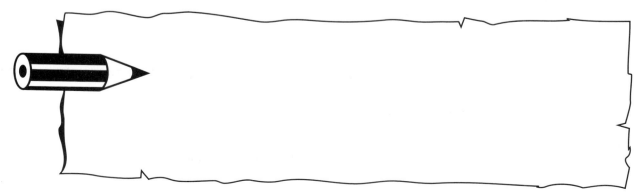

11 Hai notato che nell'articolo del punto precedente compaiono molte espressioni figurate? Eccole. Osserva il contesto in cui vengono usate e riesprimine il significato con altre parole.

fare il diavolo a quattro   accendersi la fiamma   fare fagotto
alla faccia di   essere un fuoco di paglia   strappare di mano
scoccare la scintilla   compiere il grande passo   colombi in fuga
fare breccia nel cuore di qualcuno mostrare i denti   botte da orbi

12 Ora prova a sintetizzare l'articolo del punto 10 usando 100/120 parole.

13 Completa le frasi scegliendo fra le alternative proposte.

1.
Non è la prima volta che vedo il dottor Martini. L'ho già incontrato (1) _____

1. a) prima   b) precedentemente   c) in seguito

2.
Per me puoi fare come credi, (1) _____ (2) _____ non ti venga a lamentare se le cose vanno storte.

1. a) anche se   b) ma   c) purché
2. a) quindi   b) dopo   c) poi

3.
Bene, (1) _____ restiamo a casa, potremmo mettere a posto la libreria...

1. a) mentre   b) visto che   c) perché

4.
Le misure contro l'inquinamento delle città dovrebbero prevedere (1) _____ un miglioramento dei trasporti pubblici.

1. a) in primo luogo   b) quindi   c) così

5.
(1) _____ un improvviso guasto, lo spettacolo è stato interrotto.

1. a) in seguito a   b) a causa di   c) siccome

6.
Non riuscirai a convincerla (1) _____ se la preghi in ginocchio. È più testarda di un mulo. (2) _____, ha sempre la scusa del lavoro...

1 a) in ogni modo   b) in realtà   c) neppure
2 a) inoltre   b) comunque   c) e poi

7.
Anche se non vincerò mai, io ci provo lo stesso. (1) _____ potrò sempre dire di averci provato, no?

1. a) infatti   b) in ogni caso   c) insomma

8.
(1) _____ di stare lì a piangere sul latte versato, muoviti!

1. a) al contrario   b) invece   c) piuttosto

14 Ecco un articolo di Francesco Alberoni. Leggilo e prova a ridurlo il più possibile cancellandone parole, espressioni, o anche intere frasi. Ovviamente, la versione ridotta dovrà avere un senso ed essere grammaticalmente corretta. Poi confrontala in classe con i tuoi compagni. Chi è riuscito a ridurre maggiormente il testo?

Pubblico & privato

I nostri politici?
Né si pentono
né chiedono perdono

Nel celebre libro di Conrad, Lord Jim salva la città dalla schiavitù e dalla spaventosa crudeltà del «generale». Quando arrivano i banditi, promette al vecchio capo che, se una sola persona verrà uccisa, risponderà con la propria vita. I banditi uccidono il figlio del capo. Lord Jim li sconfigge, salva un'altra volta la città, ma il vecchio esige la sua punizione e lo uccide a sua volta. Tutto ciò che ha fatto, le sue nobili intenzioni non contano.

Siamo di fronte a una concezione morale diffusissima nelle società antiche, che Piaget ha trovato nei bambini e ha chiamato Realismo Morale. In un suo libro recentissimo, Fattore Orgware, La sfida economica dell'est Asia (Garzanti), Gianni Fodella ci ricorda che qualcosa di simile esiste in tutte le società asiatiche di influenza cinese. Chi fallisce non merita indulgenza anche se le sue intenzioni erano adamantine. Non si può rimediare alla colpa, non c'è perdono.

La tradizione giudaico-cristiana si colloca all'opposto di quella asiatica perché dà importanza all'interiorità, all'intenzione. La colpa non è un fatto oggettivo. Il male è intenzione malvagia, malvagità d'animo. Se il colpevole ammette la colpa, se si pente della colpa, se accetta l'espiazione, può essere perdonato, anzi dovrebbe essere perdonato. Io sono convinto che questo è stato uno dei maggiori progressi spirituali dell'umanità.

Ci sono però due tipi di perdono. Il primo rinuncia a punire, a vendicarsi, non vuole rappresaglie, espiazioni, però non cessa di ricordare che cosa è successo e di condannarlo. È quanto proviamo di fronte al ricordo dei campi di sterminio nazisti, dei gulag sovietici, o della pulizia etnica jugoslava. Non ci saranno processi di Norimberga, ma anche fra mille anni il

giudizio morale resterà lo stesso.

C'è poi un secondo tipo di perdono più radicale che cancella l'azione malvagia, la dimentica, la rende non esistente. È come non fosse mai stata fatta. Non se ne deve più parlare, farlo significherebbe riaprire una ferita, renderla attuale. Incontriamo un nostro amico d'infanzia, ricordiamo un violento litigio che ci ha divisi. Ma delle ragioni di quella collera non ci importa più nulla, siamo cresciuti, siamo diventati superiori. Succede così ai genitori verso un torto compiuto dai loro figli. Quando li incontrano e si accorgono che anche loro ne hanno sofferto, li abbracciano commossi. È il perdono dell'amore.

Ora occorre dire con molta chiarezza che questo tipo di perdono è molto, molto difficile e richiede, da parte del colpevole, un vero pentimento, un profondo rimorso. È, in definitiva, possibile soltanto perché è lui, il colpevole, che continua a ricordare e a condannare ciò che ha fatto.

La nostra società ha dimenticato che il perdono è una cosa seria e che è una cosa seria il rimorso. Noi tutti, presi da una frettolosa superficialità, chiamiamo «pentiti» anche degli opportunisti che parlano per farsi ridurre la pena o per vendetta.

Dirò di più. Se i politici italiani che hanno così gravemente sbagliato in questi ultimi anni si fossero sinceramente e profondamente pentiti, anche l'atteggiamento della gente nei loro riguardi sarebbe diverso. Mi viene in mente il grido di Vladimir Jankélévitc quando venne fatta la proposta di cancellare i crimini dell'olocausto. Ma ci hanno chiesto perdono? No, non gliene importa nulla, non si sentono affatto colpevoli, non si riconoscono alcun torto. Perché, allora, dobbiamo perdonare?

CORRIERE DELLA SERA, 6/9/1993

Come sarebbe a dire?

1 Ricordi i dialoghi del punto 1 del *Libro dello studente*? Prova a completarli senza guardarne la trascrizione. Poi confronta la tua versione con quella che troverai a pagina 239 del *Libro dello studente*.

A

● Scusi, dovevo fare un _____
○ Sì, guardi, uno di quei _____ sul tavolo in fondo. Poi va in uno qualsiasi degli _____ aperti.
● Grazie.

B

● Per fare un _____, va bene qui?
○ Sì. Mi fa un _____ o vuole un modulo per cassa?

C

● Certo che è proprio incredibile! Mezz'ora di fila per una _____!
○ Ma guardi che per le raccomandate deve andare a quello _____ laggiù, che è libero. Qui
  si _____ i _____ _____
● Beh, potrebbero _____ scriverlo!

D

● Mi dà un _____ per raccomandate?
○ Ecco. Vuole anche la _____ _____ _____?
● Sì, forse è meglio.
○ Allora tenga. Deve _____ anche questo.

E

● Senta, io dovrei _____ dei soldi all'estero. Come posso fare?
○ Può fare un _____ _____, chiedere un assegno in _____ alla sua
  banca e spedirlo, o fare un _____
● E cos'è più veloce?
○ Se lo fa _____ banca, non lo so... Si deve _____ alla sua banca. Se fa un
  _____ ci vuole circa una settimana. A meno che non faccia un _____
  _____

F

● Eh, no, senta, più di cinque non può. Deve rifare la _____
○ Come sarebbe a dire?! Per fare due _____ e pagare sei _____
  _____ devo fare tre volte la fila? Ma uno non può _____ perdere tre ore così!
● Lo so, lei ha ragione. Ma anch'io è mezz'ora che aspetto per pagare una sola _____

G

● Volevo fare la _____, che mi hanno rubato la macchina.
○ Ma è sicura?
● Beh, era _____ qui dietro, in via della Stelletta.
○ Ha provato a chiedere ai _____ al terzo piano? Vada a vedere se per caso non gliel'ha portata
  via il _____ _____

H

● Per fare il _____ _____ _____, come devo fare?
○ Per lavoro?
● No, per _____ _____. Mio marito lavora qui.

○ Deve venire qui la mattina con due foto, un foglio di carta da _____ da quindicimila e il passaporto valido, insieme a suo marito. Le consiglio di venire molto presto. Gli uffici aprono alle otto, ma la fila comincia alle sei.

● E ci vuole molto?

○ Dipende. Se arriva presto, no, ma se viene alle otto finisce all'una.

2 Cosa sono queste cose? Scrivi delle brevi spiegazioni.

una raccomandata con/senza ricevuta di ritorno	una marca da bollo
una lettera assicurata	un foglio di carta bollata
la patente	un modulo
il codice fiscale	lo scontrino fiscale

3 Riprendi le situazioni del punto 6 del *Libro dello studente* a pagina 200. Per ognuna delle situazioni scrivi una lettera di protesta.

4 Stai preparando una vacanza in Italia. Cerca nelle agenzie di viaggi prospetti e dépliant pubblicitari. Studiali attentamente e scegli il posto nel quale vuoi andare.

5 Scrivi una lettera all'agenzia nella quale chiedi che ti prenotino il viaggio e l'albergo. Chiedi bene quali sono le modalità di pagamento: per non doverti portare troppi soldi preferisci pagare in anticipo, prima di partire. Oltretutto, così starai più tranquillo. Ricordati di specificare bene le date!

6 Parti per il tuo viaggio.

All'aeroporto rischi di non poter partire perché la prenotazione era stata fatta ma non confermata. Per fortuna sull'aereo c'è ancora posto!

Arrivato in albergo, la prenotazione non c'è. Dopo lunghe insistenze riescono a prenotarvi una stanza in un altro albergo vicino. Naturalmente, non c'è la piscina (che vi avevano promesso all'agenzia).

Al momento di pagare non accettano né carte di credito né assegni.

Riesci a immaginare le conversazioni che intrattieni in ognuna di queste situazioni? Insieme a un tuo compagno, scrivi delle brevi scenette. Poi, in classe, rappresentatele davanti agli altri.

7 Al ritorno, scrivi una lettera di protesta all'agenzia che vi aveva fatto le prenotazioni.

8

Non sempre la burocrazia funziona come dovrebbe. Vuoi sapere come erano le cose in Italia fino a qualche anno fa? Leggi questo articolo di Umberto Eco, pubblicato nel numero 9 del 1982 del settimanale "l'Espresso", e ripreso nel volume a cura di Umberto Eco *L'Espresso 1955-'85: 30 anni di costume*.

La patente

Quest'articolo racconta cosa succede a un cittadino che ha perso la licenza di guida e cerca disperatamente de procurarsene un'altra. Ne vien fuori una dettagliata descrizione dell'ottusità e della mania di complicare le cose semplici tipiche di quelli che sono ancor oggi i padroni incontrastati dell'Italia: i burocrati.

Milano. Che io scriva queste righe e che "l'Espresso" me le pubblichi è l'ultima conferma del fatto che sono un privilegiato, come sarà messo in chiaro da questa storia. Se fossi un cittadino comune non solo sarei stato sottoposto alle angherie di cui rendo ora testimonianza, ma ben altre ne avrei subite, e non potrei neppure parlarne. Se sono ancora qui a scrivere è perché sono stato aiutato da molte società segrete, come oggi si usa. Il lettore quindi mi perdonerà se nel narrare questa vicenda alfererò i nomi e le funzioni di molte persone, per non coinvolgerle nella mia rovina.
Dunque, nel maggio dell'ottantuno, di passaggio ad Amsterdam, perdo (o mi viene rubato in tram perché si borseggia persino in Olanda) un portafoglio che conteneva pochi soldi ma varie tessere e documenti. Me ne accorgo al momento della partenza, all'aeroporto, e vedo subito che mi manca la carta di credito. A mezz'ora dalla partenza mi butto alla ricerca di un posto dove denunciare lo smarrimento, vengo ricevuto in cinque minuti da un sergente della polizia aeroportuale, che parla un buon inglese, mi spiega che la cosa non è di loro competenza perché il portafoglio è stato smarrito in città, comunque acconsente a stendere a macchina una denuncia, mi assicura che alle nove, quando aprono gli uffici, telefonerà lui stesso all'American Express, e in dieci minuti risolve la parte olandese del mio caso. Rientrato a Milano telefono all'American Express, il numero della mia carta viene segnalato in tutto il mondo, il giorno dopo ho la carta nuova. Che bello vivere nella civiltà, mi dico.
Poi faccio il conto delle altre tessere perdute e sporgo denuncia alla questura: dieci minuti. Che bello, mi dico, abbiamo una polizia come quella olandese (e dire che non avevano ancora liberato Dozier). Tra le tessere ce n'è una dell'ordine dei giornalisti, e riesco ad averne un duplicato in tre giorni. Che bello. Ahimè, avevo anche smarrito la patente. Mi pare il guaio minore. Questa è roba da industria automobilistica, c'è una Ford nel nostro futuro, siamo un paese di autostrade. Telefono all'Automobile Club e mi dicono che basta che io comunichi il numero della patente smarrita. Mi accorgo che non l'avevo segnato da nessuna parte, se non sulla patente, appunto, e cerco di sapere se possono guardare sotto il mio nome e trovare il nu-

mero. Ma pare che non sia possibile.
Io devo guidare, è cosa di vita o di morte, e decido di fare ciò che di solito non faccio: andare per vie traverse e privilegiate. Di solito non lo faccio perché mi spiace seccare amici o conoscenti e odio quelli che fanno lo stesso con me, e poi abito a Milano, dove se si ha bisogno di un documento in Comune non occorre telefonare a Tognoli, si fa prima a mettersi in fila allo sportello, dove sono piuttosto efficienti. Ma tant'è, l'automobile ci rende tutti un po' nervosi, e telefono a Roma a un'Alta Personalità dell'Automobile Club, la quale mi mette in contatto con un'Alta Personalità dell'Automobile Club di Milano, la quale dice alla sua segretaria di fare tutto quello che può. Può ahimè, pochissimo, malgrado la sua gentilezza. Mi insegna alcuni trucchi, mi spinge a ricercare una vecchia ricevuta di un noleggio Avis, su cui appare in carta carbone il numero della mia patente, mi fa sbrigare in un giorno le pratiche preliminari, poi mi indirizza dove si deve andare, e cioè all'ufficio patenti della Prefettura, un immenso androne pullulante di una folla disperata e puteolente, qualcosa come la stazione di Nuova Dehli nei film sulla rivolta dei Cipays, dove i postulanti che raccontano storie terribili ("io sono qui dal tempo della guerra di Libia"), campeggiano con thermos e panini, e arrivano alla fine della fila, come accade a me, quando lo sportello ormai si chiude.
In ogni caso, devo dire, è cosa di pochi giorni di coda, nel corso dei quali, ogni qual volta si arriva allo sportello ci si accorge che bisognava riempire un altro modulo o comperare un altro tipo di marca da bollo, e si ricomincia la fila; ma questo si sa, è nell'ordine delle cose. Tutto bene, mi si dice, torni tra una quindicina di giorni. Per intanto, taxi.
Quindici giorni più tardi, dopo aver scavalcato alcuni postulanti che ormai hanno ceduto e sono in coma, apprendo allo sportello che il numero che avevo recuperato sulla fattura Avis, vuoi per errore alla fonte,

vuoi per carenza di carta carbone, vuoi per deperimento dell'antico documento, non è quello buono. Non si può fare nulla se non denuncio il numero giusto. "Bene", dico, "voi non potete certo cercare un numero che non vi so dire, ma potete cercare sotto "Eco" e lì trovate il numero".
No: vuoi cattiva volontà, vuoi sovraccarico di lavoro, vuoi che le patenti siano solo archiviate sotto il numero, questo non è possibile. Provi, mi dicono, là dove ha fatto originalmente la patente, e cioè ad Alessandria, tanti anni fa. Là dovrebbero poterle rivelare il suo numero.

Non ho tempo di andare ad Alessandria, anche perché non posso guidare, e ricorro alla seconda scorciatoia: telefono ad un compagno di liceo che ora è un'alta personalità della finanza locale e gli chiedo di telefonare all'Ispettorato della motorizzazione. Costui prende una decisione altrettanto disonesta e telefona direttamente a un'Alta Personalità dell'Ispettorato della motorizzazione, la quale gli dice che non si possono comunicare dati del genere se non ai carabinieri. Penso che il lettore si renda conto di quale pericolo correrebbero infatti le istituzioni se il numero della mia patente venisse comunicato a cani e porci: Gheddafi e la Kgb non aspettano altro. Dunque, top secret.
Rivado al mio passato e trovo un altro compagno di scuola che è ora un'Alta Personalità di un Ente Pubblico, ma gli suggerisco di non rivolgersi ad alte personalità della motorizzazione, perché la cosa è pericolosa e si potrebbe finire sotto commissione parlamentare. Piuttosto, opino, bisogna trovare una bassa personalità, magari un guardiano notturno, che possa essere corrotto e metta il naso nottetempo negli archivi. L'Alta Personalità dell'Ente Pubblico ha la fortuna di trovare una media personalità della motorizzazione, la quale non deve neppure essere corrotta, perché è abituale lettore dell'"Espresso" e decide per amore di cultura di rendere questo pericoloso servigio al suo corsivista prediletto (che sarei io).
Non so cosa faccia l'ardimentosa persona, fatto sta che il giorno dopo ho il numero della patente, numero che i lettori mi permetteranno di non rivelare perché ho famiglia.
Col numero (che ormai annoto dappertutto e celo in cassetti segreti in vista del prossimo furto o smarrimento) supero altre code alla motorizzazione milanese e lo sventolo davanti agli occhi sospettosi dell'incaricato. Il quale, con un sorriso che più nulla ha d'umano, mi comunica che devo anche palesare il numero della pratica con cui, nei lontani anni cinquanta, le autorità alessandrine hanno comunicato il numero della patente alle autorità milanesi.
Ricominciano le telefonate ai compagni di scuola, la sventurata media personalità, che già tanto aveva rischiato, torna alla carica, commette alcune dozzine di reati, sottrae una informazione di cui pare i carabi-

nieri siano ghiottissimi, e mi fa sapere il numero della pratica, numero che celo anch'esso, perché come si sa anche i muri hanno orecchie.
Ritorno alla motorizzazione milanese, me la cavo con pochi giorni di coda, ottengo la promessa di un documento magico entro una quindicina di giorni. Siamo ormai a giugno avanzato, e finalmente mi trovo tra le mani un documento in cui si dice che io ho presentato domanda per il rilascio della patente. Non esiste evidentemente un modulo per smarrimenti, e il foglio è di quelli che rilasciano per esercitarsi alla guida, quando non si ha ancora la patente. Lo mostro a un vigile, chiedendo se con quello potrei guidare e l'espressione del vigile mi deprime: il buon ufficiale mi fa capire che se lui mi sorprendesse al volante con quel foglio mi farebbe pentire di essere nato.
In effetti me ne pento, e torno all'ufficio patenti, dove dopo alcuni giorni apprendo che il foglio ricevuto era per così dire un aperitivo: debbo attendere l'altro foglio, quello in cui si dice che, avendo perso la patente, posso guidare sino a che non avrò ricevuto quella nuova, perché le autorità hanno appurato che avevo già quella vecchia. Il che è esattamente quello che tutti ormai sanno, dalla polizia olandese alla questura italiana, e che l'ufficio patenti sa, salvo che non lo vuole dire a chiare lettere prima di averci pensato su. Si pensi che tutto quello che l'ufficio potrebbe desiderar sapere è esattamente quello che già sa e che, per tanto che ci pensi su, non riuscirà mai a sapere altro. Ma pazienza. Verso la fine di giugno torno ripetutamente a informarmi delle vicende del foglio numero due, ma pare che la sua preparazione comporti molto lavoro, e per un momento sono portato a crederlo, perché mi hanno chiesto tanti documenti e foto, e questo foglio dovrebbe essere qualcosa come un passaporto con pagine filigranate.
Alla fine di giugno, avendo ormai speso somme vertiginose in taxi, cerco una nuova scorciatoia. Scrivo sui giornali, perdiana, forse qualcuno potrebbe aiutarmi con la scusa che devo viaggiare per ragioni di pubblica utilità. Attraverso due redazioni milanesi ("Repubblica" ed "Espresso"), riesco ad entrare in contatto con l'ufficio stampa della prefettura, dove trovo una gentile signora che si dichiara disposta a occuparsi del mio caso. La gentile signora non pensa neppure di attaccarsi al telefono: coraggiosamente si reca di persona all'ufficio patenti e penetra in penetrali da cui i profani sono esclusi, tra labirintiche teorie di pratiche che giacciono da tempi immemorabili. Cosa faccia la signora non so (odo grida soffocate, rovinìo di scartafacci, nuvole di polvere passano sotto la soglia). Finalmente la signora riappare, e ha in mano un modulo giallo, di carta esilissima, come quelli che i parcheggiatori infilano sotto il tergicristallo, forma-

to diciannove centimetri per tredici centimetri. Non vi appare alcuna foto, è scritto ad inchiostro, con sbavature al pennino Perry intinto in calamai tipo "Cuore", di quelli pieni di morchia e mucillagine che producono filamenti sulla pagina porosa. C'è il mio nome col numero della patente scomparsa, e a stampa vi si dice che il presente foglio sostituisce la patente "sopradescritta", ma scade il ventinove dicembre (la data è scelta ovviamente per sorprendere la vittima mentre guida per i tornanti di una località alpina, possibilmente nella bufera, lontano da casa, così che possa venire arrestata e torturata dalla polizia stradale):

Il foglio mi abilita a guidare in Italia ma sospetto che lascerebbe in serio imbarazzo un poliziotto straniero se lo mostrassi all'estero. Pazienza. Ora guido. Per farla breve dirò che a dicembre la mia patente non c'è, trovo resistenza a rinnovare il foglio dove una mano malferma ha scritto quello che avrei potuto scrivere anch'io, e cioè che è rinnovato sino al giugno ottantadue (altra data scelta per sorprendermi indifeso mentre guido lungo una costiera) e vengo altresì informato che in quella data si provvederà a prolungarmi la validità del foglio, perché quanto a patente le cose dureranno più a lungo. Dalla voce rotta di compagni di sventura incontrati nel corso delle mie code, apprendo che c'è gente senza patente da uno, due, tre anni.

L'altro ieri ho applicato sul foglio la marca annuale: il tabaccaio mi ha consigliato di non annullarla, perché se poi mi arrivasse la patente dovrei comperarne un'altra. Ma non annullandola mi trovo ad aver commesso, credo, un reato.

A questo punto, tre osservazioni. La prima è che se ho avuto il foglio in due mesi è perché, grazie a una serie di privilegi di cui godo per rango ed educazione, sono riuscito a scomodare una serie di Alte Personalità di tre città, di sei enti pubblici e privati, più un quotidiano e un settimanale di circolazione nazionale. Se facevo il droghiere o l'impiegato, a quest'ora avrei do-vuto comperare una bicicletta. Per guidare con la patente bisogna essere Licio Gelli.

La seconda osservazione è che il foglio che tengo gelosamente nel portafoglio è un documento di nessun valore, falsificabilissimo, e che quindi il paese è pieno di automobilisti che circolano in situazioni di difficile identificabilità. Illegalità di massa, ovvero finzione di legalità.

La terza osservazione richiede che i lettori facciano mente locale e cerchino di visualizzare una patente. Visto che ormai non la si riceve più con la sua custodia, che uno deve comperarsi da sé, la patente consiste in un libretto di due o tre pagine, con foto, in carta scadente. Questi libretti non vengono prodotti a Fabriano come i libri di Franco Maria Ricci, non sono torchiati a mano da artigiani abilissimi, potrebbero essere stampati da qualsiasi tipografia di infimo rango, e da Gutemberg in avanti la civiltà occidentale è in grado di produrne migliaia e migliaia in poche ore. Cosa ci vuole a disporre di migliaia di questi libretti, incollarci sopra la foto della vittima, e distribuirli magari con una macchinetta a gettone? Cosa accade nei meandri dell'ufficio patenti?

Noi tutti sappiamo che un brigatista rosso è in grado di produrre in poche ore decine di patenti false, e si noti che produrre una patente falsa è più laborioso che produrne una vera. Ora, se non si vuole che il cittadino privo di patente si metta a battere baretti malfamati nella speranza di entrare in contatto con le Brigate rosse, la soluzione è una sola: impiegare i brigatisti pentiti agli uffici patenti. Essi hanno quel che si chiama il "know-how", dispongono di molto tempo libero, il lavoro come è noto redime, in un solo colpo si liberano molte celle nelle carceri, si rendono socialmente utili persone che l'ozio coatto potrebbe ripiombare in pericolose fantasie di onnipotenza, si rende un servizio sia al cittadino a quattro ruote che al cane a sei zampe. Ma forse è troppo semplice: io dico che dietro questa storia delle patenti c'è lo zampino di una potenza straniera.

Ora rispondi alle domande.

Quante persone diverse è costretto a disturbare Eco?
In quanti uffici diversi si reca di persona, e quante volte?
Con quali altri uffici si mette in contatto?
Trascrivi in sequenza tutte le tappe del suo arduo cammino verso il duplicato della patente.
Il testo non manca d'ironia. Sapresti indicare le frasi e le espressioni che esprimono l'ironia?
Nel testo ci sono alcuni riferimenti alla storia dell'Italia agli inizi degli anni ottanta. Li riesci ad individuare?
Sai a cosa si riferiscono esattamente? Fai una piccola ricerca per scoprirlo.
Perché Umberto Eco è diverso dai comuni cittadini?

Un tuo amico che non ha voglia di leggere il testo di Eco ti chiede di riassumerglielo. Scrivigliene una breve sintesi in mezza pagina.

10 Ascolta i dialoghi. Perché protestano? Per ogni dialogo scrivi una breve spiegazione dell'accaduto.

11 Leggi questo testo.

Una rivoluzione negli uffici pubblici

Caro burocrate parla chiaro

Oblazione. Ammenda. Erogare. I peggiori vocaboli del linguaggio "di stato"
verranno aboliti. Ma riusciremo mai a comunicare con l'amministrazione?

di Giuseppe Pittano

«Chi deteriora o insudicia le carrozze e i loro arredi è punito con l'ammenda da L. 800 a L. 8000 qualora si tratti di carrozze di lusso o di prima classe, e da L. 400 a L. 4000 negli altri casi. Se il trasgressore si dichiara disposto all'oblazione pari al minimo dell'ammenda, oltre alla rifusione del danno eventualmente arrecato, l'agente constatante percepisce le somme dovute e ne rilascia ricevuta. L'oblazione estingue l'azione penale».

Solo chi ha una certa dimestichezza con il linguaggio burocratico riesce a decodificare questo minaccioso messaggio contenuto in un avviso esposto in bella mostra nelle carrozze ferroviarie. Tradotto in parole povere, dice: «Chi danneggia o sporca le carrozze ferroviarie o il loro arredamento dovrà pagare una multa tra le 800 e le 8000 lire se il vagone è di prima classe o di lusso, tra le 400 e le 4000 negli altri casi. Chi paga subito pagherà il minimo della multa, più le spese per i danni provocati. Il ferroviere che riscuote la somma rilascerà regolare ricevuta.

Pagando direttamente si evita la denuncia».

D'ora in poi messaggi come quello riportato all'inizio dovrebbero scomparire: leggi, decreti, circolari, avvisi, moduli, ecc. saranno scritti in modo semplice e comprensibile a tutti. Così ha deciso il ministro della Funzione Pubblica Sabino Cassese che ha preparato un «*codice di stile a uso delle pubbliche amministrazioni*», corredato da un vocabolario di circa 7mila parole base di significato trasparente e immediato.

«Una amministrazione che adopera il termine *teste fide faciente*» spiega il ministro «non può funzionare. C'è forse qualcuno che usa l'espressione *Signoria Vostra*? Non c'è nessuno, eppure negli atti è usata. Questa è un'amministrazione che non è più in contatto con i cittadini, che non parla più la loro lingua». E aggiunge: «Non abbiamo la pretesa di dettare una lingua unica, non penso che da domani potranno essere già disponibili documenti scritti in maniera semplice e comprensibile. Vorremmo però far capire alle amministrazioni che non possono continuare a considerare i cittadini degli *amministrati*, così come un tempo venivano considerati *sudditi*».

Scompariranno dunque dall'uso burocratico espressioni antiquate o astruse per lasciare posto a quelle vive e di uso comune. Non leggeremo più *sportello impresenziato, lettera codiciata, nota attergata, congedo permessato, pratica esodata, prodotto concorrenziale, governo fiduciato* e simili messaggi in puro codice burocratese. Lo sfrattato non sarà più presto preso in giro con eufemistici giri di parole come *cittadino passivo di provvedimento esecutivo di rilascio* e non si chiamerà più *alloggio abitale* il posto dove abitare.

Così finiranno sulle bancarelle dell'antiquariato *ammenda, oblazione, accreditamento, erogazione, rogito, espletare, approntare, procrastinare, dilazionare, ascrivere, eccepire, evincere, all'uopo, per quanto attiene a, per quanto concerne, dare adito a, compatibilmente con, ai sensi di, a priori, a posteriori, in ordine alle responsabilità, in riferimento alle disposizioni di cui all'oggetto, in via di espletamento*, ecc.

Anche la costruzione nominale (verbo + nome) sarà sostituita dalla semplice forma verbale: *apportare modifiche* diventerà: modificare. *Apportare correzioni*: correggere. *Prendere in esame*: esaminare. *Portare a compimento*: compiere. (...) Eccetera.

Per farci un'idea più chiara di questo linguaggio, leggiamo lo spiritoso e grottesco articolo di Italo Calvino che racconta la storia di uno che va in questura a denunciare un banale episodio di cronaca nera: «Stamattina presto», dice l'interrogato, «andavo in cantina ad accendere la stufa e ho trovato tutti quei fiaschi di vino dietro la cassa del carbone. Ne ho preso uno per bermelo a cena. Non ne sapevo niente che la bottiglieria era stata scassinata». Impassibile il brigadiere batte veloce sui tasti la sua fedele trascrizione: «Il sottoscritto, essendosi recato nelle prime ore antimeridiane nei locali dello scantinato per eseguire l'avviamento dell'impianto termico, dichiara di essere casualmente incorso nel rinvenimento di prodotti vinicoli, situati in posizione retrostante al recipiente adibito al contenimento del combustibile e di aver effettuato l'esportazione di uno dei detti articoli nell'intento di consumarlo durante il pasto pomeridiano, non essendo a conoscenza dell'avvenuta effrazione dell'esercizio soprastante».

Per renderci conto della diversità dei due lin-

guaggi basterà metterli a confronto: il denunciante ha usato 40 parole, il brigadiere 71. E non si tratta solo di aggiunta di vocaboli ma di un frasario completamente diverso: io diventa: *il sottoscritto*; andavo: *essendomi recato*; ad accendere: *per eseguire l'avviamento*; ho trovato: *dichiara di essere casualmente incorso nel rinvenimento*; quei fiaschi di vino: un quantitativo di *prodotti vinicoli*; dietro: *situati in posizione retrostante*; ne ho preso uno: *di avere effettuato l'esportazione di uno dei detti articoli*; per bermelo: *nell'intento di consumarlo*; non ne sapevo niente: *non essendone a conoscenza*; che era stata scassinata: *dell'avvenuta effrazione*; e la bottiglieria: *l'esercizio soprastante*.

Di fronte a questa stesura della denuncia, l'interrogato riconoscerà quello che ha detto quando il brigadiere gli leggerà il testo della sua deposizione per fargliela firmare? Noi pensiamo di no: firmerà senza leggere, perché preso dal timore di finire in tribunale. In realtà con questo brano un po' grottesco Calvino spinge all'estremo la sua esemplificazione, rimanendo però aderente alla realtà. Una cosa tuttavia è certa: che questo è lo stile dei verbali della polizia.

L'esperienza però ci insegna che questa antilingua non di rado si trasmette anche alla stampa. «Verbali di tal genere vengono spesso trascritti alla lettera nelle sale stampa delle questure da cronisti frettolosi» dice Cesare Garelli, studioso del linguaggio burocratico, «e il più delle volte finiscono dentro le pagine dei giornali e così diventano parte integrale dell'italiano che la stampa fornisce al pubblico».

Attraverso questa lenta intossicazione si prepara in concreto il dominio sempre più pesante dell'antilingua. Ed è per questo che esiste, incombente, il pericolo che la lingua media comune di domani si identifichi proprio con l'antilingua di cui la burocrazia abitualmente si serve e che i giornali pericolosamente travasano nel pubblico abituandolo a un linguaggio assurdo.

In questo linguaggio pensano, parlano e scrivono ogni giorno decine di migliaia di funzionari dei ministeri e degli uffici pubblici e privati. Una lingua che Calvino definiva «terrore semantico», consistente nella fuga di fronte ai vocaboli di per sé evidenti, come se *fiasco, stufa* e *carbone* fossero parole oscene e come se *andare, trovare, sapere* indicassero azioni turpi.

La *spiazzistica*, la chiama il linguista Tullio de Mauro: tecnica consistente nello spiazzare l'interlocutore rendendo oscure parole chiarissime. Speriamo che scompaia, insieme con l'anno vecchio...

E per finire...

1 Leggi il brano finale di *Cristo si è fermato a Eboli*, di Carlo Levi.

L'effimera, strana primavera era ormai finita. Il verde non era durato che una diecina di giorni, come una assurda apparizione. Poi quella poca erba era seccata sotto il sole e il vento ardente di un maggio improvvisamente estivo. Il paesaggio era tornato quello di sempre, bianco, monotono e calcinoso. Come quando ero arrivato, tanti mesi prima, sulla distesa delle argille silenziose l'aria ondeggiava per il caldo; e pareva che, da sempre, su quello stesso desolato mare biancastro oscillasse grigia l'ombra delle stesse nuvole. Conoscevo ogni anfratto, ogni colore, ogni piega della terra. Con il nuovo caldo, la vita di Gagliano pareva più lenta che mai. I contadini erano nei campi, le ombre delle case si stendevano pigre sui selciati, le capre sostavano al sole. L'eterno ozio borbonico si stendeva sul paese, costruito sulle ossa dei morti: distinguevo ogni voce, ogni rumore, ogni sussurro, come una cosa nota da tempi immemorabili, infinite volte ripetuta, e che infinite altre volte sarebbe stata ripetuta in futuro. Lavoravo, dipingevo, curavo i malati, ma ero giunto a un punto estremo di indifferenza. Mi pareva di essere un verme chiuso dentro una noce secca. Lontano dagli affetti, nel guscio religioso della monotonia, aspettavo gli anni venturi, e mi pareva di essere senza base, librato in un'aria assurda, dove era strano anche il suono della mia voce.

Anche la guerra volgeva al termine. Addis Abeba era caduta. L'Impero era salito sui colli di Roma, e don Luigino aveva cercato di farlo salire anche su quelli di Gagliano, con una delle sue tristi adunate deserte. Non ci sarebbero più stati dei morti, e si attendeva il ritorno dei pochi che erano laggiù. Il figlio della Giulia aveva scritto che presto sarebbe tornato, e gli si preparassero la sposa e le nozze. Don Luigino si sentiva cresciuto, come se qualcosa della corona imperiale fosse passato anche sulla sua testa. I contadini pensavano che, malgrado le promesse, non ci sarebbe stato posto per loro in quelle terre favolose e male acquistate; e non pensavano all'Africa quando scendevano alle rive dell'Agri.

Un mattino, verso mezzogiorno, passavo sulla piazza. Il sole batteva lucente e nitido, il vento alzava mulinelli di polvere e don Cosimino, sull'uscio dell'ufficio postale, mi fece da lontano dei grandi gesti con la mano. Mi avvicinai, e vidi che mi guardava con affettuosi occhi allegri. - Buone notizie, don Carlo, - mi disse. - Non vorrei darle delle speranze che non si dovessero realizzare; ma è arrivato ora un telegramma da Matera, che dispone la liberazione del confinato genovese. Ho mandato ora a chiamarlo. Dice anche di rimanere in ascolto nel pomeriggio, che mi telegraferanno i nomi di altri confinati da liberare. Spero ci sarà anche il suo. Pare che sia per la presa di Addis Abeba - . Rimanemmo sulla porta dell'ufficio tutto il giorno. Ogni tanto si sentiva il ticchettio del telegrafo, e poi la testa di don Cosimino si affacciava allo sportello, con un sorriso raggiante, e l'angelo gobbo gridava un nome. Il mio fu l'ultimo: era già quasi sera. Tutti erano stati liberati, tranne i due comunisti, lo studente di Pisa e l'operaio di Ancona. Tutti i signori della piazza mi si fecero attorno per congratularsi con me della libertà che mi era stata elargita senza che la sollecitassi. Quella gioia inattesa mi si volse in tristezza, e mi avviai, con Barone, verso casa.

Tutti i confinati partirono l'indomani mattina. Io non mi affrettai. Mi dispiaceva partire, e trovai tutti i pretesti per trattenermi. Avevo dei malati che non potevo lasciare d'un tratto, delle pitture da finire; e poi un mucchio di cose da spedire, una infinità di quadri da imballare. Dovevo far fare delle casse, e una gabbia per Barone, troppo abile nello sciogliersi dal guinzaglio e troppo selvatico perché si potesse affidarlo così semplicemente a un treno. Rimasi ancora una diecina di giorni.

I contadini venivano a trovarmi e mi dicevano: - Non partire. Resta con noi. Sposa Concetta. Ti faranno podestà. Devi restar sempre con noi -. Quando si avvicinò il giorno della mia partenza, mi dissero che avrebbero bucato le gomme dell'automobile che doveva portarmi via. - Tornerò, - dissi. Ma scuotevano il capo. - Se parti non torni più. Tu sei un cristiano bono. Resta con noi contadini -. Dovetti promettere solennemente che sarei tornato; e lo promisi con tutta sincerità: ma non potei, finora, mantenere la promessa.

Infine mi congedai da tutti. Salutai la vedova, il becchino banditore, donna Caterina, la Giulia, don Luigino, la Parroccola, il dottor Milillo, il dottor Gibilisco, l'Arciprete, i signori, i contadini, le donne, i ragazzi, le capre, i monachicchi e gli spiriti, lasciai un quadro in ricordo al comune di Gagliano, feci caricare le mie casse, chiusi con la grossa chiave la porta di casa, diedi un ultimo sguardo ai monti di Calabria, al cimitero, al Pantano e alle argille; e una mattina all'alba, mentre i contadini si avviavano con i loro asini ai campi, salii, con Barone in gabbia, nella macchina dell'americano, e partii. Dopo la svolta, sotto il campo sportivo, Gagliano scomparve, e non l'ho più riveduto.

Avevo un foglio di via, e dovevo viaggiare con i treni accelerati: perciò il viaggio fu lungo. Rividi Matera, e i suoi sassi, e il suo museo. Traversai la pianura di Puglia, sparsa di pietre bianche, come un cimitero, e Bari, e Foggia misteriosa nella notte, e risalii, a piccole tappe, verso il nord. Salii alla cattedrale di Ancona, e mi affacciai, per la prima volta dopo tanto tempo, sul mare. Era una giornata serena, e, da quella altezza, le acque si stendevano amplissime. Una brezza fresca veniva dalla Dalmazia, e increspava di onde minute il calvo dorso del mare. Pensavo a cose vaghe: la vita di quel mare era come le sorti infinite degli uomini, eternamente ferme in onde uguali, mosse in un tempo senza mutamento. E pensai con affettuosa angoscia a quel tempo immobile, e a quella nera civiltà che avevo abbandonato.

Ma già il treno mi portava lontano, attraverso le campagne matematiche di Romagna, verso i vigneti del Piemonte, e quel futuro misterioso di esilî, di guerre e di morti, che allora mi appariva appena, come una nuvola incerta nel cielo sterminato.

Prova a rispondere alle domande senza rileggere il testo.

Dove ci troviamo? In quale zona d'Italia? Di che tipo di località si tratta?
In che periodo storico siamo?
Chi è il protagonista/narratore? Come si chiama? Di dov'è? Che lavoro fa?
Perché si trova lì?
Che cosa gli succede?
Qual è il suo stato d'animo nei vari momenti della narrazione?

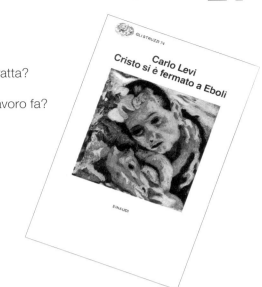

Ora, rileggendo il testo, elenca, o sottolinea
con colori diversi, gli elementi del testo che
ti permettono di rispondere a ogni domanda.
Come avevi risposto dopo la prima lettura?
Avevi colto gli elementi essenziali?

2 Riprendi il testo del punto 1. Individua e sottolinea tutte le voci del *passato remoto*, e classificale trascrivendone l'*infinito* e la *1ª persona singolare* in uno dei cinque gruppi.

REGOLARI	-SI	-SSI	DOPPIA CONSONANTE	ALTRE IRREGOLARITÀ

3 Completa questo brano con il *passato remoto* dei verbi tra parentesi.

   (girare/io) _____ con la cartolina degli auguri in mano, su di essa avevo il nome della strada e il numero della casa dove abitava mia madre, e **(potere)** _____ andare diritto molto facilmente, guidato nella mia ricerca dalla cartolina, come un portalettere, e un po' anche dalla memoria. A qualche bottega che **(vedere)** _____, di sacchi e barili, **(volere)** _____ domandare, inoltre, e così **(arrivare)** _____ in visita dalla signora Concezione Ferrauto, mia madre, cercandola come un portalettere, con la cartolina di auguri in mano e il nome, Concezione Ferrauto, sulle labbra. La casa era l'ultima della strada indicata, a cavallo di un piccolo giardino, con una breve scala esterna. **(salire)** _____, nel sole, **(guardare)** _____ ancora una volta l'indirizzo sulla cartolina, e **(essere)** _____ da mia madre, **(riconoscere)** _____ la soglia e non mi era indifferente esserci, era il più pieno del viaggio nella quarta dimensione.
   (spingere) _____ la porta ed **(entrare)** _____ in casa e da un'altra stanza una voce **(dire)** _____ : - Chi è? - E io **(riconoscere)** _____ quella voce, dopo quindici anni che non la ricordavo, la stessa di quindici anni prima ora che ricordavo: era alta, chiara, e **(ricordare)** _____ mia madre parlare nella mia infanzia da un'altra stanza.
   - Signora Concezione, - **(dire)** _____ .

Elio Vittorini
Conversazione in Sicilia

4

L'uso letterario del *passato remoto* si estende anche alla narrativa per bambini. In Italia, infatti, le favole vengono raccontate usando questo tempo verbale.
Ora completa l'inizio della novella *Checco, povero Checco*, coniugando in modo adeguato i verbi tra parentesi.

Si (**sapere**) _____seppe_____ così.
La mamma di Checco lo (**dire**) _____disse_____ alla signora Domitilla che (**andare**) _____andò_____ in piazza a comprare la scorzonera per la minestra.
(**essere**) _____fu_____ una giornata meravigliosa, una di quelle sontuose giornate di sole che l'inverno (**sembrare**) _____sembrò_____ prendere a prestito dalla primavera. La circostanza non è senza valore, perché, se (**piovere**) _____piovvesse_____, la signora Domitilla (**affrettarsi**) _____si affrettò_____ a ritornare a casa; invece (**indugiare**) _____indugiò_____ in piazza, a godersi quel bel tepore, come una lucertola freddolosa; e lì chiaccherando con la giornalaia, le (**ripetere**) _____ripeté_____ quel che le (**dire**) _____disse_____ la mamma di Checco.
La giornalaia lo (**riferire**) _____riferì_____, in tutta confidenza, al commendatore che (**andare**) _____andò_____ a comprare la «Domenica del Corriere», il commendatore, che non (**sapere**) _____seppe_____ cosa farsi della notizia, rincasando, la (**consegnare**) _____consegnò_____ tale e quale alla moglie; e sua moglie la (**mettere**) _____mise_____ in serbo con tutte le altre che (**raccogliere**) _____raccolse_____ quel giorno per il suo gazzettino quotidiano. Poi, dopo pranzo, mentre (**rattoppare**) _____rattoppò_____ le calzette del consorte accanto alla finestra, la (**gridare**) _____andò_____ alla sorella del capodivisione che (**annaffiare**) _____ il basilico del suo davanzale.
La notizia scendendo dal quinto piano al pianterreno (**infilarsi**) _____ per tutte le cento finestre aperte sul cortilone di quell'enorme casamento. Così tutti (**sapere**) _____ quel che (**capitare**) _____ a Checco. Lo (**sapere**) _____ la portinaia che (**salire**) _____ dalla fontana col bucato gocciolante in capo; lo (**sapere**) _____ la serva della marchesa che (**macinare**) _____ il caffè, intenta alle segnalazioni semaforiche del cuoco di faccia; lo (**sapere**) _____ i bambini del padrone di casa che (**fare**) _____ le bolle di sapone sulla loggetta, nella tazza della camomilla; lo (**sapere**) _____ anche, senza volerlo, la studentessa delle complementari, la biondina, quella dalla faccia lentigginosa, che in quel momento, seduta dinanzi allo scrittoio, (**mordicchiare**) _____ la cannuccia della penna, non sapendo come cominciare una lettera d'auguri alla nonna lontana.
La notizia di Checco, bandita dalla vocetta agra della moglie del commendatore, le (**infilarsi**) _____ in una orecchia a mezzo delle sue fantasticherie: e - come si (**acchiappare**) _____ una farfalla al volo per inchiodarla con una spilla su un tappo di sughero - la biondina l'(**afferrare**) _____ per aria, quella notizia, e la (**fissare**) _____ sulla carta col suo caratterone spigoloso.
Quando la nonna (**leggere**) _____ la lettera, (**fare**) _____ un mondo di risate sul bello spirito della nipote che, per augurarle il buon anno, le (**raccontare**) _____ la storia di un Checco mai visto e mai conosciuto. Anzi (**volere**) _____ telefonare subito al genero, in banca, per ridere con lui sulla trovata di quella burlona di sua nipote.
Ma il telefono (**avere**) _____ un contatto, evidentemente, perché invece del genero le (**rispondere**) _____ la voce di un uomo il quale (**insistere**) _____ per sapere a che prezzo, quel giorno, si (**vedere**) _____ sulla piazza i maiali.
Quella voce (**appartenere**) _____, niente meno, al Direttore della *Baf*, la notissima società per la lavorazione delle *Budella e affini di Frosinone*, il quale (**andare**) _____ su tutte le furie nel sentirsi rispondere con la storia di Checco mentre lui (**parlare**) _____ seriamente di porci; e (**prendersela**) _____ con la signorina del telefono, come (**fare**) _____ tutti. Ma i suoi impiegati, che (**sentire**) _____ la telefonata, ne (**trarre**) _____ lungo argomento di risa e per tutta la giornata la storia di Checco li (**ricreare**) _____ dalla monotonia della loro contabilità. Ce ne (**essere**) _____ uno, anzi, quello che (**fare**) _____ il poeta perché (**portare**) _____ i capelli a zazzera e le unghie dei mignoli lunghe dodici centimetri, il quale su una pagina del libro mastro (**scrivere**) _____ una colonna di versetti che (**avere**) _____ per ritornello «Checco, povero Checco...».

Sto
I cavoli a merenda

Hai notato l'uso del *gerundio*? Cerca i casi in cui viene utilizzato. Sarebbe possibile dire le stesse cose in altro modo, usando altri operatori e/o altre forme verbali? Come? Scrivi tutte le possibilità alternative che riesci a trovare.

5 Ecco una serie di parole. Prova a modificarne in senso contrario il significato, usando per ciascuna uno dei prefissi **s-**, **in-** e **dis-**. Poi controlla sul dizionario se le parole che hai scritto esistono. Ma attenzione! Leggine anche il significato: a volte la parola composta con il prefisso non è semplicemente *il contrario* del termine di partenza, ma può acquisire altre sfumature o essere usata in contesti diversi.

corretto sicuro onesto abitato leale ordine capace armato civile coerente comodo uguale comprensibile occupato consapevole favorevole contento cosciente attenzione decente fortuna diretto cucire esperto fedele contento soddisfatto onore stabilità organizzato sufficiente tolleranza utile caricare interesse comparire atteso agio coprire fare perfetto garbato discreto gradevole felice montare solito valutazione animato vantaggio umano

s- **in-** **dis-**

6 Riprendi la lettera a pagina 208 del *Libro dello studente* e segna con una X le affermazioni che corrispondono al pensiero della professoressa Leonforte. Poi correggi quelle inesatte.

- ☐ Si dovrebbero doppiare solo i film meno validi artisticamente.
- ☐ Solo nelle grandi città si possono vedere film in versione originale.
- ☐ Da parte del pubblico non c'è richiesta di film in versione originale.
- ☐ La lettura dei sottotitoli può essere d'ostacolo alla visione dei film.
- ☐ In Spagna si vedono solo film doppiati.
- ☐ Il doppiaggio modifica la sceneggiatura dei film.
- ☐ I film in versione originale sarebbero utili per gli studenti di lingue.
- ☐ Le case cinematografiche sono sensibili alle pressioni di intellettuali, registi e critici.

7 Ora prova a sintetizzare il contenuto della lettera del punto precedente usando al massimo 80 parole.

8 Scrivi una lettera a Carmela Leonforte, nella quale esprimi le tue idee riguardo al cinema in lingua originale e descrivi la situazione nel tuo paese.

9 Riprendi il testo del punto 3, e sottolinea tutti i relativi che vi compaiono. Poi dividi i periodi che li contengono nelle due frasi di cui sono composti.

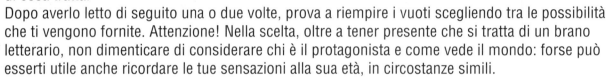

Le scrivo per conoscere il suo parere in merito a un aspetto della programmazione cinematografica e televisiva del nostro paese. Questo aspetto mi sembra particolarmente trascurato.

10 Leggi l'inizio di un racconto di Edoardo Albinati, *Il bambino scettico*, cercando di capire di cosa tratta.
Dopo averlo letto di seguito una o due volte, prova a riempire i vuoti scegliendo tra le possibilità che ti vengono fornite. Attenzione! Nella scelta, oltre a tener presente che si tratta di un brano letterario, non dimenticare di considerare chi è il protagonista e come vede il mondo: forse può esserti utile anche ricordare le tue sensazioni alla sua età, in circostanze simili.

Era l'anno in cui l'uomo (1) _____ sulla Luna per la prima volta, ma l'estate (2) _____ egualmente veloce, (3) _____ quella notte tutte le figure in televisione (4) _____ sulla crosta lunare al rallentatore. Le lancette degli orologi rimasero incerte per un istante, esitarono, vibrarono nere sul quadrante bianco, (5) _____ sembrava averle (6) _____, poi ricominciarono a (7) _____ come al solito. Secondi, minuti, ore, giorni, settimane. L'estate (8) _____ chissà dove lasciando negli occhi (9) _____ di quei lenti e (10) _____ rimbalzi. Venne la scuola, anzi tornò col suo (11) _____ di libri e di grembiuli ogni anno più pesanti e ogni anno più (12) _____, e poi subito (13) _____ venne il Natale. Natale! Che periodo (14) _____! Era come se il riscaldamento delle case (15) _____ all'improvviso, fino al soffocamento. La scuola chiudeva, la piscina chiudeva, i parenti impazzivano per preparare (16) _____ che sarebbe risultato (17) _____ e disgustoso, tutto funghetti e creme amare, pappette e strani pesci viscidi, (18) _____ a vanvera un sacco di soldi per (19) _____ la carta stellata e (20) _____ le palle rotte dell'albero e i pastori del presepe appena tirati fuori dall'armadio dove (21) _____ per un anno (si erano rotti da soli nella scatola, in mezzo alla paglia e al cotone, chissà come, (22) _____ decapitati o mutilati di una gamba, o privati della pecora che portavano sulle spalle, di cui (23) _____ solo le zampe bianche intorno al collo del pastore, il resto in briciole sul fondo della scatola), si correva di qua e di là, Pietro allora (24) _____ in giro per negozi, appeso a (25) _____ del soprabito di sua madre, interi pomeriggi nella (26) _____, pomeriggi eterni

---

tutti occupati da azioni meccaniche, mosse e contromosse (27) _____ combattere ora il caldo ora il freddo, la pioggia, il fango, il moccio, la tosse, e allora via! (28)
_____ il cappotto e la sciarpa, infilare il berretto e abbassare sulle orecchie il
paraorecchi di lana, rialzarlo quando le orecchie (29) _____, per poi
riabbassarlo sulle orecchie (30) _____ e congelate, (31)
_____ il nodo soffocante della sciarpa al supermercato, (32)
_____ il berretto caduto sotto i tacchi di una signora, (33) _____ la
sciarpa strascicata nella segatura (34) _____, sfilare le calosce dentro cui i
piedi stavano (35) _____, e abbottona qui, sbottona lì, sfila, calza, allaccia,
e via così, dentro e fuori, fuori e dentro, bollori e gelo e pioggia e guanti e pacchi e cappucci fino al
giorno di Natale.

1. a) arrivò b) sbarcò c) mise piede
2. a) passò b) trascorse c) filò via
3. a) anche se b) malgrado c) tuttavia
4. a) saltellassero b) saltassero c) camminassero
5. a) l'evento b) il fatto c) l'avvenimento
6. a) inchiodate b) fermate c) arrestate
7. a) scorrere b) girare c) correre
8. a) finì b) si volatilizzò c) sparì
9. a) il ricordo b) la scia c) l'immagine
10. a) limpidi b) incerti c) sfocati
11. a) carico b) contorno c) peso
12. a) ruvidi b) duri c) aspri
13. a) dietro b) a seguire c) a ruota
14. a) meraviglioso b) bastardo c) maledetto
15. a) scoppiasse b) crescesse c) aumentasse
16. a) un cibo b) un pasto c) un pranzo
17. a) interminabile b) indigeribile c) eterno
18. a) buttava b) spendeva c) sprecare
19. a) avere b) acquistare c) comprare

20. a) sostituire b) cambiare c) ricomprare
21. a) avevano dormito b) avevano riposato
    c) erano stati chiusi
22. a) orribilmente b) misteriosamente
    c) curiosamente
23. a) si vedevano b) restavano c) si trovavano
24. a) veniva accompagnato b) veniva sballottato
    c) veniva portato
25. a) un orlo b) un pezzo c) un lembo
26. a) calca b) gente c) folla
27. a) per b) il cui scopo era c) volte a
28. a) togliere b) indossare c) mettere
29. a) erano calde b) scottavano c) bollivano
30. a) paonazze b) rigide c) pallide
31. a) stringere b) sciogliere c) legare
32. a) sollevare b) cercare c) raccattare
33. a) sfilare b) recuperare c) ritrovare
34. a) asciutta b) fradicia c) inzuppata
35. a) lessando b) arrostendo c) ardendo

Adesso che hai ricostruito il testo, sai spiegare da cosa si nota che il bambino del titolo è "scettico"? Cerca qualche frase o parola nel testo che giustifichi la tua spiegazione.

Ora elenca tutti gli elementi che nel testo ci fanno capire che il protagonista è un bambino.

11 Quali sono i tuoi ricordi legati al Natale o ad un'altra festa importante nella tua comunità? Raccontali in 300 parole, e poi in classe scambiatevi il quaderno tra compagni.

UNITÀ 21

12 Leggi questo racconto di Stefano Benni. I vari paragrafi sono stati copiati in disordine: individuali e cerca di rimetterli a posto.

IL RACCONTO DELLA RAGAZZA COL CIUFFO

LA CHITARRA MAGICA

Ogni ingiustizia ci offende,
quando non ci procuri direttamente
alcun profitto.
(Luc De Vauvenargues)

1 Quando Peter smise di suonare, gli si avvicinò un uomo con un cappotto di caimano. Disse che era un manager discografico e avrebbe fatto di Peter una rock star. Infatti tre mesi dopo Peter era primo in tutte le classifiche americane italiane francesi e malgasce. La sua chitarra a freccia era diventata un simbolo per milioni di giovani e la sua tecnica era invidiata da tutti i chitarristi.

2 Allora avvenne un miracolo: il vecchio si trasformò in un omone truccato con rimmel e rossetto, una lunga criniera arancione, una palandrana di lamé e zeppe alte dieci centimetri.

3 La sera dopo, gli artisti erano riuniti in concerto per ricordare Peter prematuramente scomparso. Suonarono Prince, Ponce e Parmentier, Sting, Stingsteen e Stronhaim. Poi salì sul palco il malvagio Black Martin.
Sottovoce ordinò alla chitarra:
- Suonami "Satisfaction".

4 La chitarra si mise a eseguire il pezzo come neanche Jim Hendrix, e Peter non dovette far altro che fingere di suonarla. Si fermò moltissima gente e cominciarono a piovere soldini nel cappello di Peter.

5 L'omone disse: - Io sono Lucifumàndro, il mago degli effetti speciali. Dato che sei stato buono con me ti regalerò una chitarra fatata. Suona da sola qualsiasi pezzo, basta che tu glielo ordini. Ma ricordati: essa può essere usata solo dai puri di cuore. Guai al malvagio che la suonerà! Succederebbero cose orribili!

6 C'era un giovane musicista di nome Peter che suonava la chitarra agli angoli delle strade. Racimolava così i soldi per proseguire gli studi al Conservatorio: voleva diventare una grande rock star. Ma i soldi non bastavano, perché faceva molto freddo e in strada c'erano pochi passanti.

11 Sapete cosa accadde?

7 La chitarra suonò meglio di tutti i Rolling Stones insieme. Così il malvagio Black Martin diventò una rock star e in breve nessuno ricordò più il buon Peter.
Era una chitarra magica con un difetto di fabbricazione.

8 Ciò detto si udì nell'aria un tremendo accordo di mi settima e il mago sparì. A terra restò una chitarra elettrica a forma di freccia, con la cassa di madreperla e le corde d'oro zecchino. Peter la imbracciò e disse:
- Suonami "Ehi Joe".

9 Un giorno, mentre Peter stava suonando "Crossroads" gli si avvicinò un vecchio con un mandolino.
- Potresti cedermi il tuo posto? È sopra un tombino e ci fa più caldo.
- Certo - disse Peter che era di animo buono.
- Potresti per favore prestarmi la tua sciarpa? Ho tanto freddo.
- Certo - disse Peter che era di animo buono.
- Potresti darmi un po' di soldi? Oggi non c'è gente, ho raggranellato pochi spiccioli e ho fame.
- Certo - disse Peter che eccetera. Aveva solo dieci monete nel cappello e le diede tutte al vecchio.

10 Una notte, dopo uno spettacolo trionfale, Peter credendo di essere solo sul palco, disse alla chitarra di suonargli qualcosa per rilassarsi. La chitarra gli suonò una ninna-nanna. Ma nascosto tra le quinte del teatro c'era il malvagio Black Martin, un chitarrista invidioso del suo successo. Egli scoprì così che la chitarra era magica. Scivolò alle spalle di Peter e gli infilò giù per il collo uno spinotto a tremila volt, uccidendolo. Poi rubò la chitarra e la dipinse di rosso.

13 E per finire, un premio letterario. Prova a scrivere tu un breve racconto, usando al massimo 500 parole. Poi riunite tutti i racconti insieme e presentateli ai vostri colleghi di italiano di altre classi, che decideranno qual è il più bello. In bocca al lupo!

UNITÀ 3

11

● Maria Grazia, a te che regali piace ricevere?
○ Mi piace ricevere delle sorprese, una cosa che non mi sarei mai comprata da sola. Qualcosa di imprevisto. E che indichi attenzione da parte della persona che lo sceglie e me lo regala.
● E invece quando sei tu a dover fare un regalo, cosa preferisci comperare?
○ Mi piacerebbe poter scegliere sempre cose che so che l'altra persona riceverà con piacere, che riceverà con piacere, con sorpresa, comunque qualcosa che io stessa vorrei poter ricevere da quella persona.
● E nessun oggetto in particolare, o cose magari che fai tu, o...
○ I libri mi sembrano un regalo molto bello, in genere, molto intimo in qualche modo, che ci fa capire qualcosa di te se lo offri e quello che pensi della persona a cui lo dai.

● Marco, a te che regali piace fare?
○ A me piace regalare oggetti o cose che sono principalmente di mio gradimento, cerco di evitare di fare regali che so che possono piacere al destinatario e che però non riscuotono il mio favore, il mio consenso. Quindi ci dev'essere prima di tutto la mia partecipazione diretta al, al regalo, il mio gradimento in prima persona, e poi si vedrà, si spera che piaccia anche alla persona che lo riceve.
● E non c'è comunque nessun, nessuna categoria di cose, oggetti, che preferisci regalare?
○ Fondamentalmente... mh... libri o... oggetti con, così, con uno scopo diciamo educativo quasi culturale, anche che siano giochi educativi, istruttivi, o, o giochi da tavolo, ecco, mi piace regalare per esempio giochi da tavolo.
● Anche se fai un regalo a una donna, per esempio?
○ Beh, bisogna vedere che donna, se è un'amica o una, o una parente o se è una persona intima, quindi un po' bisogna vedere, dipende dal tipo di donna.
● E che regali ti piace ricevere, invece?
○ Ehm, regali che mi piace ricevere... innanzi tutto è importante che ci sia l'elemento sorpresa, no?, che ci sia l'imprevisto, e mi piacciono, per esempio, articoli elettronici, mh... relativi per esempio a, non so, computer, o questi piccoli gadget elettronici, o...
● Alta fedeltà?
○ Esattamente, sì, ecco, una bella autoradio, oppure i componenti di uno stereo, o ecco, mi piace anche sentire, siccome ascolto molta musica, uno dei regali preferiti è effettivamente un bel disco, un buon CD di musica preferibilmente moderna.

● Eh, Bruna, di solito che cosa ti piace regalare?

○ Mi piace regalare fiori, però non fiori recisi, più piante da fiore, perché i fiori recisi durano poco, invece le piante poi se sono coltivate, eh, dura anni e anni, rimane il ricordo e intanto abbelliscono.
● E ti piace anche riceverli o di solito... non so, che cosa, qual è il regalo che ti piace di più ricevere?
○ Sì, i fiori senz'altro, mi piacciono sempre moltissimo. E poi, mi piacerebbe ricevere, siccome io le colleziono, qualche zuppiera.

● Mariuccia, di solito, cosa ti piace regalare?
○ Beh, se si tratta di un regalo vero e proprio, in genere regalo quello che piace a me, quello che io vorrei avere, e che non ho il coraggio di comperarmi, e allora regalo... dei foulard bellissimi, oppure delle piante, e... bigiotteria. Non spendo mai moltissimo, per non, anche non imbarazzare l'altra persona.
● Invece, cosa ti piace ricevere?
○ Beh, sì, forse questi, questi oggetti, questi oggetti che non ho il coraggio di comperarmi, e che comunque mi piacciono avere.

● Lucia, a te cosa piace regalare?
○ Oggetti che piacciono a me personalmente. Fantasiosi, originali, possibilmente.
● E cosa ti piace, invece, ricevere in regalo, mh, che tipo di oggetti, per esempio?
○ Oggetti personali, niente per la casa, oggetti che denotino una scelta da parte di chi me li fa.

UNITÀ 6

7

A
● Allora guardi, qui le ho segnato le analisi da fare.
○ Va bene...
● Per quest'analisi qui non mangi niente nelle dodici ore precedenti, e non si preoccupi se dopo si sentirà un po' debole, è normale.

B
● Insomma, ti giuro, non ce la faccio proprio più con Gianluca.
○ Ma dai, non fare così, magari è solo un momento difficile.
● Macchè, sono mesi che mi tratta in questo modo.
○ Sì, ma anche tu, non stare sempre lì in attesa di un suo cenno, muoviti, fai qualcosa, non essere così passiva...

C
● Posso offrirle qualcosa, un bicchiere di vino, un caffè...?
○ No, grazie, non si disturbi, davvero.
● Ma su, non faccia complimenti...
○ Va bene, allora un caffè, grazie.

D

● Che bello questo disegno.
○ Ti piace?
● Sì, sei diventato proprio bravo, sul serio.
○ Ma è solo uno schizzo, una prova...
● Dai, non fare il modesto, sai benissimo che non è vero!

E

● Come facciamo a caricare tutta questa roba da soli?
○ Non ti preoccupare, ci dà una mano mio fratello.
● Tuo fratello? Non mi dire! E a cosa si deve l'onore?
○ Ma dai, non essere così severa, mica è un mostro.

F

● E per il mal di schiena, cosa mi consiglia?
○ Non stia a lungo in piedi, non si sieda in poltrone troppo morbide, usi delle scarpe comode...
● E la classica tavola sotto il materasso?
○ Sì, va bene anche quella... ma sarebbe meglio una rete e un materasso ortopedico... E quando sta in piedi non appoggi tutto il peso su una sola gamba, cerchi di farci caso... È importante.

UNITÀ 8

8

● Allora Lorenzo, ti racconto quello che m' è successo venerdì, guarda, una cosa incredibile, perché dovevo andare a fare il compromesso per comprare la casa...
○ Mhm?
● ...e avevamo già accordato tutti i particolari e firmato una proposta con il proprietario, che vendeva la casa insieme alla sua anziana madre. E quando siamo stati lì dal notaio, cinque minuti prima di vederci tutti con i proprietari e l'intermediario immobiliare, il notaio ha detto che c'erano quattro pignoramenti su questa casa, e l'abbiamo saputo proprio cinque minuti prima.
○ Mhm?
● E che questo, sì, la cosa terribile era che questo tipo è risultato essere indebitato con mezzo mondo, e circondato da creditori abbastanza agguerriti, e la mia paura è stata che non mi ridesse la caparra che...
○ Ah, certo...
● ...contrariamente agli accordi s'era intascato.
○ Quanto, quanti gliene avevate dati?
● Cinque milioni.
○ Ah.
● E in effetti così è stato, perché s'è capito dalle sue reazioni che aveva già intascato e speso questi soldi, chissà che ne aveva fatto, e ho dovuto minacciare di denunciarlo, perché nel frattempo per telefono velocemente un mio amico avvocato mi ha detto che c'erano i presupposti per una "malafede in trattativa precontrattuale".
○ Ahah?
● Ed è risultato alla fine che lui s'è preso paura perché in effetti avrei potuto denunciarlo e mi ha restituito l'assegno dicendomi...
○ Ah, ecco.
● ... che era scoperto ma la banca l'avrebbe coperto. Insomma, doveva essere una giornata...
○ Trionfale.
● Particolarmente, sì, felice, e si è risolta in una delusione a prescindere dall'appartamento stesso, proprio sul piano umano...
○ Certo.
● ... che io mi ero comportata, così, avendo fiducia nelle persone, insomma, ho imparato qualcosa, ma con un po' di tristezza.

13

Pier Paolo Pasolini nasce a Bologna il 5 marzo 1922. La carriera militare del padre obbliga la famiglia a frequenti spostamenti: Pier Paolo frequenta le scuole elementari a Sacile, il ginnasio a Reggio Emilia, il liceo e l'università a Bologna.
Nel '42 la famiglia si rifugia a Casarsa. Nello stesso anno il giovane Pasolini pubblica a sue spese *le Poesie a Casarsa*, in dialetto friulano. Alla fine della II Guerra Mondiale si laurea in lettere, ed inizia ad insegnare.
Alla vigilia delle elezioni del '48 un ragazzo confessa al parroco di aver avuto rapporti con Pasolini. Il giovane insegnante è costretto a lasciare Casarsa. Si trasferisce a Roma, dove, dopo alcuni anni difficili e la pubblicazione della raccolta di poesie *La meglio gioventù*, lavora alla rivista "Officina".
Nel '55 esce il suo primo successo letterario, il romanzo *Ragazzi di vita*, per il quale subisce un processo per oscenità, mentre nel '57 la raccolta di liriche *Le ceneri di Gramsci* viene premiata a Viareggio.
Del '59 è il romanzo *Una vita violenta*, che con le sue undici traduzioni sancisce l'affermazione di Pasolini all'estero.
La scoperta del cinema avviene negli anni '60: *Accattone*, del '61, si collega al filone dei romanzi delle borgate. In pochi anni Pasolini si dimostra uno dei maggiori registi italiani, realizzando film che vanno da *Mamma Roma* a *Il Vangelo secondo Matteo*, da *Uccellacci e uccellini* a *Il Decameron*.
Negli anni '70, parallelamente agli impegni cinematografici e letterari, Pasolini intensifica la produzione polemica e saggistica.
La sua multiforme attività subisce una tragica interruzione il 2 novembre 1975, quando viene trovato ucciso presso Fiumicino.

Indro Montanelli è nato a Fucecchio, in provincia di Firenze, il 22 aprile 1909. A 17 anni, terminato il liceo classico, si iscrive alla Facoltà di legge dell'Università di Firenze, per passare poi a quella di scienze politiche della Sorbona, a Parigi.

Nel '35 debutta come giornalista nel "Paris Soir", e dopo un periodo nella sede parigina della United Press, torna in Italia, assunto dal "Messaggero". Il quotidiano romano lo invia a coprire la guerra di Abissinia, nel '36, e la guerra di Spagna. Un suo articolo sulla battaglia di Santander gli costa, nel '37, l'espulsione dall'ordine dei giornalisti e dal partito fascista. Due anni dopo, passato nel frattempo al "Corriere della Sera", è in Germania e in Polonia, dove incontra Hitler, e poi ancora in Finlandia e in Norvegia. Nel '43 viene arrestato a causa di un suo articolo su Mussolini e la Petacci, e condannato dai repubblichini di Salò. Dopo la guerra, continua la sua carriera di inviato del "Corriere della Sera", dal quale uscirà nel '74 per contrasti con la proprietà e la direzione del quotidiano. Fonda quindi "Il Giornale", di cui sarà direttore per diciannove anni. Sempre nel '74 sposa la giornalista Colette Rosselli. Nel '77 subisce un attentato delle Brigate Rosse, che gli sparano alle gambe. All'inizio del '94 le divergenze con l'editore del quotidiano, Silvio Berlusconi, provocano le dimissioni di Montanelli, che pochi mesi più tardi, a 85 anni, fonda un nuovo quotidiano, "La Voce".

UNITÀ 10

13

A
● E quanto tempo vi fermate qui?
○ Mah, non sappiamo ancora. Ci piacerebbe girare un po' per l'interno, fare delle gite in montagna. Ma bisognerà vedere...
● Certo...

B
● Dopo il cinema andiamo tutti a casa di Alice, vieni anche tu?
○ No, mi dispiace, mi viene a prendere Marco per andare a cena insieme.

C
● Oggi pomeriggio sono dalle parti di casa tua, posso passare a trovarti?
○ Va bene, ma prima delle sei, perché dopo vado in palestra.

D
● Che ne pensi delle nuove misure contro l'inquinamento?
○ Mah, secondo me sarà un buco nell'acqua. Tanto gli italiani alla macchina non ci rinunciano...

E
● Mi hanno detto che alla Galleria d'arte moderna c'è una mostra bellissima. Domenica mattina mi piacerebbe proprio andarci...
○ No, dai, andiamoci un'altra volta, domenica

pensavo di mettere a posto la cantina, sono due mesi che lo diciamo...

F
● Questa sera voglio cercare di andare a letto presto. Ho tanto di quel sonno arretrato...
○ No, ormai non ti credo più. Farai anche stavolta l'una leggendo o guardando la televisione...

UNITÀ 11

8

A
● Tu che dici? Quale prendiamo?
○ Mah, io prenderei questo. È più veloce e ha più memoria... In fondo non è molto più caro dell'altro...
● Sì, però avevi detto che non volevi spendere più di tre milioni. E poi, scusa, non avevamo bisogno di un portatile?
○ Sì... però il portatile non ha lo schermo a colori.

B
● Perché non gli regaliamo questa? Senti com'è morbida, è di cachemire.
○ Mh, sì, non è male. Però secondo me rossa gli starebbe meglio...
● Sì, è vero... Fammi vedere quanto costa... Però! Centocinquantamila!
○ No, è troppo. Quelle di lana costano la metà! Non vorrai mica spendere tutti quei soldi...
● Dai, in fondo compie trent'anni... Dice sempre che quando va in bicicletta ha freddo al collo... E poi possiamo far partecipare al regalo anche Nicola e Sabina.

C
● Guarda questi due. Ti piacciono?
○ Mah, mi sembrano un po' ingombranti. In fondo la camera non è tanto grande. Io preferivo quelli che abbiamo visto ieri.
● Quali, quelli col piano di cristallo?
○ Ma no, quelli erano i più brutti di tutti! Io dico quelli di legno chiaro, col cassettino...
● Beh, però avevi detto anche tu che erano piccoli. Una volta che ci hai appoggiato un libro e la sveglia, non ci puoi tenere neanche un bicchier d'acqua...

D
● Poi ci sarebbero questi... Hanno una perla incastonata fra due piccoli zaffiri. Sono molto eleganti. Li provi.
○ Sì, sono belli, ma volevo qualcosa di più semplice, meno pesante... Non so, tipo questi, ma con un brillantino.
● Ah, sì, certo. Se preferisce i brillanti ci sono questi... Ma li provi, è sempre meglio vederli addosso che in mano, mi dia retta. Li porta col buco o con la clip?

UNITÀ 12

4

● Laura, tu da che regione vieni?
○ Dalla Liguria.
● E mi vuoi dire quelle che secondo te sono le tre caratteristiche principali, per te, della tua regione?
○ Mah, che è molto densamente popolata, è molto stretta, schiacciata tra i monti e il mare, molto assolata e c'è sempre un po' lo stesso clima, che ha dei lati positivi e negativi, e poi è scomoda, un po' scomoda per viverci.

● Marco, e tu da che regione vieni?
○ Io vengo dall'Abruzzo.
● Ahah? Da che città?
○ Da Pescara.
● OK. E per te quali sono le tre caratteristiche più importanti dell'Abruzzo?
○ Le tre caratteristiche? Allora, vediamo, l'Abruzzo è una regione dell'Italia centrale, e anche se forse storicamente appartiene più all'Italia meridionale per tradizioni, storia, nei secoli passati. Eh... è una regione che si affaccia sul mare, sul mare Adriatico, di fronte alla Jugoslavia anche se all'interno è caratterizzata da un... tantissime montagne, è una delle regioni più montuose dell'Italia e anche questo ha contribuito un po' a formare il carattere della popolazione che ci vive. Eh... Gli abruzzesi si dicono, sono forti e gentili, citazione da Gabriele D'Annunzio ed è un, sono tratti distintivi della popolazione, della popolazione locale, direi.

● Bruna, tu di dove sei?
○ Io sono di Monforte d'Alba, in provincia di Cuneo, in Piemonte, si trova.
● E puoi provare a descrivere la tua regione, non so, parlando di tre, quattro caratteristiche salienti?
○ Mh. Allora, Piemonte significa ai pie' dei monti, eh... siamo nelle Alpi Cozie, Marittime, Graie. Il Piemonte ha una zona pianeggiante, pianura Padana, una zona collinosa, le bellissime colline delle Langhe, dove io sono nata, e quelle del Monferrato, e poi ha tutta la zona montuosa. È una regione... bella, non solo perché io ci sia nata, ma proprio perché lì ci sono tutti gli aspetti caratteristici della natura, io penso che una persona, eh, qualunque cosa le piaccia della vegetazione, dell'ambiente, riesce a trovare, eh... le cose che le interessano. C'è un'ottima cucina, una cucina che ha preso un po' dalla cucina francese, come molti vocaboli, del resto, piemontesi, sono stati mutuati dal francese perché la vicinanza è stretta e ci sono molti scambi. E posso dare un consiglio, andatela a visitare.

● Mariuccia, tu, di dove sei?
○ Io sono di Segusino, è un piccolo paese ai piedi delle Prealpi, in provincia di Treviso. L'ultimo paese della provincia, poi comincia il Bellunese.
● E potresti provare a descrivere un po' la tua regione, il Veneto?
○ Certo, descrivere il Veneto, oddio, la prima cosa, eh, ti viene in mente subito Venezia, perché è una città unica al mondo, poi... vai alle Dolomiti, che per me sono splendide e sono uniche al mondo...

● Dino, tu di dove sei?
○ Di Napoli.
● Ah, eh, com'è la Campania?
○ Allora, la Campania è una regione ricca di bellezze naturali, ricca di calore umano, eh... pret... quasi prettamente marina ed agricola, c'ha delle coste molto belle, abbiamo delle isole come Ischia, Capri, Procida, che sono rinomate in tutto il mondo, una costiera amalfitana che è unica nel... nel mondo, eh... basta, altre cose, a me piace moltissimo, io ci vivo molto bene.

UNITÀ 13

● Potete dirmi adesso, secondo voi qual è un vantaggio e uno svantaggio di viaggiare rispettivamente in treno, in macchina e in aereo?
○ Allora, per quanto riguarda il treno, io penso che il vantaggio principale sia che si può dedicare del tempo a se stessi, si può leggere tanto e soprattutto in pace, cioè se non si hanno persone che disturbano si può produrre qualcosa, concentrarsi. Però al tempo stesso c'è il rischio che ci siano degli elementi di disturbo, che il treno sia sovraffollato e allora può essere fastidioso. Eh... per quanto riguarda la macchina, appunto, non si ha quest'ultimo inconveniente però se si deve guidare ci si stanca e ci vuole concentrazione e il tempo viene buttato via, perché uno è concentrato nella guida. Se non si guida si è comunque con qualcuno e non si può leggere. Per quanto riguarda invece l'aereo, personalmente per me il difetto principale è che mi dà fastidio l'altitudine, mi dà fastidio la pressurizzazione dell'apparecchio e quindi non sto bene. In compenso però di solito si fanno, si percorrono grosse distanze in poco tempo, quindi questo è un vantaggio.

▲ Viaggiare in macchina è piacevole perché non dipendi dagli orari di nessuno. Può essere faticoso se devi guidare e se sei solo in macchina. Il treno è comodo perché puoi leggere, fare quello che vuoi, dormire. Il problema dei treni, spesso, è che sono sovraffollati e allora stai in piedi e soffri. L'aereo è bello perché voli, perché ti sposti rapidamente su distanze lunghe. Il problema è che gli aeroporti sono spesso lontani dalle città, quindi percorsi lunghi e lunghe attese all'aeroporto, quello è il problema del volo.

□ In genere preferisco viaggiare con l'automobile,

perché mi dà la possibilità di partire quando voglio, quando mi pare e piace, insomma, questo. E invece come, come contropartita c'è il fatto che devo, mh, devo macinare chilometri e chilometri se voglio raggiungere una, una località lontana, per esempio, questo. Ehm, l'aereo mi piace moltissimo perché mi piace mh... il fatto che...

■ ...decollare.

□ ...decollare, decollare, e poi anche tutte le sensazioni proprio a livello fisico, no? che si provano durante, durante il viaggio. E invece come, come...

■ ...svantaggio...

□ ...svantaggio, eh, mh... sì, la rigidità degli orari, insomma, questo. E poi, ecco che se perdi l'aereo, insomma, mh, questo. E per quanto riguarda viaggiare in treno, è la cosa che mi piace di meno.

■ Perché?

□ Ehm... non mi piace stare appiccicata alle persone, così, mh... eh, quello.

△ Beh, io, se dovessi scegliere di viaggiare, senz'altro il treno mi piace, mi piace, perché mi piace conversare, mi piace stare assieme agli altri. Molti treni in Italia funzionano bene, il lungo percorso è l'ideale. Poi... arrivi nella piccola stazioncina, che non hai più le coincidenze, o trovi un trenino che ti fa perdere il tempo che hai recuperato nel lungo tragitto. La macchina... c'ho un po' di paura. Paura quando guidano gli altri, paura quando guido io, paura, paura nell'insieme insomma, del traffico, della tensione che devi... L'aereo, beh, anche l'aereo mi piace, solo che poi arrivi e non sai più dove andare. Comunque il treno penso che... per, se dovessi scegliere, sceglierei senz'altro il treno.

✳ Allora, tra macchina, aereo e treno, certamente preferisco la macchina. Perché? L'aereo va bene, può andare bene per le lunghe distanze, chiaramente, se dobbiamo percorrere mille chilometri, duemila chilometri, in un tempo molto breve. Ma se parliamo intorno ai quattro, cinquecento, seicento chilometri, certamente preferisco la macchina. Vantaggi della macchina? Che uno parte quando vuole, riparte quando vuole, si ferma quando vuole, strada facendo si possono fare anche delle piccole deviazioni. Eh... vantaggi dell'aereo, percorrere lunghe distanze, svantaggi dell'aereo, costi elevati. Il treno per me è da bocciare proprio, perché tra ritardi, controritardi, obblighi di orari di partenza e arrivo, non, non ne vale la pena.

UNITÀ 16

8

● Buongiorno.
○ Buongiorno, si accomodi... Prego.
● Grazie.

○ Dunque lei è il signor...
● Cervi. Angelo Cervi.
○ Ah, sì, ecco... Dunque, ci racconti un po' la sua vita, la sua traiettoria professionale...
● Sì, ma avete già tutto sul curriculum...
○ Sì, certo, e l'abbiamo studiato attentamente. Volevamo solo sentirlo raccontare da lei... I punti importanti... Le cose che secondo lei sono fondamentali... sa, non è mai la stessa cosa... Da una parte c'è il curriculum e dall'altra quello che ci può raccontare lei...
● Bene. Dunque... Ho studiato Economia e Commercio all'Università di Pisa, dove mi sono laureato nel 1984...
○ Scusi, le posso chiedere la sua età?
● Ho trentasei anni.
■ E quanto ci ha messo a laurearsi?
● Cinque, sei anni. Sa, mentre studiavo facevo anche piccoli lavoretti per ricavare qualche soldo per mantenermi.
■ Piccoli lavoretti?
● Sì, per esempio, ho lavorato negli uffici della Tartaruga, una di queste società di corrieri veloci cittadini.
○ Sempre a Pisa?
● No, a Milano.
■ E come faceva? Allora non frequentava le lezioni all'Università?
● Beh... diciamo che di solito sì. Poi ci sono stati alcuni momenti in cui ero a Milano, con la mia ragazza... Insomma, alternavo un po' i periodi. A volte ero a Pisa e altre volte ero a Milano e studiavo sui libri.
○ Di dov'è?
● I miei genitori sono romani, ma quando avevo quindici anni si sono trasferiti a Milano. Una questione legata al lavoro di mio padre.
■ Senta, ma dopo la maturità non si è iscritto subito all'Università? Perché se ha 36 anni, è nato nel '57. Dovrebbe aver finito la scuola superiore nel '75 o '76. E se dice che si è laureato in sei anni...
● Sì più o meno, un po' meno di sei. Subito dopo la maturità ho fatto il servizio militare, e poi ho lavorato per un breve periodo in un locale notturno, con un mio amico. Stavo al bar. Poi ho deciso di mettermi a studiare. Mi rendevo conto che non potevo continuare così a lungo.
○ La maturità com'è andata?
● Bene. Ho fatto la maturità scientifica. Ho avuto 54 sessantesimi.
■ Tornando un po' al suo lavoro...
● Sì, dunque dopo la laurea ho cominciato quasi subito a lavorare in una società di ricerche di mercato. Aiutavo un po' in amministrazione. Poi, lì ho conosciuto gente, ho imparato molto di amministrazione, gestione del personale, finché ho cambiato lavoro e sono andato a lavorare come responsabile del personale in un'agenzia di pubblicità, dove sono rimasto un paio d'anni. Poi sono passato a una televisione privata, come responsabile dell'amministrazione. È la società dove lavoro tuttora...
■ Nell'istituto di ricerche di mercato quanto ci è rimasto?

● Mah, dunque… Un due o tre anni.
○ E come mai se n'è andato?
● Beh, sa, mi hanno offerto un lavoro migliore, meglio retribuito…
■ E perché è passato alla televisione…
● Stesso discorso… Rappresentava una promozione…
○ I rapporti con i suoi anteriori datori di lavoro come sono?
● Eccellenti. Sono sicuro che vi daranno ottime referenze…
■ Ora come mai vuole cambiare lavoro?
● Mah, ho qualche piccola tensione con i miei superiori. Sa, a volte hanno atteggiamenti poco chiari, ambigui. E non voglio essere coinvolto in storie losche…
■ Bene, ora passiamo agli aspetti tecnici. Dunque, innanzitutto le volevo chiedere…

UNITÀ 20

10

A
● Senta, scusi!
○ Un momento per favore.
● Ma io è un'ora che aspetto… Lei non può mica stare tutta la mattina al telefono!

B
● Prego? Desidera?
○ Come sarebbe a dire "prego"? Io devo entrare e fare un versamento.
● No, signore. Lei non può entrare. Vede l'orario? Chiudiamo alle 15 e 45.
○ Guardi sono le 15 e 40 e lei deve lasciarmi entrare.
● No. Si sbaglia lì c'è l'orologio, vede? Sono le 15 e 45.
○ Mi dispiace ma quell'orologio va male. Se lei non mi fa entrare io vado a cercare un vigile.

C
● Ma cosa succede? Questa è la mia macchina…
○ Ah, è la sua? Venga che lì c'è il vigile, se paga la multa gliela scarichiamo…
● Ma come il vigile, scusi! Io l'ho sempre messa qui…
○ Ma non l'ha visto il cartello?
● Ma quale cartello?! Non ci si crede! Ogni giorno ve ne inventate una…

D
● Signori! È ora di uscire! I ricoverati devono cenare.
○ Beh, veramente mancano ancora 5 minuti…
● Senta, noi qui stiamo lavorando, non discuta e si accomodi all'uscita.
○ Roba da pazzi!

SINTESI DEI PRINCIPALI ARGOMENTI GRAMMATICALI CONTENUTI NEL SECONDO LIVELLO

Questa sintesi ha l'obiettivo di sistematizzare e/o completare la trattazione di alcuni importanti aspetti grammaticali presenti nel secondo livello, fornendo così un ulteriore spunto per la riflessione sul funzionamento dell'italiano. Non vengono ripresi gli aspetti o gli operatori di cui si dà già una presentazione sufficiente (anche se non esaustiva) nel Libro dello studente, il quale rimane, comunque, un punto di riferimento per il lavoro dello studente, sia individualmente che all'interno del gruppo.

FUTURO

FUTURO SEMPLICE

Coniugazione

Coniugazione a pag. 16 e 17 del *Libro dello studente*.

Diversi verbi, molti dei quali in **-ere**, al futuro presentano una contrazione della radice. Ecco i più frequenti.

andare	andrò
avere	avrò
bere	berrò
cadere	cadrò
dovere	dovrò
potere	potrò
rimanere	rimarrò
sapere	saprò
tenere	terrò
venire	verrò
vedere	vedrò
vivere	vivrò
volere	vorrò

Uso

- Per fare annunci, previsioni, predizioni.

  - La cerimonia d'apertura avrà inizio alle 15.00.

  - I mari saranno mossi, localmente molto mossi.

  - Pesci: avrete rapporti affettivi molto affiatati, ma dovrete avere un atteggiamento più elastico.

- Per parlare di azioni o situazioni del futuro considerandole come virtuali. A quest'uso del futuro sono spesso associati operatori che si riferiscono al grado di dubbio o di incertezza.

  - Non so se ce la farò.

  - Probabilmente tornerà l'anno prossimo.

- Per dare ordini.

  > ● Lunedì la andrai a prendere all'aeroporto e le spiegherai la situazione.

- Per formulare un'ipotesi, esprimere una probabilità.

  > ● Come mai non arriva?
  > ○ Avrà perso il treno...

- Per esprimere condizioni riferite al futuro.

  > ● Se giocheremo sempre così vinceremo il campionato.

FUTURO ANTERIORE

Coniugazione

Il futuro anteriore si forma con il futuro semplice di **essere** o **avere** seguito dal participio passato del verbo che si vuole coniugare.

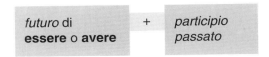

> *futuro* di
> **essere** o **avere**   +   *participio passato*

Per la scelta dell'ausiliare e la concordanza del participio passato valgono gli stessi criteri degli altri tempi composti.

Uso

- Per formulare un'ipotesi, esprimere una probabilità, facendo riferimento al passato.

  > ● E chi era quello con la barba?
  > ○ Sarà stato un amico di Gianmarco...

- Per esprimere anteriorità rispetto a un momento del futuro.

  > ● Caro Guglielmo, quando leggerai queste parole noi ci saremo già salutati...

CONDIZIONALE

CONDIZIONALE PRESENTE

Coniugazione

Coniugazione a pag. 45 del *Libro dello studente*.

Uso

- Per presentare fatti che non si realizzano nel presente a causa del mancato verificarsi di una condizione.

> - Se avessi più tempo libero farei un corso di russo.

- Per compiere in modo cortese atti come dare consigli, esprimere desideri, richieste e opinioni, o dare risposte negative. In tutti questi casi l'uso del condizionale costituisce una strategia per evitare di rivolgersi all'interlocutore in modo troppo brusco o diretto.

> - Capisci in che situazione mi trovo?
> - Io prima di prendere una decisione ne parlerei con tuo marito...
>
> - Dovresti cercare di farti coinvolgere un po' meno.
>
> - Cosa prendi?
> - Quasi quasi mi berrei un prosecchino, e tu?
>
> - Mi passeresti il sale, per favore?
>
> - Buongiorno, vorrei prenotare una camera.
>
> - E tu che ne pensi?
> - Secondo me bisognerebbe aspettare ancora un po'...
>
> - Scusi, c'è una farmacia da queste parti?
> - Non saprei...

- Per prendere le distanze da un'informazione, sottolineando che si riportano parole o opinioni altrui.

> - Si dice che il pentito starebbe per rivelare i nomi di alcuni complici.

CONDIZIONALE PASSATO

Coniugazione

Il condizionale passato si forma con il condizionale presente di **essere** o **avere** seguito dal participio passato del verbo che si vuole coniugare.

condizionale di **essere** o **avere** + participio passato

Per la scelta dell'ausiliare e la concordanza del participio passato valgono gli stessi criteri degli altri tempi composti.

Uso

- Per presentare fatti che non si sono realizzati nel passato a causa del mancato verificarsi di una condizione.

  - Perché non ci sei andato anche tu?
  - ○ Eh, se mi avessero avvisato in tempo mi sarei organizzato meglio, ma così non ho potuto...

- Per parlare del futuro rispetto a un momento del passato. Questo tipo di situazione si verifica spesso nel discorso riferito.

  - Mi avevano assicurato che avrei trovato i biglietti all'aeroporto.

- Per esprimere una critica su fatti avvenuti nel passato.

  - No, io una cosa simile non gliel'avrei mai detta.

- Per prendere le distanze da un'informazione, sottolineando che si riportano parole o opinioni altrui.

  - La stampa locale afferma che l'attaccante avrebbe già firmato un contratto miliardario con la sua nuova squadra.

PASSATO REMOTO

Coniugazione

Punti principali della coniugazione alle pagg. 76 e 203 del *Libro dello studente*.

I verbi in **-ere** per la 1ª e la 3ª persona singolare e per la 3ª persona plurale presentano anche le terminazioni **-ei**, **-é**, **-erono**. Queste vengono utilizzate più frequentemente nei verbi con radice terminante in **t** che si coniugano regolarmente (tra i quali **assistere**, **esistere**, **insistere**, **potere**, **resistere**, **riflettere**).

potere
pot**ei**
pot**esti**
pot**é**
pot**emmo**
pot**este**
pot**erono**

Verbi irregolari

Le irregolarità del passato remoto, insieme a quelle del participio passato, sono le più frequenti del sistema verbale italiano. Nella grande maggioranza dei casi appartengono a verbi in **-ere** e riguardano solo la 1ª e la 3ª persona singolare e la 3ª persona plurale.

● Verbi in **-are**

dare
diedi/detti
desti
diede/dette
demmo
deste
diedero/dettero

stare
stetti
stesti
stette
stemmo
steste
stettero

● Verbi in **-ere**

Moltissimi verbi in **-ere** sono irregolari alla 1ª e alla 3ª persona singolare e alla 3ª persona plurale, nelle quali assumono le terminazioni **-i**, **-e**, **-ero**. Inoltre, quasi tutti questi verbi

presentano anche il participio passato irregolare. Diversi sono i tipi di irregolarità, che schematicamente possiamo riassumere in tre gruppi:
- passato remoto in **-si** o **-ssi** e participio passato in **-so** o **-sso**;
- passato remoto in **-si** o **-ssi** e participio passato in **-to** o **-tto** (con vari mutamenti tematici);
- passato remoto con doppia consonante.
Riportiamo di seguito una selezione di questi verbi.

	Passato remoto	*Participio passato*
accendere	accesi	acceso
accorgersi	mi accorsi	accorto
accorrere	accorsi	accorso
aggiungere	aggiunsi	aggiunto
alludere	allusi	alluso
ammettere	ammisi	ammesso
appendere	appesi	appeso
apprendere	appresi	appreso
attendere	attesi	atteso
avvolgere	avvolsi	avvolto
chiedere	chiesi	chiesto
chiudere	chiusi	chiuso
coinvolgere	coinvolsi	coinvolto
commettere	commisi	commesso
commuovere	commossi	commosso
comprendere	compresi	compreso
compromettere	compromisi	compromesso
concedere	concessi	concesso
concludere	conclusi	concluso
condividere	condivisi	condiviso
confondere	confusi	confuso
conoscere	conobbi	conosciuto
convincere	convinsi	convinto
correre	corsi	corso
correggere	corressi	corretto
corrompere	corruppi	corrotto
costringere	costrinsi	costretto
crescere	crebbi	cresciuto
decidere	decisi	deciso
deludere	delusi	deluso
descrivere	descrissi	descritto
difendere	difesi	difeso
diffondere	diffusi	diffuso
dimettere	dimisi	dimesso
dipendere	dipesi	dipeso
dipingere	dipinsi	dipinto

dirigere	diressi	diretto
discutere	discussi	discusso
distendere	distesi	disteso
distruggere	distrussi	distrutto
dividere	divisi	diviso
emergere	emersi	emerso
emettere	emisi	emesso
escludere	esclusi	escluso
esplodere	esplosi	esploso
esprimere	espressi	espresso
estendere	estesi	esteso
evadere	evasi	evaso
fingere	finsi	finto
friggere	frissi	fritto
giungere	giunsi	giunto
illudere	illusi	illuso
immergere	immersi	immerso
imprimere	impressi	impresso
incidere	incisi	inciso
interrompere	interruppi	interrotto
leggere	lessi	letto
mettere	misi	messo
mordere	morsi	morso
muovere	mossi	mosso
nascere	nacqui	nato
nascondere	nascosi	nascosto
offendere	offesi	offeso
opprimere	oppressi	oppresso
percorrere	percorsi	percorso
perdere	persi	perso
permettere	permisi	permesso
persuadere	persuasi	persuaso
piangere	piansi	pianto
piovere	piovve	piovuto
porgere	porsi	porto
prendere	presi	preso
presumere	presunsi	presunto
pretendere	pretesi	preteso
promettere	promisi	promesso
promuovere	promossi	promosso
proteggere	protessi	protetto
pungere	punsi	punto
radere	rasi	raso
raggiungere	raggiunsi	raggiunto
reggere	ressi	retto

rendere	resi	reso
reprimere	repressi	represso
respingere	respinsi	respinto
restringere	restrinsi	ristretto
riconoscere	riconobbi	riconosciuto
ridere	risi	riso
riflettere	riflessi	riflettuto
rimpiangere	rimpiansi	rimpianto
rincorrere	rincorsi	rincorso
rispondere	risposi	risposto
rivolgere	rivolsi	rivolto
rompere	ruppi	rotto
scendere	scesi	sceso
scommettere	scommisi	scommesso
sconfiggere	sconfissi	sconfitto
sconvolgere	sconvolsi	sconvolto
scorrere	scorsi	scorto
scrivere	scrissi	scritto
scuotere	scossi	scosso
smettere	smisi	smesso
socchiudere	socchiusi	socchiuso
soccorrere	soccorsi	soccorso
sopprimere	soppressi	soppresso
sopraggiungere	sopraggiunsi	sopraggiunto
sorgere	sorsi	sorto
sorprendere	sorpresi	sorpreso
sorridere	sorrisi	sorriso
sospendere	sospesi	sospeso
sottintendere	sottintesi	sottinteso
spegnere	spensi	spento
spendere	spesi	speso
spingere	spinsi	spinto
sporgere	sporsi	sporto
stendere	stesi	steso
stringere	strinsi	stretto
succedere	successi	successo
suddividere	suddivisi	suddiviso
svolgere	svolsi	svolto
tingere	tinsi	tinto
trascrivere	trascrissi	trascritto
trasmettere	trasmisi	trasmesso
travolgere	travolsi	travolto
uccidere	uccisi	ucciso
ungere	unsi	unto
vincere	vinsi	vinto

● Vi sono poi tre verbi che presentano irregolarità di altro genere: **essere**, che utilizza un'altra radice, e **dire** e **fare**, che si comportano come verbi in **-ere** quando utilizzano la radice latina (*dicere*, *facere*).

essere	dire	fare
fui	**dissi**	**feci**
fosti	**dicesti**	**facesti**
fu	**disse**	**fece**
fummo	**dicemmo**	**facemmo**
foste	**diceste**	**faceste**
furono	**dissero**	**fecero**

● Verbi in **-ire**

apparire
apparvi/apparsi
apparisti
apparve/apparse
apparimmo
appariste
apparvero/apparsero

(participio passato: **apparso**)

comparire
comparvi/comparsi
comparisti
comparve/comparse
comparimmo
compariste
comparvero/comparsero

(participio passato: **comparso**)

venire
venni
venisti
venne
venimmo
veniste
vennero

Sullo stesso modello di **venire** si coniugano i numerosi composti, tra i quali **avvenire**, **divenire**, **intervenire**, **provenire**.

Uso

L'uso del passato remoto è alternativo a quello del passato prossimo. Si utilizza dunque per raccontare fatti accaduti nel passato che all'enunciatore interessano per se stessi. Il passato remoto conferisce però una dimensione storica alla narrazione, ed è per questo che viene usato più frequentemente nella lingua letteraria. Tuttavia, in alcune varietà regionali dell'Italia centro-meridionale il passato remoto viene comunemente utilizzato nella lingua parlata al posto del passato prossimo, anche se si osserva una tendenza ad uniformarsi all'uso predominante nel resto del paese.

PIUCCHEPERFETTO

Coniugazione

Il piuccheperfetto indicativo si forma con l'imperfetto di **essere** o **avere** seguito dal participio passato del verbo che si vuole coniugare.

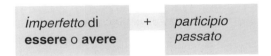

imperfetto di **essere** o **avere** + *participio passato*

Per la scelta dell'ausiliare e la concordanza del participio passato valgono gli stessi criteri degli altri tempi composti.

Uso

Il piuccheperfetto indicativo viene usato per presentare un fatto come anteriore rispetto a un altro fatto accaduto nel passato. Come avviene con l'imperfetto (di cui costituisce in pratica il passato), anche con il piuccheperfetto l'enunciatore si riferisce a fatti accaduti nel passato come elementi caratteristici di una situazione che si vuole descrivere o evocare, in questo caso sottolineandone il rapporto di anteriorità rispetto ad altri fatti del passato. Questi ultimi possono a loro volta sia interessare per se stessi (ed essere presentati con il passato prossimo o il passato remoto), sia essere utilizzati come cornice contestuale (ed essere presentati con l'imperfetto).

TRAPASSATO REMOTO

Coniugazione

Il trapassato remoto si forma con il passato remoto di **essere** o **avere** seguito dal participio passato del verbo che si vuole coniugare.

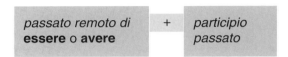

passato remoto di **essere** o **avere**	+	participio passato

Per la scelta dell'ausiliare e la concordanza del participio passato valgono gli stessi criteri degli altri tempi composti.

Uso

Il trapassato remoto presenta il fatto come anteriore rispetto a un altro fatto accaduto nel passato ed espresso con il passato remoto.

PER PARLARE DEL PASSATO

- Per raccontare fatti accaduti nel passato che all'enunciatore interessano per se stessi: passato prossimo.

  - Siamo andati dieci giorni a Siviglia.

- Per riferirsi a fatti accaduti nel passato come elementi caratteristici di una situazione che vogliamo descrivere o evocare: imperfetto indicativo.

  - Mi ricordo che quella domenica era il giorno di Pasqua ed era anche il mio compleanno.

- Per riferirsi a situazioni precedenti a fatti o ad altre situazioni del passato di cui si sta parlando o si vuole parlare: piuccheperfetto indicativo.

  - Quando ci siamo accorti che aveva perso il portafoglio siamo tornati a casa.

- Per riferirsi a fatti accaduti nel passato che all'enunciatore interessano per se stessi e a cui si vuole dare una particolare dignità storica: passato remoto.

  - Quello fu il giorno più triste della mia vita.

- Per riferirsi a fatti precedenti ad altri fatti del passato di cui si sta parlando o si vuole parlare e ai quali ci si riferisce utilizzando il passato remoto: trapassato remoto.

  - Appena ebbe finito di parlare, se ne andò.

CONGIUNTIVO

Quando ci riferiamo al rapporto tra il soggetto e il verbo senza che il verbo informi sul suo soggetto, anziché l'indicativo o il condizionale usiamo il congiuntivo.

- Paolo dice molte parolacce.
  (*sappiamo qualcosa di nuovo su Paolo*)

- Maria non vuole che Paolo dica parolacce.
  (*non sappiamo niente di nuovo su Paolo*)

CONGIUNTIVO PRESENTE

Coniugazione

Coniugazione a pag. 37 del *Libro dello studente*.

Uso

- Dopo i verbi che esprimono un'opinione della persona che parla, quali **credere**, **pensare**, **ritenere**, ecc., se i soggetti dei due verbi sono diversi.

  - Ritengo che non sia giusto sgridare troppo i bambini.

Questi usi sono più specifici della lingua colta. Nella lingua parlata comunemente in questi casi si usa sempre più spesso l'indicativo.

Se i due verbi hanno lo stesso soggetto il secondo va all'infinito preceduto da **di**.

- Credo di saperlo fare.

- Dopo i verbi che esprimono un desiderio o la volontà della persona che parla, se i soggetti sono diversi.

  - Voglio che venga anche tua sorella.

  Se il soggetto è lo stesso si usa l'infinito.

  - Voglio andare in vacanza.

- Dopo i verbi che esprimono la speranza di chi parla.

  - Hai sentito Gianni?
  - No, ma spero che mi chiami quanto prima. Ho molte cose da dirgli.

- Dopo le espressioni che esprimono una sensazione di chi parla.

  - Si direbbe che la goccia non si possa più fermare.

  - Sembra che abbia presentato le sue dimissioni.

Spesso in questi casi, come nell'ultimo esempio, la persona che parla riferisce cose dette da altri.

- Dopo i verbi e le espressioni che esprimono la reazione di chi parla dinanzi ad un fatto, quando i soggetti sono diversi.

  - Mi piace che mi dicano la verità.

  Se il soggetto a cui si riferiscono i due verbi (o espressioni) è lo stesso, si usa l'infinito.

  - Mi piace andare al mare.

- Dopo le espressioni del tipo **è** + *aggettivo* usate per esprimere valutazioni su un fatto.

  - È strano che non chiami.

In tutti questi casi il verbo o l'espressione reggente è al presente.

- Dopo i verbi o le espressioni che si riferiscono a qualcosa di previsto o presupposto.

  - Aspettiamo che arrivi.

In questi casi il verbo o l'espressione reggente è al presente, al futuro o all'imperativo.

CONGIUNTIVO IMPERFETTO

Coniugazione

Coniugazione alle pagg. 60 e 61 del *Libro dello studente*.

Uso

- In tutti i casi in cui si usa il presente congiuntivo se il verbo reggente è al passato o al condizionale.

  - Ritenevo che non fosse giusto sgridare troppo i bambini.
  - Credevo che lo sapesse fare.
  - Volevo che venisse anche tua sorella.
  - Mi piacerebbe che mi dicessero la verità.
  - Era strano che non chiamasse.

- Nell'espressione della condizione, se la condizione si riferisce a un fatto irreale o considerato come improbabile dalla persona che parla.

  - Se venisse saremmo tutti molto contenti.
  - Se me lo avessi detto prima avrei potuto fare qualcosa.

- Dopo i verbi o le espressioni che si riferiscono a un fatto previsto o presupposto.

  - Aspettavo che arrivasse.

In questi casi il verbo o l'espressione reggente è al passato o al condizionale.

VERBI CON E SENZA PREPOSIZIONE

- Molti verbi italiani utilizzano le preposizioni per introdurre nomi o altri verbi.
  Spesso questi verbi prendono la stessa preposizione davanti a un nome o a un altro verbo.

  - Lo accusano di corruzione.
  - Lo accusano di essere un corrotto.

  - La condannarono all'esilio.
  - La condannarono a pagare una multa.

  - Rinuncio al viaggio.
  - Rinuncio a partire.

● Nel caso dei verbi transitivi, e cioè senza preposizione davanti al complemento diretto, è spesso la preposizione **di** a introdurre un altro verbo.

> ● Ti consiglio prudenza.

> ● Ti consiglio di essere prudente.

Ecco alcuni verbi di uso frequente che si comportano in questo modo:

> **accettare ammettere capire cercare chiedere consigliare dichiarare dire giurare immaginare impedire imporre ordinare pregare pretendere proibire promettere proporre raccomandare rifiutare scegliere sconsigliare smettere sognar(si) sopportare suggerire temere vietare**

● Un altro gruppo di verbi transitivi prende la preposizione **a**, secondo la costruzione *verbo* (+ *nome*) + **a** + *verbo/nome.*

> ● Aiuta lo zio a scaricare.
>
> ● Cominciavano a essere nervosi.
>
> ● Hanno invitato Piero a una festa.
>
> ● Invitatele ad uscire con voi.

Ecco alcuni verbi di uso frequente che si comportano in questo modo.

> **abituar(si) aiutare cominciare condannare continuare costringere divertir(si) imparare impegnar(si) insegnare invitare mandare metter(si) obbligare riprendere sbrigarsi**

● Altri verbi si caratterizzano per l'assenza di preposizioni.

> ● Ama dipingere.

Tra questi verbi:

> **amare desiderare dovere lasciar(si) odiare potere preferire volere**

● Infine, ci sono verbi il cui comportamento rispetto alle preposizioni è vario e difficilmente classificabile. Eccone alcuni, accompagnati da esempi (per i verbi di moto ci si limita alla costruzione *verbo* + *verbo*).

accusare	- Lo accusano di essere un corrotto. - Lo accusano di corruzione.
andare	- Vado a prendere il giornale.
arrivare	- È arrivato a pesare 40 chili.
aspettare	- Aspettate di uscire? - Aspettate a uscire! - Aspettate Claudia.
aspettarsi	- Mi aspetto di vederlo presto. - Mi aspetto una visita (= *la prevedo*). - Aspetto una visita (= *la attendo*).
avere	- Ha da fare. - Ha alcune faccende da sbrigare.
credere	- Credono di farcela. - Credono a me. - Mi credono. - Non lo credono. - Non ci credono. - Credono a tutto. - Credono in Dio. - Credono nell'onestà.
dar(si)	- Ci ha dato da fare molti compiti. - Non ce la dà a bere. - Si è dato da fare. - Si è dato alla pittura. - Ci ha dato degli incompetenti. - Ci da del tu. - Il terrazzo dà sulla strada.
decider(si)	- Abbiamo deciso di accettare. - Ci siamo decise ad accettare. - Abbiamo deciso il prezzo.
dimenticarsi	- Si è dimenticata di telefonare. - Si è dimenticata la borsa. - Si è dimenticata della borsa (= *di quello che riguarda la borsa*).
domandare	- Domandagli di darti un appuntamento. - Domandagli un appuntamento. - Domandagli di Michela.
fare	- Lo fa sudare. - Lo fa picchiare. - Fa male a credergli. - Gli fa piacere vederli. - Può fare a meno di uscire. - Fa lo stupido. - Fa l'architetto.
finire	- Ha finito di lavorare. - È finito a rubare. - Ha finito per/col rubare ancora. - Ha finito il lavoro. - È finito in lacrime.
giocar(si)	- Giochiamo a rincorrerci. - Giochiamo a nascondino. - Giochiamo un'altra partita. - Ci siamo giocati l'aumento. - Ci giochiamo diecimila lire?
insistere	- Insiste a/nel/col fare lo stesso errore. - Insiste di averci chiamato. - Insiste nella/con la sua tesi.
interessar(si)	- Le interessa capire. - Non s'interessa di capire. - S'interessa solo a divertirsi. - L'affare la interessa. - L'affare le interessa. - S'interessa all'economia (= *ha interesse per*). - S'interessa di economia (= *si occupa di*).
occupar(si)	- Mi occupo io di riordinare. - Mi occupo di tessuti.
offrir(si)	- Si sono offerti di ospitarci. - Hanno offerto da bere a tutti. - Ci hanno offerto un caffè.
pagare	- Ho pagato il conto. - Ho pagato l'idraulico (= *ho pagato il conto all'idraulico*).
parere	- (Ci) pare di sognare (*stesso soggetto*). - (Ci) pare sognare (*soggetti diversi*). - Ci pare un'ottima idea.
parlare	- Parlava di trasferirsi. - Parlava a tutti del passato. - Parlava con tutti. - Parlava l'italiano. - Parlava italiano. - Parlava in italiano.

pensare	- Pensano di studiare (= *credono, hanno intenzione di farlo*). - Pensano a studiare (= *lo fanno, cercano di farlo*). - Pensano ai bambini. - Cosa pensano dell'/sull'Italia?
piacere	- A Dario piace sciare. - A Dario piacciono i film gialli.
preparar(si)	- Si preparano a gareggiare. - Si preparano per gareggiare. - Si preparano alla gara. - Si preparano per la gara. - Preparano la gara.
provare	- Prova a scappare. - Prova di essere innocente. - Prova la sua innocenza. - Prova il motorino.
ricordar(si)	- Ricordati di mettere la maglietta. - Ricordati la maglietta. - Ricorda l'ultima volta. - Ricordati dell'ultima volta. - Ricordalo a Paolo. - Mi ricorda Paola.
rinunciare	- Rinuncio a partire. - Rinuncio alla partenza.
riuscire	- Non riesce a trovarlo. - Non gli riesce di trovarlo. - Gli è riuscito bene. - Gli è riuscito utile.
sapere	- Sa essere simpatico. - Sa di essere simpatico. - Sa lo spagnolo. - Sa di noi. - Sa di menta. - Sa tutto.
scusar(si)	- Si scusa di non essere venuto. - Si scusa della/per la figuraccia. - Scusate il ritardo. - Scusatemi.
sembrare	- (Mi) sembra di volare (*stesso soggetto*). - (Mi) sembra volare (*soggetti diversi*). - Mi sembra una sciocchezza.
sentir(si)	- Mi sento svenire. - Mi sento di svenire. - Non mi sento di chiamarla. - Non me la sento di chiamarla. - Sento piangere. - La sento piangere. - Sento un rumore.
servir(si)	- Serve a/per tagliare la legna. - Mi serve per tagliare la legna. - Viaggiare non serve. - Serve a poco. - Serve la patria. - Mi serve da portachiavi. - Mi servo del portachiavi. - Mi servono la cena.
sperare	- Speriamo di riuscirci. - Speriamo di sì. - Speriamo in te.
stare	- Stai mangiando. - Stai per mangiare. - Stammi a sentire. - Sta a te la scelta.
tenerci	- (Ci) tengo a sottolineare che non c'ero. - Ci tengo a provare. - (Ci) tengo molto alla mia famiglia.
toccare	- Tocca a lui (di) aiutarci. - La cosa non lo tocca. - Tocca a lui. - Gli è toccato il primo premio.
tornare	- Torno a ripetere che non sono d'accordo.
vedere	- Vedo passare un aereo. - Vedi di passare. - Vedo un aereo.
venire	- Viene a salutarci. - Viene per salutarci.
vergognarsi	- Mi vergogno di averlo pensato. - Mi vergogno a pensarlo. - Mi vergogno del mio comportamento.

PERIFRASI VERBALI

Per segnalare le caratteristiche dell'azione espressa da un verbo in relazione alla durata, allo svolgimento, al compimento *(aspetto verbale)*, l'italiano dispone di vari gruppi di verbi fraseologici. Questi verbi danno luogo a perifrasi verbali in combinazione con l'infinito (prevalentemente preceduto da preposizione) del verbo di cui si vuole precisare l'aspetto. Eccone alcuni.

Verbi che indicano l'inizio

Sono seguiti da un infinito introdotto dalla preposizione **a**.

> **accennare apprestarsi attaccare cominciare incominciare iniziare disporsi mettersi prendere prepararsi provare ...**

A questo gruppo va aggiunto **stare per** + *infinito*.

Verbi che indicano la continuità

Sono seguiti da un infinito introdotto dalla preposizione **a**.

> **attardarsi continuare insistere ostinarsi proseguire seguitare ...**

Verbi che indicano la ripetizione o la ripresa

Sono seguiti da un infinito introdotto dalla preposizione **a**.

> **ricominciare rimettersi riprendere ritornare tornare ...**

Verbi che indicano l'interruzione o il compimento

Sono seguiti da un infinito introdotto dalla preposizione **di**.

> **cessare finire piantarla smettere terminare ...**

FORMA PASSIVA

La forma passiva permette di presentare l'oggetto di un processo come il soggetto grammaticale dell'azione. Il soggetto attivo del processo (quando è menzionato) viene presentato come agente e introdotto dalla preposizione **da**.

Coniugazione

La forma passiva si costruisce con gli ausiliari **essere** e **venire** seguiti dal participio passato del verbo.

Tempi semplici

● Per capire l'uso degli ausiliari **venire** ed **essere** è utile fare una distinzione tra *passiva di processo* e *passiva di risultato*.

Nelle frasi

> ● L'armadio viene dipinto di verde.
>
> ● La storia di Piera viene narrata in due capitoli.
>
> ● In questo momento la porta viene chiusa.

la forma passiva con **venire** esprime un *processo* subito dal soggetto.

Invece nelle frasi

> ● L'armadio è dipinto di verde.
>
> ● La storia di Piera è narrata in due capitoli.
>
> ● In questo momento la porta è chiusa.

la forma passiva con **essere** esprime il *risultato* di un processo subito dal soggetto.

L'uso di **venire** ed **essere** si può dunque riassumere nei seguenti termini:
- nelle passive di risultato si usa sempre **essere;**
- nelle passive di processo si usa prevalentemente **venire**, soprattutto nei casi in cui l'uso di **essere** può dare luogo ad ambiguità.

In alcuni casi è possibile formare la passiva con il verbo **andare** per presentare l'azione come qualcosa che la persona che parla considera necessaria. Questi usi sono possibili solo nei tempi semplici, escluso il passato remoto. L'agente non viene mai espresso.

- La prenotazione va/andrà/andrebbe/andava confermata almeno 15 giorni prima della partenza.

Con alcuni verbi è possibile utilizzare **andare** come normale ausiliare, anche nei tempi composti, ma solo alle 3e persone. Si tratta dei verbi **perdere**, **disperdere**, **sprecare**, **smarrire**, **esaurire**, **distruggere**, **dimenticare**, **deludere**...

- Molti di quei documenti sono andati smarriti.

Tempi composti

essere + *participio passato*

Uso

La forma passiva si usa quando il centro dell'attenzione dell'enunciatore si focalizza sull'oggetto di un processo più che sul soggetto attivo del processo stesso. Ciò avviene frequentemente nel linguaggio giornalistico, nei testi storici e nella descrizione di procedimenti, sia in forma scritta che orale. Tuttavia si tratta generalmente di usi piuttosto formali della lingua.

- I due pregiudicati sono stati arrestati dai Carabinieri nel corso di una perquisizione.

- La città venne fondata dagli Etruschi nel III secolo a.C.

- Il caffè viene tostato e successivamente liofilizzato.

Spesso la forma passiva viene utilizzata quando non interessa parlare del soggetto attivo dell'azione. In questi casi l'agente non viene menzionato.

- L'estratto conto viene spedito per posta ogni mese.

In situazioni informali, la lingua parlata ricorre spesso a una strategia alternativa.

- L'estratto conto lo spediscono per posta ogni mese.

SI PASSIVANTE

Un'alternativa alla forma passiva è costituita dall'uso del cosiddetto **si** *passivante*, anteposto alla 3ª persona singolare o plurale. La costruzione col **si** *passivante*, più frequente nella lingua comune, non è però compatibile con l'espressione dell'agente.

- In Spagna si mangia più pesce che in Italia.

- E i fratelli Bonati?
- Ultimamente non si sono visti.

RELATIVI

che	soggetto/complemento diretto

- È lui il professore che mi ha bocciato.

- Mi puoi riportare il libro che ti ho prestato?

cui	complemento indiretto

- Quella è la ragazza di cui ti ho parlato.

- Il motivo per cui lo faccio non ti riguarda.

Normalmente **cui** è usato con preposizione. Tuttavia, nei registri più formali, è possibile usarlo senza preposizione con il valore di **a cui**.

- La situazione cui mi riferisco si verifica purtroppo con una certa frequenza.

Inoltre, preceduto da articolo (**il, la, i, le**), svolge la funzione del gruppo **di** + *sostantivo* (per indicare possesso).

- Ringrazio l'architetto Bardi, il cui contributo al successo dell'operazione è stato determinante.

il/la quale i/le quali	soggetto/complemento

- Ricordo le parole di mio padre, il quale mi raccomandava sempre di non fare due cose contemporaneamente.

- Ringrazio anche la mia famiglia, senza la quale tutto questo non sarebbe stato possibile.

il/la quale e **i/le quali** hanno una gamma di usi più ristretta di **che** e **cui**. Possono essere usati per evitare ambiguità (**che** e **cui** sono invariabili) o ripetizioni, e sono comunque propri ai registri più formali e alla lingua scritta. Inoltre, il loro uso come complemento diretto è piuttosto limitato, mentre si trovano più frequentemente preceduti da preposizione.

Anche **chi** e **quanto** possono svolgere la funzione di relativi.

- Chi mi ama mi segua.
  (chi → colui/colei/quelli/quelle che)

- Cerca chi ti possa aiutare.
  (chi → qualcuno che)

- Quanto è successo oggi deve farci riflettere.
  (quanto → quello che)

POSIZIONE DEGLI AGGETTIVI

Gli aggettivi in italiano svolgono una funzione diversa a seconda che seguano o precedano il sostantivo.

- La mattina prende la macchina piccola e va al lavoro.

In questa frase l'aggettivo **piccola** ha una funzione restrittiva e stabilisce un contrasto con un'altra o altre macchine. Si tratta inoltre di una caratteristica che l'enunciatore stabilisce in termini relativi: la stessa macchina può essere definita **grande** rispetto a un altro insieme di macchine.

- La mattina prende la piccola macchina e va al lavoro.

In questa frase, invece, **piccola** ha solo una funzione descrittiva e non rimanda a nessun'altra macchina. Si tratta di una caratteristica stabilita sulla base di una concezione assoluta, anche se individuale: per l'enunciatore il fatto di essere piccola fa parte della natura stessa di quella macchina, è una macchina piccola in sé, e non in rapporto ad altre.

- Alcuni aggettivi possono cambiare senso secondo la posizione che occupano. Ciò può dipendere sia dalla natura dell'aggettivo, sia dal significato del sostantivo. In genere un aggettivo mantiene il suo senso proprio, letterale, quando segue il sostantivo, mentre acquisisce altri significati se lo precede.

un uomo grande	**un grand'uomo**
un uomo buono	**un buon uomo**
voci diverse	**diverse voci**
notizie certe	**certe notizie**
un'amica vecchia	**una vecchia amica**
gruppi numerosi	**numerosi gruppi**
...	**...**

COMPARATIVI

COMPARATIVO DI SUPERIORITÀ E INFERIORITÀ

verbo	+	**più/meno**	+	(**di** + *2o termine di paragone*)

più/meno	+	*sostantivo* *aggettivo* *avverbio*	+	(**di/che** + *2o termine di paragone*)

- Il 2o termine di paragone viene introdotto da **di** quando si comparano due soggetti diversi rispetto a una stessa caratteristica.

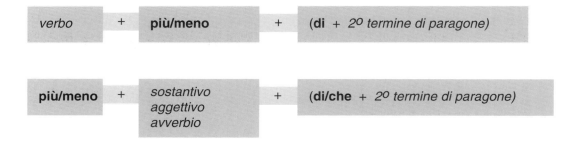

- Fabrizio è più giovane di Gigi.

● Il 2º termine di paragone viene introdotto da **che** quando si comparano:

  – due caratteristiche rispetto a uno stesso soggetto;

    ● Nel mondo ci sono meno uomini che donne.

  – due termini introdotti da preposizione.

    ● A Madrid ci sono molti più taxi che a Roma.

● Quando il 2º termine di paragone è costituito da un pronome personale introdotto da **di**, si utilizza la corrispondente forma tonica di complemento.

    ● Non penso che ne sappiano molto meno di te.

● Esistono alcuni comparativi irregolari:

bene	—	meglio
male	—	peggio
buono	più buono	migliore
cattivo	più cattivo	peggiore
grande	più grande	maggiore
piccolo	più piccolo	minore

● Spesso il 2º termine di paragone non viene espresso in quanto chiaramente contestualizzato.

    ● Lavorano tutti e due a Todi, ma lui ci vive da più tempo.

● Quando il 2º termine di paragone è costituito da una proposizione subordinata, questa viene introdotta da **di come**, **di quello che**, **di quanto**. In quest'ultimo caso il verbo va spesso al congiuntivo e/o è preceduto da **non**.

    ● L'ho trovato più bello di come me l'avevano descritto.

    ● In fondo è molto meno utile di quel che si crede comunemente.

    ● Vedrai: è molto più sveglia di quanto (non) sembri.

COMPARATIVO DI UGUAGLIANZA

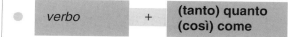

- La tua macchina consuma (tanto) quanto la mia.

- Ma si veste davvero (così) come mi hai detto?

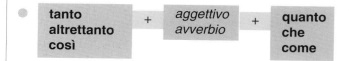

- È tanto giovane quanto sfacciata!

- Si vede altrettanto bene che di giorno.

- Non può essere così antipatico come lo descrivono...

Quando precedono un verbo, un aggettivo o un avverbio, **tanto** e **quanto** sono invariabili.

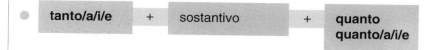

Quando **tanto** e **quanto** precedono un sostantivo si verificano i seguenti casi:

– **tanto** concorda sempre con il sostantivo che precede;

– **quanto** concorda con il sostantivo che precede quando si comparano due caratteristiche rispetto ad uno stesso soggetto;

- Ha tanti soldi quante preoccupazioni.

– **quanto** non concorda con il sostantivo che precede quando si comparano due soggetti diversi rispetto ad una stessa caratteristica.

- Ha tanti soldi quanto suo fratello.

- Spesso il 2º termine di paragone non viene espresso in quanto chiaramente contestualizzato. In questi casi si usa **altrettanto**.

- È un peccato che Fagnani se ne vada.
- Eh sì. Spero che lo sostituisca un uomo altrettanto valido.

SUPERLATIVO RELATIVO

Con il superlativo relativo l'enunciatore attribuisce a un elemento una caratteristica rispetto alla quale lo considera superiore o inferiore agli altri elementi di un gruppo.

> articolo determinativo + (sostantivo) + **più meno** + *aggettivo*

● Questo è senz'altro il modello meno interessante.

> *articolo* + *sostantivo* **quello/a/i/e** + **che** + *verbo* + **di più meno**

● Di tutti gli alberghi che abbiamo visto, il primo è quello che mi è piaciuto di più.

> *articolo* + *sostantivo* **quello/a/i/e** + **che** + *verbo* + **di più meno** + *sostantivo avverbio*

● Tra quelle che conosco, forse Silvia è la ragazza che ha meno possibilità di farcela.

Quando il riferimento al gruppo segue il superlativo relativo si verificano i seguenti casi:

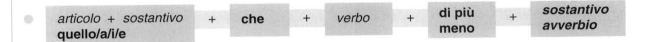

> *superlativo relativo* + **di** + *complemento*

● È il ristorante più famoso di Venezia.

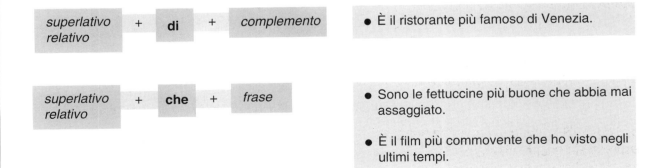

> *superlativo relativo* + **che** + *frase*

● Sono le fettuccine più buone che abbia mai assaggiato.

● È il film più commovente che ho visto negli ultimi tempi.

In quest'ultimo caso, la relativa che segue il superlativo può essere espressa sia con l'indicativo che con il congiuntivo, seguendo le regole che determinano il funzionamento di questi modi.

- Si noti che il superlativo relativo indica il grado massimo (rispetto al gruppo considerato), mentre il superlativo assoluto si limita a indicare un grado molto alto.

- Dei due fratelli Marco è sicuramente il più in gamba.

- Secondo me il più grande calciatore di tutti i tempi è stato Pelé.

- Pelé è stato grandissimo.

ATTEGGIAMENTI DELLA PERSONA CHE PARLA RISPETTO A CIÒ CHE DICE

Quando la persona che parla considera un fatto come necessario usa:

- **bisogna bisognerebbe** + *infinito*

  - Bisogna avere pazienza con le persone anziane.

  - Prima di prendere una decisione bisognerebbe sentire Andrea.

Trattandosi di un'espressione impersonale, se il verbo dipendente ha un valore universale e non si riferisce a nessun soggetto in particolare, va all'infinito. Se si riferisce a un soggetto in particolare, va al congiuntivo.

- Bisogna che le telefoni quanto prima.

- Bisognerebbe che le telefonassi quanto prima.

- **è necessario** + *infinito*

  - È necessario risolvere questo problema quanto prima.

Anche in questo caso, trattandosi di un'espressione impersonale, se il verbo dipendente ha un valore universale e non si riferisce a nessun soggetto in particolare, va all'infinito. Se si riferisce a un soggetto in particolare, va al congiuntivo.

- **è** **fondamentale essenziale molto importante** + *infinito*

Come negli altri casi, se il verbo che segue si riferisce a una persona in particolare, va al congiuntivo.

- È importante che mi diciate la verità.
- È fondamentale che nessuno si muova.

ESPRIMERE CONDIZIONI

● Se la condizione si riferisce a qualcosa che la persona che parla considera possibile.

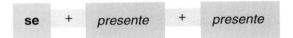

- Se fa freddo rimaniamo a casa.

● Se la condizione si riferisce a qualcosa che la persona che parla considera possibile nel futuro.

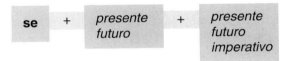

- Se arriveremo presto, andremo a cena fuori.
- Se arriviamo presto andremo a cena fuori.
- Se passate da Roma, veniteci a trovare.

● Se la condizione si riferisce a qualcosa che la persona che parla considera improbabile o irreale nel presente o nel futuro.

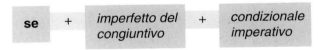

- Se facesse bel tempo potremmo andare al mare.
- Se riuscissi a parlare con lui, digli le stesse cose che hai appena detto a me.

● Se la condizione si riferisce a qualcosa che non si è avverata nel passato.

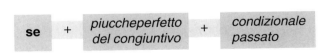

- Se avessi fatto come ti dicevo io, questo non sarebbe avvenuto.

CONTENUTI DELLA SINTESI DI GRAMMATICA

Finito di stampare
nel mese di febbraio 1996
dalla TIBERGRAPH s.r.l.
Città di Castello (PG)